财务精英都是Excel控

工具+案例+可视化呈现

彭怀文◎编著

中国铁道出版社有限公司
CHINA RAILWAY PUBLISHING HOUSE CO., LTD.

图书在版编目（CIP）数据

财务精英都是Excel控：工具+案例+可视化呈现/彭怀文
编著.—北京：中国铁道出版社有限公司，2023.1（2025.3 重印）
ISBN 978-7-113-29106-8

Ⅰ.①财… Ⅱ.①彭… Ⅲ.①表处理软件-应用-财务会计
Ⅳ.① F234.4-39

中国版本图书馆 CIP 数据核字（2022）第 076494 号

书　　名：财务精英都是 Excel 控——工具＋案例＋可视化呈现
　　　　　CAIWU JINGYING DOU SHI Excel KONG：GONGJU+ANLI+KESHIHUA CHENGXIAN
作　　者：彭怀文

责任编辑：王　佩　　　编辑部电话：（010）51873022　　　电子邮箱：505733396@qq.com
封面设计：宿　萌
责任校对：焦桂荣
责任印制：赵星辰

出版发行：中国铁道出版社有限公司（100054，北京市西城区右安门西街 8 号）
网　　址：https://www.tdpress.com
印　　刷：北京联兴盛业印刷股份有限公司
版　　次：2023 年 1 月第 1 版　　2025 年 3 月第 7 次印刷
开　　本：710 mm×1 000 mm　1/16　印张：19.25　字数：299 千
书　　号：ISBN 978-7-113-29106-8
定　　价：88.00 元

"不想当元帅的士兵不是好士兵！"身在职场，谁又不想化身为精英呢？

Excel 软件是一款非常强大而实用的办公软件，尤其是其数据计算与数据处理能力，天生就适合财务人员使用。同时，在职场中财务人员都自带 Excel 的标签，其他部门的同事认为财务人员会使用 Excel 是天经地义或顺理成章的事。

但是，现实的情况并不是所有的财务人员都是 Excel 高手，只有部分财务精英人士才是，可以说"财务精英都是 Excel 控"。财务精英之所以成为精英，除了手中拥有多数财务人员拥有的各类财务资格证书外，手中还有 Excel 这把"神兵利器"，因此可以在职场中所向披靡。

本书立足于财务人员用 Excel 解决实务工作中遇到的财税问题，目的在于通过使用 Excel 达到提高工作效率的目的，减少财务人员加班的频率，增强财务人员的职业竞争力。

第一部分基础篇，共 2 章，简单介绍了 Excel 的基本功能，着重讲解了如何修炼驾驭 Excel 的内功心法，以及 Excel 的"童子功"等。该篇虽然属于 Excel 的一些基础知识，但是对于掌握 Excel 技能和后期提高 Excel 应用水平是非常重要的。

第二部分技能篇，共 5 章，分别讲解了 Excel 应用中的"小目标"如何实现、数据工具在财务工作中的妙用、数据透视表和数据透视图、Excel 图表——让数据可视化的工具、Excel 函数公式。这些都是 Excel 技能，既包括可以解决很多财务日常需要的复杂计算与统计等，也包括可以让财务分析与 PPT 等图文并茂的功能，是财务高手修炼的必备技能。

第三部分实战案例篇，共 8 章。前面两部分内容虽然也有实务应用案例，但不是综合性解决财税实务问题，因此该部分重点是应用 Excel 解决财务人员日常工作经常会遇到的实务问题。例如，"利用 Excel 计算个人所得税"，不但解决新个税法生效后，个人所得税累计计算的难题，也解决年终奖缴税计算和税务筹划问题。"Excel 在产品核算中的应用"，主要解决产品成本计算问题。"利用 Excel 批量打印和群发邮件工资条"，多数企业在 Excel 中计算工资表，Excel 也可以解决打印或群发工资条的困扰。利用 Excel 进行货币的时间价值计算、利用 Excel 进行投资收益率计算、Excel 在固定资产管理中的应用、Excel 在应收账款管理中的应用、使用 Excel 轻松玩转项目申报与投资决策分析等，都是作为财务人员经常会遇到的实务问题，笔者在书中通过图文并茂的案例逐一示范讲解。

本书紧紧围绕"工具 + 案例 + 可视化呈现"，避免空洞与高不可攀，读者随便翻阅到任何章节的内容均可按图索骥，很快掌握与学会应用相关技能。

由于笔者能力有限，书中难免会存在错误，欢迎读者批评指正，电子邮箱：406679148@qq.com。

书中涉及的素材文件以及财务相关的 Excel 操作技能，我们将上传到读者群共享文件中（QQ 群：361078061），敬请随时下载使用。若您在本书中遇到任何疑问请加入读者群，让我们一起来探讨、学习。

彭怀文

2022 年 7 月

第一部分　基础篇

第二部分　技能篇

第三部分　实战案例篇

第一部分　基础篇

第一章　Excel 是财务人员手中的神兵利器

如果想要成为一位令人佩服或者敬仰的财务达人，手中没有几招"绝活"是很难令人信服的。Excel 很多时候就扮演了财务人员手中的"神兵利器"，不但可以获得同行认可，同时也会令其他部门同事佩服不已。

Excel 可以说是现在电脑软件的标配之一，同时也是财务人员的必备软件。因此，只要掌握一点电脑基础知识的人，都会或多或少接触或使用过 Excel 软件，也都知道该软件是微软公司开发的一款办公软件。但是，你又对这款"神兵利器"知道多少呢? 你又该怎样去驾驭这款"神兵利器"呢?

一、Excel 的功能知多少

Excel 软件是一种功能强大的电子表格软件，它能够利用自身强大的功能工具将杂乱的数据筛选整理成可用的信息，之后再进行分析、交流以及分享得到的结果。由于它在数据的处理、统计分析和辅助决策操作方面的作用，熟练掌握运用 Excel 建立各种财务管理模型的方法，有助于财务管理人员在复杂多变的理财环境中迅速准确地判断，合理地决策，从而高效地开展财务管理工作。

那么，Excel 在财务方面到底有哪些功能及具体应用呢?

下面就详细说说 Excel 在财务管理工作中的功能及其应用。

（一）强大的表格处理功能

Excel 工作表是由一组行、列和单元组成的，并被 Excel 用来存储和处理数据的，它可替代传统意义上的笔、账簿和计算器。Excel 有文本、数字和时间等多种类型的数据。

Excel 软件的制表功能简单易操作，而且表中的数据如果互相有运算关系，刷新时数据也会随之更改。利用 Excel 可以对表格进行各种操作，如增删、排序和排版，通过对单元格的编辑，可以使得数据更加清晰、直观，由此可以相对减少工作量，所以电子表格的创建和处理是 Excel 的主要功能之一。

这些功能是最基础的功能，可以用于记录、制作、计算及其输出打印各种报表，比如工资表、纳税申报表、固定资产管理表、进销存报表等。

（二）绘图和图形处理功能强大

Excel 的绘图和图形处理功能可以把表、图、文三者相结合，把数据以饼图、条形图、折线图等各种图形展示出来。

该功能用于财务分析、财务决策时可以做到图文并茂，将数据变得可视化。

（三）强大的数据处理功能

在 Excel 中可对数据进行搜寻、排序、筛选、分类、统计、合并汇总、自动求和、求平均值、求最大最小值等操作，可以解决财务管理中所有数据计算的问题，包括时间价值的计算、财务分析、风险分析、成本计算、量本利分析等所需的数据处理。

现在虽然很多企业都用上了企业资源计划（ERP）软件，但是对于上述这些数据处理不是都能全部完成的，或者说ERP不能完成一些个性化的数据处理。有人会说，我只要进行二次开发肯定是可以的。但是二次开发需要更多的人力和时间，以及企业的预算投入。难道不进行二次开发我们面对这些就束手无策了吗？更何况众多中小企业根本就没有ERP软件！因此，Excel 的这些数据处理能力是每一个财务人员必须掌握的技能。

（四）拥有丰富的函数工具

Excel 除了拥有加、减、乘、除等计算的基本功能外，还提供了大量丰富的函数，它是 Excel 预设的一种公式，使得用户可以利用这些简便的函数来完成各种复杂的计算操作。

Excel 软件中包括500多种函数，分类为财务、统计、逻辑、文本、数据库、工程、日期时间、信息、数学和三角、查找及引用函数等，通过充分利用这些函数，可以提高运算的准确性和效率。Excel 函数具备了从资金时间价值计算、固定资产折旧到计算项目投资收益率等在内的大量财务分析函数，可以承担在财务成本管理中的大部分运算。

在财务工作中我们有时会遇到一些非常复杂的计算，相信只要学习过财务管理课程的人都知道，财务管理课程里面有多如牛毛的公式。现实工作比课本上的案例更加复杂，课本上或考试时会告诉你很多已知条件，而实务工作中这些已知条件甚至也是你工作的一部分，需要你去求解。

面对这些纷繁复杂，有时又千变万化的数据，有了 Excel 函数，这些都变成了"小菜一碟"。如果还是按照课本上传统的方法计算，显然是刻舟求剑，抱残守缺。

（五）VBA 功能

VBA 是一种自动化语言，利用它能够使得我们常用的程序自动化。

简单来说，VBA 就是基于某种语言自行开发的小软件或者小工具。目前，基于 Excel 软件的 VBA 小程序数不胜数，而且由于每个 VBA 小程序是由非专业的程序设计人员在工作中根据工作特点设计的，所以它的应用性很强。

在 Excel 中，我们可以使用已经定义好的 VBA 程序，也可以根据财务人员的需要自行设计开发，这样可以为企业财务人员节约大量的时间和工作量，提高劳动效率。Excel 与 VBA 相结合有利于编写宏指令，它为 Excel 提供了其他工作表格软件所不能提供的一些更宽泛的特性。

VBA 功能强大，但是必须要有一定基础知识才行，对财务人员还是有点难度，故在此介绍但不做推荐。

（六）数据透视表功能

数据透视表是一种可以快速汇总大量数据，以及建立交叉列表的交互式表格。使用数据透视表，不仅可以在数据清单外显示汇总结果，而且还可以通过转换行和列查看原数据的不同汇总结果，甚至能够显示不同页面以筛选数据，所需的明细数据也可以根据企业财务管理者的需要显示在区域中。

掌握了 Excel 的数据透视表功能，可以方便地观察数据和对数据进行操作。

（七）可使用外部数据功能

Excel 可以读取和输出各种格式的数据文件，并且可以从 ERP 软件等大型应用软件以及各种网站中引入数据，省时省力，减少错误操作的发生率。Excel 数据源的多样性加强了它在财务管理中的适用性和便利性。

（八）模板功能

Excel 中的模板是一种用来生成其他工作簿的格式文件，包括与模板文件特征相同的样式、文本、宏、名称、布局、设置、数据公式、工作表控制及VB 模块表，每一个由模板文件生成的工作簿即是模板的复制品。

Office 365提供了大量的包括 Excel 在内的各式模板，方便用户下载和使用，同时用户也可以共享自己的模板。

模板在财务管理、制作报表等一致性方面是十分有用的。

二、如何修炼驾驭 Excel 的"内功心法"

如果将 Excel 比喻为"倚天剑"或"屠龙刀"的话，要想驾驭这神兵利器，没有强大的"内功"是做不到的。

（一）不想加班就先喜欢上"它"

无论多少人告诉你，Excel 有如何强大的功能，但是你就是不喜欢"它"，那么你将永远不可能驾驭"它"。兴趣是最好的老师，你只有喜欢才可能去接近、去了解、去探索、去征服，最后，才能享受到驾驭的快乐！

如果你不想成为别人眼中的落伍者，或者不喜欢加班，那你也要喜欢上"它"，哪怕是强迫的。因为，这是你通往工作捷径的重要方法。

（二）万丈高楼平地起——练好"童子功"

修炼 Excel 与所有修炼"武功"一样，也必须练好"童子功"。如果你连 Excel 能做些什么都不清楚，怎么可能用好 Excel 呢？当有人告诉你一个 Excel 的专业术语时，你却一脸茫然，即使高手也无法施以教导。

其实，Excel 的"童子功"很好修炼，我们只需在空闲时，打开一张 Excel 的工作表，先把 Excel 表格是什么样的构造搞清楚，亲自动手输入一些数据，然后去一一尝试不同功能菜单的使用方法。

Excel 的掌握是需要亲自动手练习的，仅仅看一些书籍或者视频，或仅听别人传授一点道听途说的"秘诀"，是永远不可能掌握到 Excel 的精髓。

（三）从身边事做起——时时刻刻不放弃修炼

财务人员每天工作都要跟数据打交道，你是否想过：每天重复的工作是否有提高工作效率的办法？除了现在使用的办法，还能用什么办法解决呢？

财务人员每到月末、季末和年末的时候又要开始忙碌了，甚至还要加班，因为这期间要做类似图1-1所示的各种报表，需要把全年的数据进行汇总，但是数据又不在一张工作表上甚至不在一个文件夹，怎么办呢？

汇总	1月	2月	3月	4月	5月	6月	7月	8月	9月	10月	11月	12月

图1-1　分月报表与汇总表示意图

我见过"最勤劳"的人是这样做的。看看你现在还在这样做吗？

情况一：如果所有表格顶端行标题和列标题都一样，可能会在汇总上输入这样的公式：

B2=1月!B2+2月!B2+3月!B2+…+10月!B2+11月!B2+12月!B2

情况二：如果1月到12月列标题不一样，你可能会把12张表复制粘贴到一张表上，然后分类汇总。

对于"情况一"，我就问：你连续输入12个"＋"号不累吗？你连续在12张表格之间去单击单元格不怕眼睛花了单击错吗？

她是这样告诉我的：我有什么办法，12个月的数据必须加在一起啊。

我说：你为什么不可以这样输入函数公式呢？B2=SUM('*'!B2)

她问我：这个"*"号是什么意思呢？我说：你输入试试看。

她输入后，发现了"*"号的变化和 SUM 函数公式，然后问：为什么"*"号变了呢？原来 SUM 函数还可以跨表使用啊？

原来她不知道"*"号在 Excel 中是通配符，也不知道 SUM 函数可以跨工作表和工作簿使用。

对于"情况二"我问她：你为什么不尝试一下"合并计算"或"数据透视表"呢？

她说：我从来没有使用过合并计算和数据透视表，不知道怎么用。

我说：那还说什么啊，先去学习了解合并计算和数据透视表的用法，否则我说了也是白说。

以上案例的情形，可以说天天都在发生，本来是条条大路通罗马，可是很多人选择了一条最远的道路。原因何在？为了工作加班加点，就没有想一想我的工作是否还有其他办法可以解决，有没有能够"偷懒"的方法呢？

因此，修炼 Excel 最好的办法之一就从身边事情做起，要敢于推翻自己原来的想法或做法，积极去寻找另外一种解决办法。通过寻找新办法，打破原有思维限制，积极探寻 Excel 其他功能——你未曾使用或了解的功能。新办法不一定就是好办法，但是通过探索与学习，你会掌握新的方法和技巧，也许明天新的工作就需要你刚刚学习的知识！

把每天遇到的工作作为练习的对象，对同一任务用不同的方法做出来，穷尽或挑战你的极限，这就是最好的练习！

所谓的高手，不过就是"我亦无他，惟手熟尔"，你一样可以做到！

（四）请放弃你脑海中的财务思维限制——多用 Excel 思维模式

财务人员都学习过会计学、财务管理学等，因此对于一些计算都在脑海中形成了根深蒂固的印象。比如会计学中大家都学习过固定资产折旧计算公式，知道该怎么去算；同时财务管理学里面也学习了货币时间价值、净现值、内部收益率等，脑海中甚至还有人牢牢记住了公式及计算办法。如果是考试，毫无疑问必须按照教科书的办法去计算。实务中，如果用这些办法去计算无疑是最慢和最容易出错的办法，此时你应该这样想——如果我用 Excel 来解决这个问题，我该怎么办？

Excel 就是为计算数据而生的，凡是涉及数据计算问题，请首先考虑使用 Excel！——这就是笔者口中的 Excel 思维模式！

（五）将财务专业知识作为最上乘的"内功心法"修炼

财务专业知识是财务人员安身立命的基础，Excel 可以对我们专业知识起到锦上添花的作用，但绝不是全部。财务人员学习 Excel 也是为了实务工作问题，而不是仅仅为了炫耀。如果你对专业知识理解不够，也很难将 Excel 与专业知识结合使用。市面上有很多 Excel 书籍，大部分都避而不谈对财务工作很有帮助的财务函数，原因就在于很多作者不是财务出身或财务功底不扎实所致。

因此，作为财务人员必须将财务专业知识作为最上乘的"内功心法"进行修炼，然后才能与 Excel 做到相辅相成、相得益彰。

（六）永远保持一颗谦虚的心——终身学习

学无止境！这句话在 Excel 学习过程中也是同样适用。

Excel 的功能太过强大，你能学到或用到其中很少一部分就可以视为普通人眼中的高手。但是，Excel 还在不断升级中，新的功能或新的用法也在出现，需要与时俱进地学习。

三人行，必有我师！你的难题可能是别人再熟悉不过的用法。因此，平时要多上专业论坛或社交群，看看别人分享的办法，是否有你不会的，或者别人的办法是否比你的办法更好等，相互取长补短。必要时，与一些达人进行切磋也未尝不可。

三、Excel 2019与 Office 365中 Excel 的功能介绍

Excel 目前最新版本是2019版，当然如果使用的是 Office 365的用户，会享受到微软提供的随时更新服务，也就是会用到比 Excel 2019更新的一些功能。

Excel 2019与其他版本相比，总体上还是保留了微软的一贯风格，但是在细节上还是有些变化。Office 365中 Excel 目前基本上与 Excel 2019差不多，而且完全向下兼容，本书内容在没有特别说明的情况下，介绍的功能及其截图等均是使用 Office 365中的 Excel。

（一）Excel 2019与 Office 365 中 Excel 的工作界面介绍

新建工作簿后，即可打开 Excel 2019或者与 Office 365中 Excel 的工作界面，该工作界面主要由工作区、【文件】选项卡、标题栏、功能区、编辑栏、状态栏和视图栏等7部分组成，如图1-2所示。

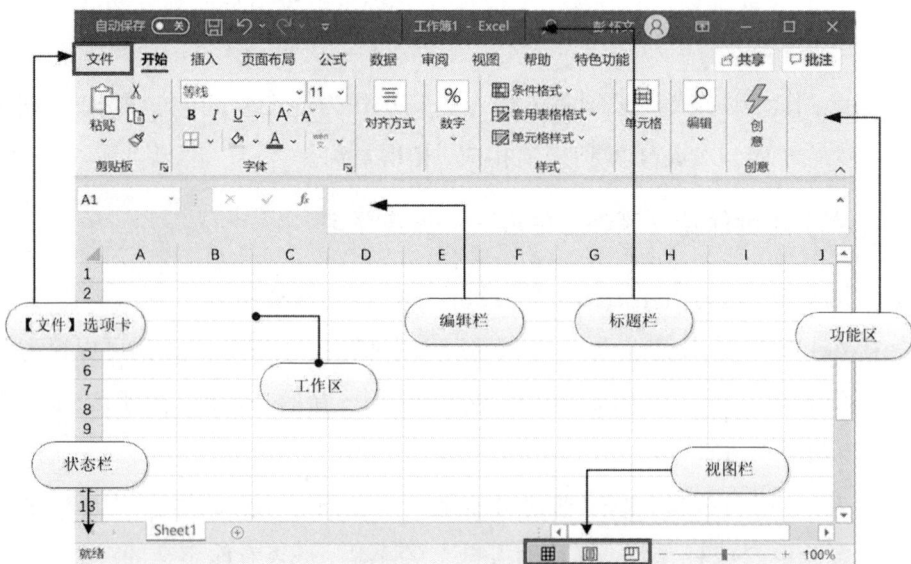

图1-2　新版 Excel 工作界面示意图

1.工作区

工作区是在 Excel 2019操作界面中用于输入数据的区域,由单元格组成,用于输入和编辑不同的数据类型。

2.【文件】选项卡

Excel 2019操作界面中的【文件】选项卡包括信息、新建、打开、保存、另存为、打印、共享、导出、关闭等命令。

3.标题栏

在标题栏中间显示的是当前编辑工作簿的文件名。在默认的情况下,第一次启动 Excel 并【新建】时,默认的文件名为"工作簿1"。在 Office 365中,Excel 标题栏上文件名显示是在中间靠左的位置,正中间是【搜索框】。

标题栏的左侧是【快速访问工具栏】,用户可以进行自定义,把自己常用的工具勾选出来;标题栏的右侧是【用户登录】【功能区显示选项】【缩小】【还原】和【关闭】按钮。

4.功能区

功能区由各种选项卡和包含在选项卡中各种命令按钮组成,利用它可以轻松地找到以前隐藏在复杂菜单和工具栏的命令和功能。

5.编辑栏

编辑栏位于功能区的下方,工作区的上方,用于显示和编辑当前活动单元格的名称、数据和公式。

6.状态栏

状态栏位于 Excel 表格的左下角,用于显示当前数据的编辑状态、选定的数据统计区等。

7.视图栏

视图栏位于 Excel 表格的右下角,分为【普通】【分页预览】和【页面布局】三种视图模式,用户可以在三种模式之间进行切换。

在【页面布局】模式下,可以直接进行【添加页眉】和【添加页脚】操作。

在视图栏也可以调整页面的显示比例。

（二）搜索框的用处

在 Windows 的 Microsoft Office 应用顶部，可以找到新的 Microsoft 搜索框。该工具功能强大，可帮助用户快速找到要查找的内容：从文本到操作，再到命令，各种内容都能找到。

单击搜索框，或按下快捷键【Alt+Q】，在输入任何内容之前，【搜索】功能就将回忆最近使用的命令，并根据预判你的操作来建议你可能想要执行的其他操作。如果你使用的是 Office 365商业版，则还将看到你经常与之协作的人员以及最近处理过的文件。

搜索框可帮助你在应用程序中查找命令、在文件中查找文本，或者查找有关某个字词或短语的详细信息。如果你使用的是工作或学校账户，则还能够查找你所在组织中的人员或文件。

例如，在搜索框内输入【函数】，就会出现如图1-3所示的工作界面。

图1-3　使用搜索框查找【函数】示意图

（三）快速访问工具栏

默认情况下，Excel 2019或 Office 365快速访问栏只包含四个按钮，分别是【自动保存】【保存】【撤销】和【恢复】。

1.【添加】或【删除】系统命令按钮

有两个途径，可以实现【添加】或【删除】系统命令按钮。

第一个途径：【文件】→【选项】→【快速访问工具栏】，如图1-4所示。

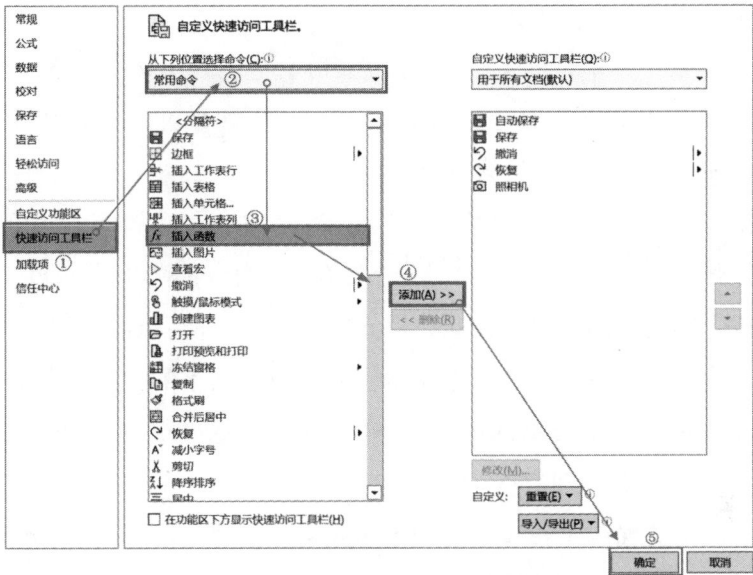

图1-4 【添加】或【删除】系统命令按钮示意图

按照图1-4所示，我们就可以将【插入函数】添加到快速访问栏。

同样的方法，只要我们选中右侧不需要的命令按钮，然后单击【删除】按钮，即可删除。

第二个途径：在工作界面上方左侧，单击【自定义快速访问栏】→【其他命令(M)】，如图1-5所示，然后又回到了图1-4的步骤。

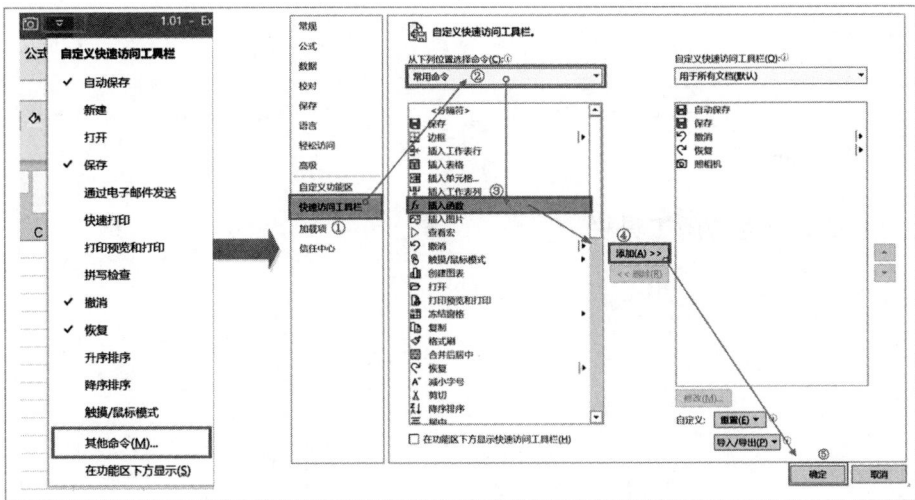

图1-5 【添加】或【删除】系统命令按钮示意图（二）

2.Excel 表格，不但可以看，也可以听

财务工作是一项辛苦的工作，经常需要盯着电脑看 Excel 表格。

当我们用眼睛核对账目很累时，是不是想过：如果可以闭上眼睛，用耳朵来听 Excel 表格的内容，那该多好啊！

并且，在对 Excel 表格的内容进行讲解时，如果一些单元格中的内容较多，数字较长，在你说的口干舌燥时，是否考虑过偷一下懒，让 Excel 自己把单元格中的内容朗读出来。这样既可以避免浪费口舌，还可以保证朗读内容的准确性，防止出现因看漏、看错而造成读错数据或者文字的情况。另外，在核对表格数据时，一边让 Excel 朗读单元格中的数据，一边观察、审核数据，还可以增加数据核对的准确性。

那么，怎么实现让 Excel 自己朗读单元格内容呢？Excel 中的朗读功能按钮在默认情况下是不显示的，但我们可以自己把它找出来，添加到快速访问工具栏中，下面介绍具体的操作方法。

有两个途径，可以实现添加【朗读单元格】按钮。

第一个途径：先单击【文件】，再选择并单击【选项】，最后选择并单击【快速访问系统工具栏】，然后，就按照以下顺序进行设置，如图1-6所示。

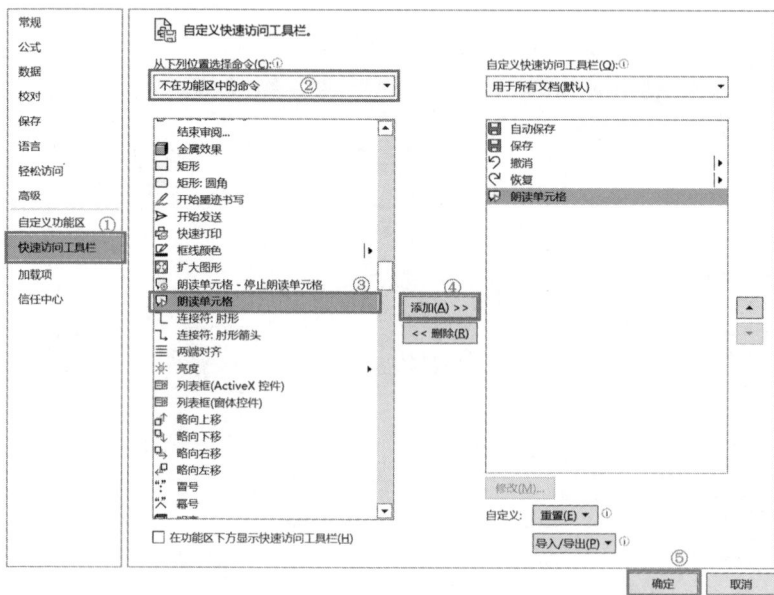

图1-6　添加【朗读单元格】按钮示意图

第一步：选中并单击【快速访问工具栏】。

第二步：在自定义快速访问工具栏左侧的下拉菜单中选择【不在功能区中的命令】。

第三步：选中【朗读单元格】。

第四步：选中并单击【添加】按钮。

第五步：选中并单击【确定】按钮。

第二个途径：在工作界面上方左侧，单击【自定义快速访问栏】→【其他命令(M)】，然后就又回到第一个途径步骤，如图1-7所示。

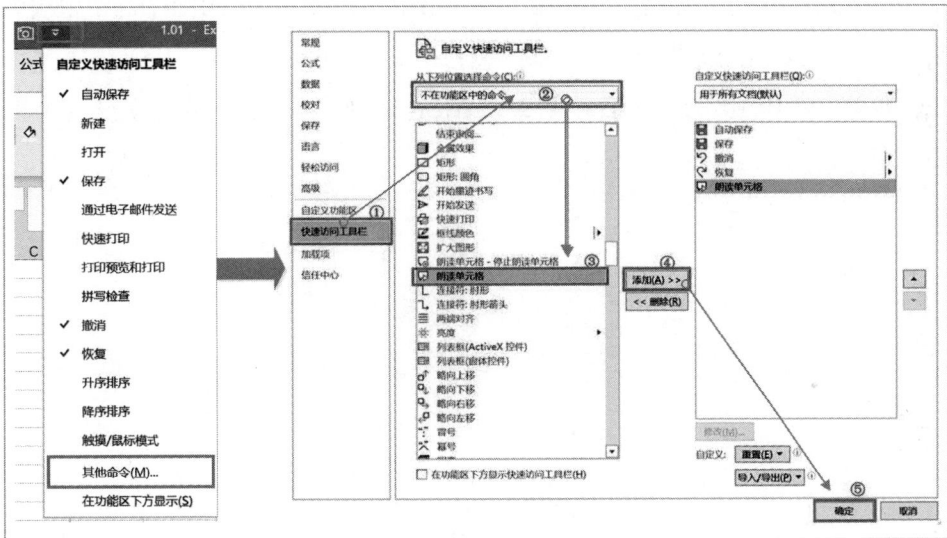

图1-7 添加【朗读单元格】按钮示意图（二）

设置好以后，只要我们在【快速访问栏】，单击一下【朗读单元格】就可以开始听 Excel 的朗读了。

需要注意的是：实现 Excel 中文朗读功能的前提是 Windows 系统的"语音识别"功能没有被删除，而且语音识别中的"文本到语音转换"选项选择的是中文。一些 Ghost 版本的 Windows 系统为了节省空间，可能会把"语音识别"功能删除。查看 Windows 系统中是否有"语音识别"功能，其方法要看控制面板中是否有"语音识别"选项。

四、关于学习或使用本书的一点小建议

笔者是一个纯粹的财务人员，使用和介绍 Excel 也都是为了解决财务工作问题。为了满足不同层次财务人员的阅读需求，前面几章是对 Excel 基本知识的介绍，后面内容则是对 Excel 在财务工作的实务案例分享。如果你已经有一定 Excel 基础的话，不用每章都看，只选你感兴趣的章节即可。为了提高学习效果，建议对你需要学习的内容一定要亲自在 Excel 表格中多演练几次。对于实务案例讲解的办法，如果对你的工作有用，建议建成模板进行套用。当然，本书讲解的办法不一定是最优办法，希望书中的办法能抛砖引玉，也希望读者与我们一起探讨与改进。

注意： 书中的案例和截图都是在 Office 365 的 Excel 中实现的，如果你的版本不一致可能会有差异。

第二章 Excel 的数据规范工具

财务人员经常需要制作很多表格,也要输入很多数据。规范的表格和规范的数据,是我们后续进行财务数据分析的必要前提。在 Excel 中有很多工具,既可以帮助我们提高工作效率,也能帮助我们预防输入数据错误。

一、高效技能1: 按指定范围输入

比如,我们需要编制一份工作日的排班表,需要将每周的工作日输入到 Excel 中,很多人可能就会找到一份日历表,然后去按照日历表输入。其实,在 Excel 中我们可以利用【填充序列】功能来快速实现目的,如图2-1所示。

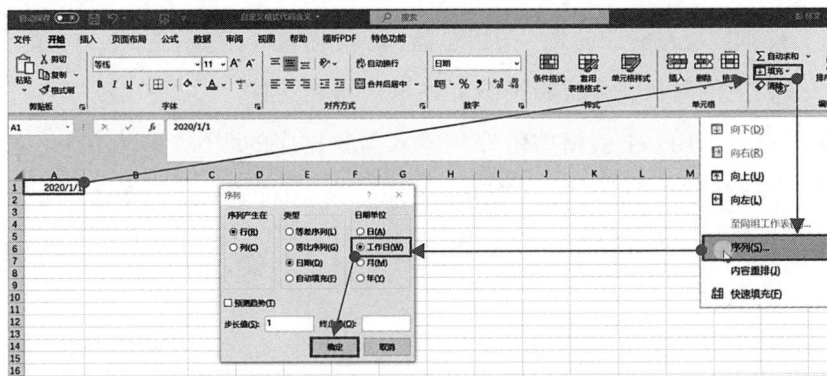

图2-1 日期的【填充序列】指定示意图

注意:【填充序列】功能对于单元格格式是数字和日期时适用,对于文本型格式不适用。

二、高效技能2: 按指定顺序输入

在实务工作中,我们经常会使用到一些固定内容的序列,如单位领导的排名序列、部门排名序列、产品名称序列。在工作中输错排名序列有时是忌讳的事情，我们可以使用 Excel 提供的【自定义序列】功能，就可以快速轻松录入想要的序列，避免工作中出现排序错误导致尴尬的事情。【自定义序列】的功能按钮位置如图2-2所示。

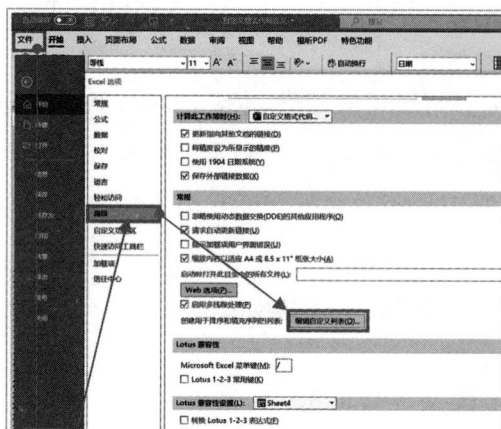

图2-2　【自定义序列】功能按钮位置示意图

比如一个公司的领导排名的序列是董事长、总经理、副总经理、财务总监、总工程师、人力资源总监、销售总监、行政总监等，每次遇到公司领导出现在同一张表上的时候，就需要按照上述顺序进行排序。

方法一：在 Excel 表格中依序列输入需要排序的职位（或人名）→选中输入有排序内容的单元格区域→单击【文件】→选中【选项】并单击→选中【高级】并单击→选中【编辑自定义列表】，弹出【自定义序列】对话框，选中【导入】并单击，如图2-3所示。

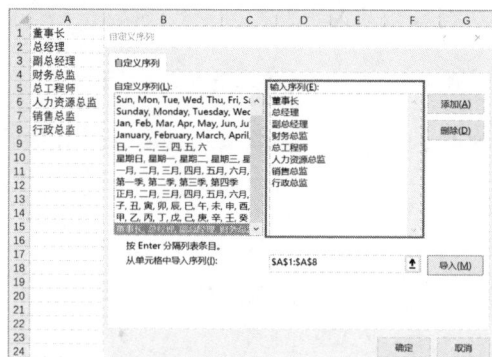

图2-3　添加【自定义序列】示意图

设置完成后，只要我们在任意单元格中输入自定义序列中的任意职位（或人名），无论是向下或向右拖动鼠标，都可以自动按序填充。

方法二：步骤与"方法一"基本一致，只是先不用在 Excel 单元格中输入需要自定义的序列名称，而是在【输入序列】的框中手动输入需要自定义的序列名称，每输入一个序列名称之后按【Enter】键换行。

三、高效技能3：工作组批量输入

在财务工作中，经常会遇到需要同时在多张工作表的相同单元格中输入同样的内容。

如果是新建一个工作簿，需要同时在多张工作表的相同单元格中输入同样的内容，我们通常是先建立一张工作表并输入相关内容作为模板，然后再新增工作表并逐一复制模板。

在完成上述过程后，如果发现模板的某个单元格的内容或公式需要变更，我们就可以使用此处介绍的"工作组批量输入"，效率就远比逐一去修改提高很多。

比如某集团公司下面有若干子公司，每月5日前子公司要向集团财务部上报各公司的相关财务数据。假如已经有了1月份的数据表，到了2月份把1月份工作簿复制粘贴后，只需要把标题从1月份修改为2月份，就可以如图2-4所示进行批量操作。

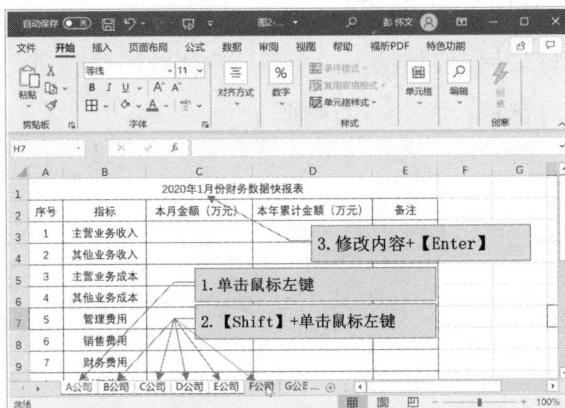

图2-4　工作组批量修改（输入）操作步骤示意图

步骤说明：

（1）将鼠标移动到工作表的标签名称处并单击。

（2）按住【Shift】键的同时，移动鼠标，选中需要修改（输入）内容的工作表。

（3）选中工作表完成后，放开【Shift】键，将鼠标移动至需要修改（输入）内容的单元格，修改（输入）内容，最后按【Enter】键。

四、高效技能4：限定输入范围

为了确保输入数据更加规范，节省后续的数据整理时间，在 Excel 中可以事先控制，提前把数据输入的规则设置好，不符合规则的输入会被禁止输入。在 Excel 2003 版至 2010 版本中叫作【数据有效性】，在以后的高版本中叫作【数据验证】。

在【数据验证】→【设置】→【允许】的下拉列表中，存在8种类型，其中除【任何值】外的7种都是属于限制类型，如图2-5所示。

图2-5　数据验证【允许】的类型

比如，我国居民身份证号码现在都是18位数，而且在 Excel 表格中为了完整地显示身份证号码，必须先将单元格格式设置为文本。为了确保我们输入的身份证号码不少位，也不多位，我们可以通过【文本长度】选项来进行限定，具体操作步骤如图2-6左侧所示。

当我们设定好以后，假如输入一个不是18位数的数据进行验证，Excel 就会弹出一个警告对话框，如图2-6右侧所示。

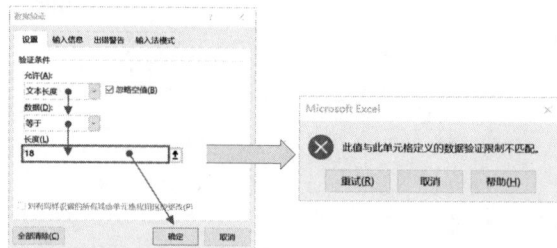

图2-6　身份证号码输入限定【文本长度】操作步骤示意图

因此，在实务工作中，我们可以充分利用对单元格输入数据的限制，来提前规范输入数据的格式。尤其是我们需要别人为自己报送数据时，我们制作的表格一定要做限定输入范围的设置，分发出去后别人才会按照我们希望的格式填报。

根据需要填报数据类型，可以进行不同的设置，此处不再一一赘述。

五、高效技能5：制作下拉列表

当我们制作的表格，只是希望填表人从我们预先设定的选项中进行选择时，下拉列表是最方便的。在【数据验证】限制类型中的【序列】功能，就可以用来制作下拉列表，有两种方法可以设置【序列】引用的数据。

1.直接输入

当选项比较少的时候，可以直接在【来源】选择框内输入。不同选项之间用英文半角逗号（,）分隔开，如图2-7所示。

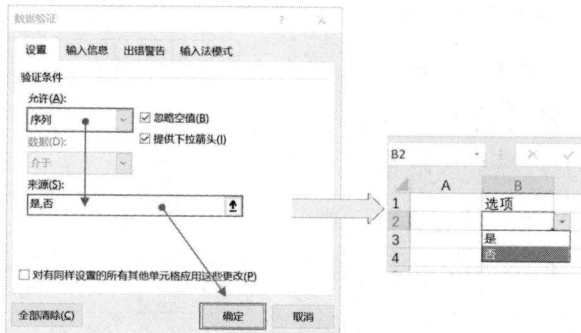

图2-7　直接输入下拉列表内容的设置步骤示意图

2.引用区域

在【设置】→【来源】中，可以直接选择对应的数据区域，如图2-8所示。

步骤说明：

（1）在【设置】→【允许】下拉列表中选择【序列】。

（2）在【设置】→【来源】选择框内的最右边，单击↑符号，出现一个区域选择框，把引用区域给全部选中即可。

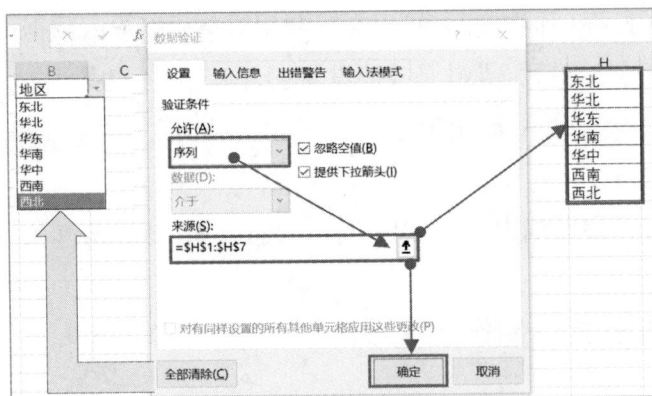

图2-8 引用区域下拉列表内容的设置步骤示意图

六、高效技能6：禁止输入重复值

我们在工作中，有时要确保某一列（行）不能出现重复值。假如需要确保A列不出现重复值，我们可以通过【数据】→【数据验证】→【设置】→【自定义】功能来实现，具体操作步骤如图2-9所示。

函数解释：COUNTIF 函数是对指定区域中符合指定条件的单元格计数的一个函数。语法：COUNTIF（条件区域,条件）。

图2-9中，函数公式的意义在于判断A列中A1值的个数是否为1；由于是相对引用，在A2单元格时，就自动判断A2值是否为1，以此类推，实现整列数字中都不能出现重复值。

如果输入重复值，系统会弹出"出错警告"的对话框。

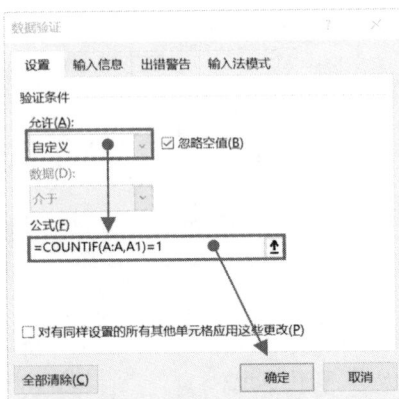

图2-9 禁止输入重复值设置示意图

七、高效技能7：快速填充

【快速填充】是 Excel 2013版本开始增加的功能，可以让数据填充变得更加智能,减少函数的使用。【快速填充】在 Excel 工作表功能区的位置如图2-10所示。

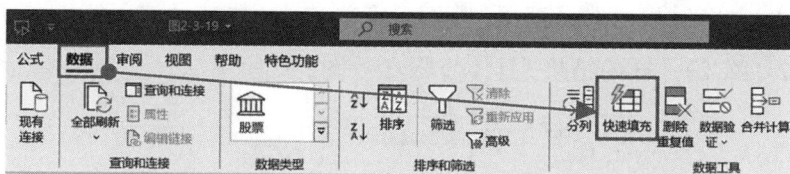

图2-10 【快速填充】功能在功能区的位置示意图

在使用【快速填充】功能时,要求必须手动先做示范,然后 Excel 软件就可以自动找出规律性的填充方法。

1.利用快捷键【Ctrl+E】填充

如在A列中有一组数值,包含有字母或文字以及数字,我们现在需要其中的数字,如图2-11左侧所示。当然我们可以使用函数来进行取数,但是会比较复杂,尤其是对于函数记忆不太熟悉的人更是困难。

在这时,【快速填充】功能就可以大显身手了,步骤如下:

(1)在单元格B1中手动输入单元格A1包含的数字。

(2)先按住【Ctrl】键不放,再按下【E】键,系统就会从单元格B2开始自动填充,结果如图2-11右侧所示。

2.利用鼠标拖动或双击快速填充

还是利用图2-11左侧的案例,当我们在单元格B1输入数字203后,可以选中该单元格,然后向下拖动进行批量填充;也可以选中该单元格后,将鼠标的光标移动至单元格B1的右下角,光标变成+时,双击鼠标左键,让系统自动填充。

图2-11 利用快捷键快速填充示意图

上述两种方法填充的结果显示的都是203，此时需要将光标移动至填充单元格中的最后一个位置，在其右下角有一个带有+号的小对话框，用鼠标单击+号，就会出现下列选择菜单，我们只需要选择【快速填充】即可，然后就能得到图2-11右侧一样的结果，具体步骤参看图2-12所示。

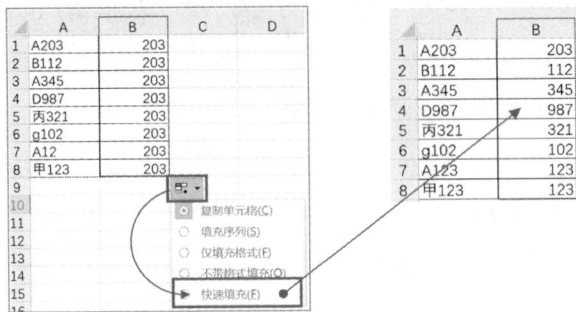

图2-12　利用鼠标拖动或双击进行【快速填充】示意图

3.智能提取已有单元格内的数字或文本

财务人员最头疼的是收到把 Excel 当作 Word 文档使用的表格文档，一个单元格内包含了文本信息和数字等，根本无法直接用来计算，必须经过整理。通常情况下，大家的第一反应就是使用 LEFT、RIGHT、MID、FIND 等文本函数提取，或者使用【分列】功能。其实，使用【快速填充】功能则非常简捷高效，如图2-13所示。

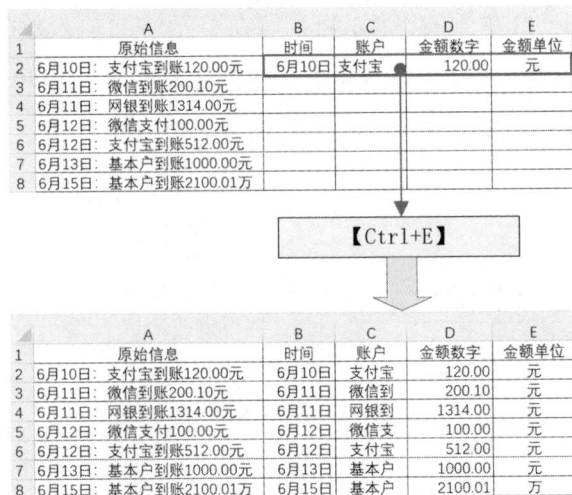

图2-13　利用快速填充智能提取已有单元格内的数字或文本示意图

步骤说明：

（1）使用快捷键【Ctrl+E】快速填充时，只能单列分别进行，不能把图2-13中画框的部分全部选中同时进行。

（2）示范填写金额数字时，格式选择保留足够小数位，以便完整取数，否则在单元格中输入（或自动保存）120的话，后面金额小数点还有数字也将会是整数。

（3）该功能可用于身份证号码中年月日和生日等信息。如图2-14所示，只需要在第2行的单元格中输入A列身份证中的相关信息，然后分别使用快捷键【Ctrl+E】进行快速填充，在"生日"列填充时必须等前面的"年""月""日"列填充完毕才能进行。如果把"生日"列位置放在B列，则可以不用等"年""月""日"列填充完毕才进行。

	A	B	C	D	E
1	身份证号码	年	月	日	生日
2	123321199001134321	1990	01	13	1990-01-13
3	65432120010219789X	2001	02	19	2001-02-19
4	110110195011286543	1950	11	28	1950-11-28
5	120120202002029494	2020	02	02	2020-02-02
6	510123198803095678	1988	03	09	1988-03-09

图2-14　利用快速填充智能提取身份证信息示意图

4.文本组合

【快速填充】功能不仅可以实现批量提取，而且还可以将两列单元格的不同内容合并。比如在A列、B列和C列分别有"年""月""日"的数字，如果我们想组合成"日期"的话，就可以利用【快速填充】功能，省去利用函数公式的过程，如图2-15所示。

	A	B	C	D	E
1	年	月	日	日期	
2	1990	1	2	1990/1/2	
3	1988	2	11	1988/2/11	
4	1949	3	21	1949/3/21	使用
5	1921	12	31	1921/12/31	【Ctrl+E】
6	2000	5	9	2000/5/9	快捷键
7	2010	6	8	2010/6/8	
8	2020	10	7	2020/10/7	

图2-15　利用快速填充功能组合文本

注意:

（1）快速填充完毕后，需要检查下填充是否有错误，毕竟是由系统识别和填充的，并不能保证填充完全准确（包括前面所述的填充）。

（2）如果第2行的"月""日"数字一致的情况下，快速填充的结果就会出现错误。比如如果把单元格C2更换为1的话，单元格是"1990/1/1"，快速填充的系统就会自动把"日"的数字改成为"月"数字，从而导致后面的填充错误。

八、高效技能8: 快速输入特殊符号

在使用 Excel 时，可能基于美观或排版等需要，有时需要输入各种符号，有些符号可以键盘直接输入，但是有些特殊符号则需要在【符号】对话框中插入。

比较常用的符号，在单击【插入】→【符号】后，默认字体是【普通文本】情况下，单击选择需要的符号后，单击【插入】就完成了符号的输入，如图2-16所示。

图2-16 插入符号的过程

对于特殊符号，需要在【字体】下拉列表中，选择【Wingdings】选项，就会显示出【特殊字符】。选中【特殊字符】后，单击【插入】即可。过程如图2-17所示。

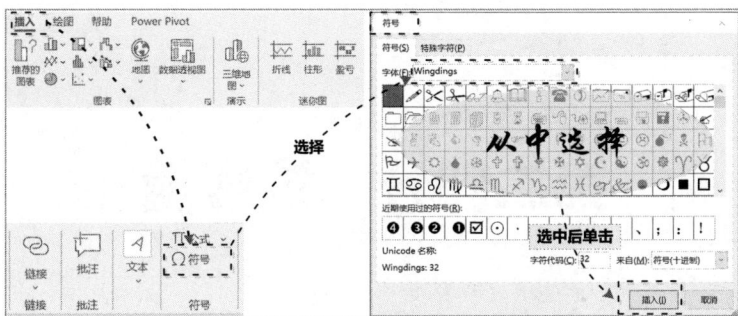

图2-17 【特殊字符】输入示意图

如果在上述过程中，没有选择到合适的特殊符号，还可以在【字体】下拉菜单中选择【Wingdings2】和【Wingdings3】，以便从更多的特殊符号中选择合适的符号。

第二部分　技能篇

第三章　Excel 应用中的"小目标"如何实现

如同做任何事就必须先有一个"小目标"，对 Excel 的学习与应用亦是如此。那么，我们学习并应用 Excel 的"小目标"是什么呢？

有人说：我的小目标就是不想太劳累！

有人说：我不想加班！

有人说：我想快捷而准确！

有人说：我想在别人面前炫耀！

…………

前面两章我们讲了 Excel 的基础招式，学会这些基本上算入门了，但是要想达成我们各自的"小目标"还不够。有些招式我们可以学，但是不能随便用。"万恶的合并单元格！"，是 Excel 高手常说的一句话。如果我们没有一定修为，一定会奇怪：合并单元格怎么万恶了呢？这个不是 Excel 最基础的操作吗？

我们应用 Excel 的小目标归集就是一句话：快准狠、一招制敌。要想达到这个目标就必须事半功倍，同时必须避免事倍功半的陷阱。要想成为高手必须养成一些能事半功倍的好习惯。

第一节　基础数据和目标结果之间要有路径规划

在 Excel 应用中，通常会有一些已知或给出的基础数据（或表格）。如何从基础数据出发，通过使用 Excel 各种技巧或函数公式等，得出我们最终需要的目标结果，可能会有多种方法可供选择。

一、磨刀不误砍柴工——动手之前先想一想

财务工作中应用 Excel，不外乎就是在基础数据或源数据的基础上，经过一系列操作后得到我们想要的结果。拿到基础数据或源数据不要立即动手，先看看二者之间到底有什么联系，想一想有多少种办法可以解决，自己最熟悉的办法是什么，最简单快捷的办法是什么。

曾经有这样一个真实的案例：一天，有人在 QQ 群抛出一张截图，如图3-1所示。

然后问：如何快速去掉前面的英文字母？

[SW.JS.JSJDJS]江苏江都建设集团有限公司/[002]二期/[001]升级450
[SW.ZJ.ZJSYGDSB]浙江森永光电设备有限公司/[002]二期/[001]升级450
[SW.SH.SHLTLNJS]上海灵拓冷暖技术有限公司/[002]二期/[001]升级450
[SW.JS.SZHRTDZZYSBKJ]苏州赫瑞特电子专用设备科技有限公司/[002]二期/[001]升
[SW.NJ.NJHXZDHSB]南京恒星自动化设备有限公司/[001]一期/[003]自筹
[SW.LN.DDXDFJTYQ]丹东新东方晶体仪器有限公司/[002]二期/[003]自筹
[SW.SH.SHLTLNJS]上海灵拓冷暖技术有限公司/[002]二期/[003]自筹
[SW.ZJ.ZJDCDQGF]浙江大成电气股份有限公司/[001]一期/[001]升级450
[SW.GS.ASJSGC]甘肃安胜建设工程有限公司/[002]二期/[003]自筹
[SW.LN.DDXDFJTYQ]丹东新东方晶体仪器有限公司/[001]一期/[001]升级450
[SW.ZJ.SYDJHJMJC]上虞大金湖精密机床有限公司/[001]一期/[003]自筹
[SW.JS.SZFYDCSB]苏州富怡达超声波有限公司/[002]二期/[001]升级450
[SW.SH.SHQAFJMLY]上海全爱丰精密量仪有限公司/[002]二期/[003]自筹

图3-1　需要删除多余英文字母的数据截图

这个问题，如果是你，会怎么做？难道拿到这样的 Excel 表格就马不停蹄地用鼠标单击在企业名称前，然后用删除键去不断删除吗？显然，这样的工作方法是错误的。如果数据比较多的话，工作效率自然无法提升。

那问题该如何解决呢？笔者给出的方法是："查找和替换"。

通过仔细观察可以发现，其实前面的英文字母还是有规律的：第一内容全在中括号中；第二全部是以S开头的。因此，我们可以打开【查找和替换】对话框，在【查找内容】中输入"[S*]"，在【替换为】中按空格键，如图3-2所示。

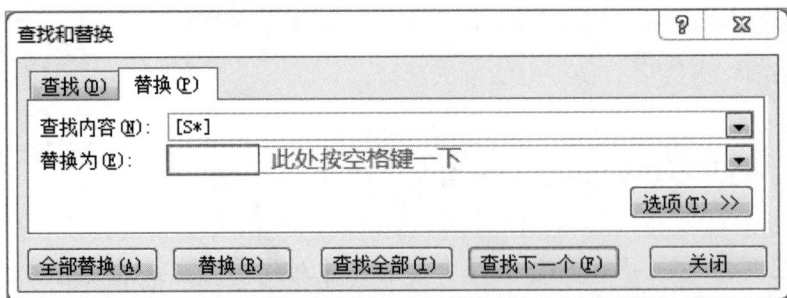

图3-2 利用通配符进行【替换】操作示意图

此案例是不是充分说明——磨刀不误砍柴工！

所谓条条大路通罗马，我们在出发前首先应当考虑从哪条道路走，接着想想道路上会出现的阻碍，比较后选择最优的道路，继而实现我们的目标。

二、分清楚表格是一次性使用还是重复使用

在工作中，我们会遇到类似于图3-1的问题，这种问题一旦解决，源数据所在的表格不会再重复输入类似的数据，我们可以把这种表格称为一次性使用表格。对于这种表格要求不高，一切以服务最终结果为原则，怎么快就怎么做。但是如果是从其他软件或者网站上导出的数据，或者是他人发给你的源数据，最好在复制文件上操作处理，避免操作失败而导致源数据丢失的尴尬事件发生。

比如工作中经常还会遇到各种台账的表格，不但经常会录入新的数据，而且可能需要长期保存以备查询，可能还会在此基础上求得月度、季度或者年度累计数或相关分析等。这种表格我们可以称为重复使用表格。对于这类长期需要使用的表格，最好制作为不同的功能性表格，有基础性的工作表、有结果性的工作表。比如我们建立的各类台账，在基础性工作表中只录入最基础的数据，不要做月度、季度或年度的小计或合计等计算；而在另外的工作表中按照需求建立各种格式的报表，然后去基础性工作表中取数自动生成，当基础性工作表发生变化，结果性报表也自动变化。当一个企业有很多部门或者分支机构时，为了统一管理可以建立这样的模板供大家统一使用。这类表格的结

果性工作表一般都是使用函数公式进行计算，而不会使用合并计算或分类汇总等。

另外还有一种介于二者之间的表格，比如工资表。每月工资表都是有变化的，表格格式却是一样的，变化的不外乎是出勤天数、奖金、扣款等，或者是员工人数的增减变动。每月的工资表我们还是需要保存，以备查询，但是我们可以复制后重命名为新的月份，然后在工资表中修改变化的部分，前一个月的工资表就相当于后一个月的模板。

三、路径规划案例——以固定资产管理为例

下面我们以实务应用为例来说明如何进行路径规划，就以固定资产管理为例。如果我们已经使用了 ERP 软件的"固定资产管理"模块的，可以看看路径规划的思路，然后与 ERP 进行对比。如果还没有专门的固定资产管理系统的，可以结合案例和实际情况建立自己的固定资产管理系统。

（一）先清楚我们需求的是什么

固定资产管理的目的就在于根据会计准则和内控管理制度对固定资产进行准确、及时的核算，并确保账实相符。

因此，财务上应及时登记固定资产的原值，每月准确及时核算折旧，然后分使用部门等记入不同会计科目。同时，为了保证固定资产的账实相符，要对固定资产的领用、调拨、盘亏、清理等及时登记。

固定资产的源数据就是固定资产购进发票、领用部门签字等，结果就需要每月分部门和分资产的折旧表等。

（二）基础数据表格的建立

任何管理系统，都需要建立基础表格，固定资产管理也不例外。我们需要先建立一张固定资产基础表格。在基础表格中，我们至少应包括固定资产名称、规格型号、编码、类别、入账日期、入账原值、预计折旧期限、预计净残值、折旧方法、存放地点、使用部门、使用人等。如果考虑后期管理，可能还需

要固定资产减值准备、固定资产清理等。

在固定资产基础表格设置时,首先需要根据内容设置表格的标题行,标题内容简单、清晰明了。根据标题内容,对应的列根据情况进行单元格有效性设置。比如对"入账日期"对应的列单元格的有效性设置为只能输入标准的时间格式。对单元格内容相对固定的,可以设置为下拉菜单,只能从设定的内容中选择,比如"折旧方式"列单元格内容限定为平均年限法、年限总和法、双倍余额递减法等。

对于这些基础数据需要准确录入,起到一个清单的作用,不需要在该表上做计算。在该基础数据表格中严禁出现小计、合计或合并单元格等之类的"陋习"。

(三)结果数据表格的建立

固定资产结果报表至少应该有,新固定资产入账时打印"固定资产管理卡片"交使用人签字、每月分部门的固定资产折旧表、每年至少一次的固定资产盘存表、固定资产清理审批表(视情况)等。

对于这些结果数据报表,我们首先根据需要建立好表格,然后表格中的大部分数据内容取自基础数据表格。比如固定资产管理卡片,由于需要打印并要使用人等签字,所以该表属于报表型的表格,必须注意美观,因此该表在必要时是可以合并单元格的。由于该表只是在固定资产入账时打印一次,我们必须做到当输入或变更一个条件时,就可以打印出我们需要的固定资产,当然其他主要内容必须取自基础表格,避免重复录入。

每月的固定资产折旧表,我们需要做到当输入不同月份的时间时,可以自动生成我们所需要的折旧表。折旧额要根据基础数据表内数据自动计算,同时也要满足固定资产会计准则的规定,如当月入账的固定资产不计提折旧。

(四)基础数据和目标结果之间的关系

固定资产管理有很多基础数据,需要的管理报表也很多,因此二者不可能在同一张表格就能实现。当我们把基础数据和目标结果进行整理后自然就会将二者分离。建立基础数据表格的目的，既可以起到固定资产清单的作用，也可以作为管理报表取数的源泉，可以避免重复手工录入，也可以利用 Excel 的强大函数公式进行自动计算，可以大大提高工作效率。

以上，只是以固定资产管理作为案例来说明基础数据和目标结果之间的路径规划思路。具体的固定资产管理请看本书的第十四章。

第二节　修炼需避开恶习——提高效能从细节开始

万恶的合并单元格！

这句话想明白为什么了吗？因为合并单元格会影响排序、筛选、分类汇总、数据透视表、函数公式等，影响这么强大的功能不能使用或者造成错误的结果，难道还不万恶吗？

其实，这都是日常工作中一些陋习造成的，因为这些细节造成了后面工作的失败。

一、不得不说的 Excel 操作陋习

在我们的工作中，每天都在使用 Excel，不自觉地形成了自己的习惯。笔者相信，每个人在不同的时期，对 Excel 的理解和熟练程度不同，都会形成一些不良的习惯，下面说说几个常见的陋习。

（一）合并单元格

有人觉得这个很好用或合并居中好看，不但标题行使用，甚至表格中部还要不停使用。开篇就说了它是万恶的，原因就不再多说了，能不使用尽量不要使用。

（二）多行头表

我们常见的多余的表头，如图3-3所示。

	A	B	C	D	E	F	G	H	I	J	K
1	2016年8月份工资表										
2	序号	姓名	基本工资	岗位津贴	计薪天数	应发工资	加班工资	社保代扣	应税所得	个税代扣	实付工资
3	1	张1	6000	1500	21.00	7500.00	—	440.00	7060.00	251.00	6809.00
4	2	张2	6000	1500	21.00	7500.00	—	440.00	7060.00	251.00	6809.00
5	3	张3	6000	1500	21.00	7500.00	—	440.00	7060.00	251.00	6809.00

图3-3 常见的多余表头示意图

这样的多余表头，跟万恶的合并单元格一样，很多功能无法使用，应该去掉。如果打印时需要，可以在页眉设置中去添加。

（三）表内表头和表内小计

笔者曾经见过有人做的工作表有很多表头和表内小计，问其原因，答：打印时一张纸只能打印这么多，不设置表头和表内小计，打印出来的工资表只有第一张有表头，最后一张才有合计。

这种就是典型地把 Excel 当 Word 使用了。

（四）表中随便按空格键

中国人的名字中三个字居多，也有两个字的，有些人为了所谓的美观习惯，在两个字的名字中间按空格键。可是常常按的空格键个数又不一致。Excel 可是分得很清楚，稍微有一点不同就认为是两个不同的人。

（五）输入的时间是 Excel 不认可的格式

比如把2020年9月8日在 Excel 中输入为"2020.9.8"。这样，软件只会当文本处理，无法认为是时间，自然也就无法参与计算。

（六）数量和单位在同一单元格或数字和文字在同一单元格

不规范的输入，如图3-4所示。

	A	B
1	品名	销量
2	苹果	100kg
3	土豆	1吨
4	西红柿	50公斤

或

	A	B
1	品名	销售情况
2	苹果	7日销售100kg
3	土豆	8日销售1吨
4	西红柿	2日销售50公斤

图3-4 不规范的输入示例

这样的表格,怎样计算? 如果我们这样做基础表,月末统计时一定会疲惫不堪。

另外,财务方面最常见的还有把开户行和账号也同时输入在同一单元格内,导致数据无法方便快捷地批量导入至网银等。

(七)斜线表头

斜线表头有一种"古典美"。因为喜欢或者看见印刷品上的表格有斜线表头,觉得很美,有些人就开始模仿,可是 Excel 是无法识别的。

(八)表内留下空行或空列

有人为了所谓的方便或美观,在表内留下空行或空列,甚至有人做表时在最上面空出几行、左边空出几列,简直是把 Excel 当成了"白纸",以为可以在上面随便写写画画。

一句话,要想后面的成功,必须从源头控制,细节决定成败!

二、记住一点 Excel 操作细节

下面这些操作细节都是 Excel 长期使用者的经验总结,不是笔者的发明,但是非常有用,特推荐给读者参考。

(1)所有"相同事件"都储存到同一个工作表中。

(2)每个事件占工作表的一行。

(3)工作表的第一行是标题行。

(4)工作表的数据源中无合并单元格或空格,数据之间无空行或空列。

(5)工作表中的字段名称不重复,字段名称应简单而具有良好的标识作用。

(6)相同内容的记录要用相同类型格式记录,不能有些用文本格式,有些用数字格式。

(7)数据的储存不混淆于数据的使用。工作表的数据库存储设置只需要将"事件"完整记录下来,而不需要"看起来像报表"。

（8）采用计算机认同的数据格式，如日期格式应采用2020-09-08等，而不采用2020.09.08。

（9）做到以上各项原则，只要掌握了 Excel 的几个基本函数，就可以比较好地进行数据管理了；反之，即使有很高的操作水平，如果管理不好数据也是没有意义的。尤其对数据库的字段设置，是最基础的要求。

（10）对数据量大，操作步骤多，数据源复杂，特别是针对有重要数据的，在执行数据分析与处理后，应进行抽查或对结果进行检查。抽查为随机，但一般包括前、中、后及有特殊格式的数据条，对结果的检查应采取不同的方式进行（如对总计或总和进行检查），避免检查思路与操作思路一致。

（11）对数据进行分析处理时应建立副本（不在同一工作簿）进行操作，不破坏原始数据。

（12）对数据分析处理时，在进行多个操作步骤后应保存，避免系统故障等意外情况后一切又从头再来。

（13）懒人原则。要认同 Excel 一定会有好的方法供我们使用，尽量采用简单易行的操作方法（即便多几个步骤）达到目的，不推荐使用极其复杂的操作一步到位（学习时除外），因为 Excel 的宗旨即是减轻我们的工作量。

（14）重要数据即时备份。

（15）报表如仪表原则，报表在直观、易用和容易理解的基础上还应美观。

三、不规范的基础表格的规范化整理

我们工作中可能需要的基础数据表格是其他人发给我们的，或者是从一些软件或网站导出的，可能极为不规范，导致根本无法使用 Excel 强大的功能。比如数据的来源不是手工输入，比如数字是文本格式、数字后或前有空格、有不可见字符等，这些数据就没法直接参与运算。原始数据一定要规范，否则，还要使用函数公式等清洗不规范的数据，徒增中间环节，影响计算速度。

下面我们就讲讲一些常见的整理方法，这些整理也是"磨刀不误砍柴工",整理规范后我们才能充分发挥 Excel 的功能。

（一）批量取消合并单元格

单个的合并单元格取消合并,相信大家都会,那如何批量取消表格中的合并单元格呢?

其实很简单,先按快捷键【Ctrl+A】选择表格的全部内容,然后单击【合并后居中】,这时整个表格内的合并单元格全部被取消合并了。与单个取消合并相比,是不是差不多呢?

如果有几个必须保留合并,除此以外全部取消合并,又怎么办? 这时需要全部取消后再次合并,或者选中可以取消合并单元格的区域,然后单击【合并后居中】。

（二）空行或空列的清理

此处我们说的空行或空列是指在表格有数据的区域内,整行或整列都是空白的。清理空行办法如下:

打开需要清理的表格,选中数据最多的列（一般选择列标题）,然后单击【查找和选择】→选择【定位条件】→选择【空值】→单击【确定】,如图3-5所示。

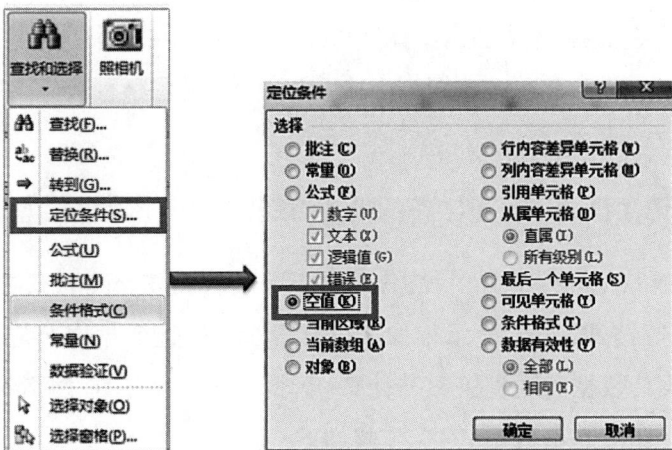

图3-5　空行或空列清理示意图

单击【定位条件】的【确定】后就可以看到空行的单元格被选中，此时单击【删除】，然后选择对话框中的【整行删除】按钮即可。

对于空列的清理方法一致。

（三）不规范的时间清理

比如我们前面说的"2021.09.08"便是计算机无法识别的时间，必须整理为计算机能识别的格式，具体办法就是使用"分列"。此处不再赘述，详细内容请参看本书第四章第二节相关内容。

（四）源数据中空格键的批量清理

空格键的批量删除：可以使用【查找和替换】功能，在【查找内容】处按一下空格键，【替换为】处什么都不输入，然后进行全部替换。

（五）源数据中回车键（换行符）的批量清理

回车键（换行符）的批量删除：可以使用手动批量删除，也可以使用函数公式批量删除。

（1）手动删除：使用快捷键【Ctrl+H】调出【查找和替换】，将光标定位到【查找内容】输入框中，按住键盘上的【Alt】键不放，用数字小键盘输入10，然后松开【Alt】键，单击【全部替换】。

（2）函数公式删除：CLEAN 函数可以删除文本中不能打印的字符。假如A1单元格包含换行符，可在B1单元格中输入公式："=CLEAN(A1)"，即可删除换行符。

（六）源数据中不可见字符的批量清理

由网站或其他软件等导出数据，经常不是纯粹的 Excel 格式文件，而是后缀为".csv"等格式，虽然显示很像 Excel 格式，但是数据中经常包含着不可见字符，导致其数据无法直接参与计算。因此，对于含有不可见字符的源数据需要先清理，删除其不可见字符。步骤如下：

第一步：先将源数据全部复制粘贴到文本文档。首先打开一个"文本文档

(.txt)"，其次对需要清理的 Excel 数据表使用快捷键【Ctrl+A】→【Ctrl+C】，然后在"文本文档(.txt)"进行粘贴（快捷键【Ctrl+V】）。

第二步：将文本文档的内容全部选中复制粘贴到 Excel 的新工作表。这样，里面所有不可见的字符或设置都已去除，但是空格键或回车键（换行符）还在，需要使用前面介绍的办法进行清除。

第四章　数据工具在财务工作中的妙用

在 Excel 工具栏中专门有个"数据"，很多功能可以在不使用函数公式的情况下达到对数据进行排序、筛选、分类汇总、合并计算等操作，操作过程比较简单，一旦学会这些功能对财务工作大有裨益。

第一节　排序、筛选和分类汇总的混合使用

在财务工作中，经常面对大量数据需要进行处理，我们可以充分利用 Excel 中的排序、筛选和分类汇总等功能来提高工作效率。

一、排序的应用

面对 Excel 表格中众多数值或文本，我们由于特定目的也许会要按照一定规定进行排序。

（一）单条件排序

若对财务部技能测评成绩按照降序进行排列，如图4-1所示。

A	B	C	D	E
姓名	会计	财管	税法	总分
赵晓东	90	70	70	230
李迪	80	85	82	247
黄瑜	82	68	74	224
彭文静	74	65	78	217
王荣飞	65	70	72	207
罗蕾	86	72	85	243
邱敏	82	68	74	224
彭怀文	89	90	85	264

图4-1　需要排序的数据源表示意图

步骤：选中A列至E列→单击【数据】→【排序】，弹出【排序】对话框，如

图4-2所示。

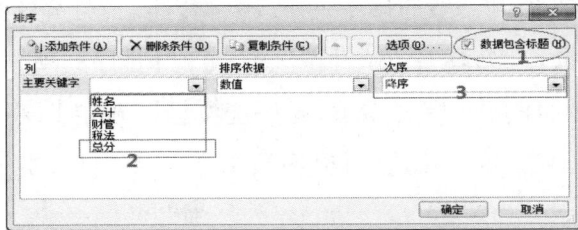

图4-2　【排序】对话框示意图

按图4-2中表示的1、2、3步骤进行操作。步骤1：复选框中打钩；步骤2：选中【总分】；步骤3：选中【降序】。最后单击【确定】按钮即可。

（二）多条件排序

假如我们对图4-1的成绩排序方式是依次按照会计、财管、税法的单科成绩进行降序排列。起始操作步骤与单条件排序一样，只是多一道【添加条件】的操作，如图4-3所示。

图4-3　多条件【排序】示意图

按图4-3中表示的步骤进行操作。步骤1：复选框中打钩；步骤2：选中【会计】；步骤3：选中【降序】；步骤4：单击【添加条件】，返回步骤2和步骤3进行操作，直至将【财管】和【税法】全部设置好；步骤5：单击【确定】按钮即可。

（三）汉字按照笔画顺序排序

假如有很多姓名需要按照笔画顺序排序，怎么办？难道每个名字去数笔画吗？不急，Excel帮你解决！

假设我们对前面的成绩表按姓名的笔画从少到多进行排列，如图4-4所示。

前面的操作步骤与一般的排序一样，不再赘述，此处介绍不一样的地方，按照图4-4进行操作。步骤1：单击【选项】，出现【排序选项】的小对话框；步骤2：选中【笔画排序】；步骤3：单击【排序选项】的【确定】（小对话框消失）；步骤4：选中【姓名】；步骤5：选中【升序】；步骤6：单击【确定】。

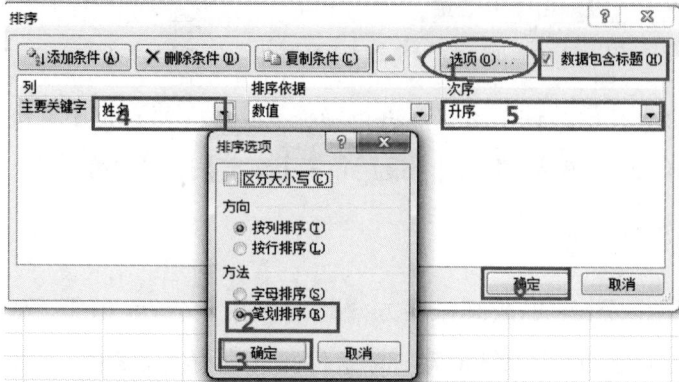

图4-4　按照笔画排序示意图

（四）排序操作过程中的注意事项

1.关于参与排序的数据区域

Excel 默认对光标所在的连续数据区域进行排序。连续数据区域是指该区域内没有空行或空列。若需要对工作表内某一个连续的数据区域排序，则要先将光标定位到该区域内的排序依据列上，否则会得出不想要的排序结果。

若需要对多个连续数据区域内的所有数据排序，可以选定所要排序的数据范围，然后通过菜单栏【数据】→【排序】对话框来实现。排序后，空行会被移至选定区域的底部。

2.关于数据的规范性

一般情况下，不管是数值型数据还是文本型数据，Excel 都能识别并正确排序。但数据前、中、后均不能出现空格。可利用快捷键【Ctrl+H】调出【替换】对话框，在【查找内容】中输入一个空格，【替换为】处不填任何内容，再单击【全部替换】，即把所有空格替换掉。

3.关于撤销 Excel 排序结果

有人不知道如果撤销 Excel 排序结果,让数据顺序恢复原状。最简单的方法:按快捷键【Ctrl+Z】撤销操作。如果中途保存过,那按快捷键【Ctrl+Z】就只能恢复到保存时的数据状态。

建议:(1)备份原始文件;(2)养成习惯,给工作表新增一列,编上永久序号。

4.合并单元格的排序

Excel 不允许被排序的数据区域中有不同大小的单元格同时存在。通常也就是合并单元格与普通单个单元格不能同时被排序。所以经常会有"此操作要求合并单元格都具有同样大小"的提示。解决办法是拆分合并单元格,使其成为普通单元格。

5.第一条数据没参与排序

使用【工具栏】按钮来排序,有时会出现第一条数据不被排序的情况。这是因为使用【工具栏】按钮排序时,默认第一条数据为标题行。解决办法:在第一条数据前新增一行并填上内容,让它假扮标题行。填写的内容不限,填写至连续数据区域右端止。建议用【Ctrl+ 填充柄】拖选整行单元格快速填充相同数据。

二、筛选的应用

当从众多的数据中选出我们需要的数据时可以使用【筛选】功能。我们还是以刚才的成绩表作说明。

(一)一般筛选

当我们需要进行筛选时,选中需要筛选的区域后单击【数据】→单击【筛选】(快捷键:【Ctrl+Shift+L】),就变成如图4-5左侧所示的界面。我们可以看到表头的每个单元格都出现了一个倒三角形,单击这个倒三角形就可以看见一个下拉菜单,如图4-5右侧所示。

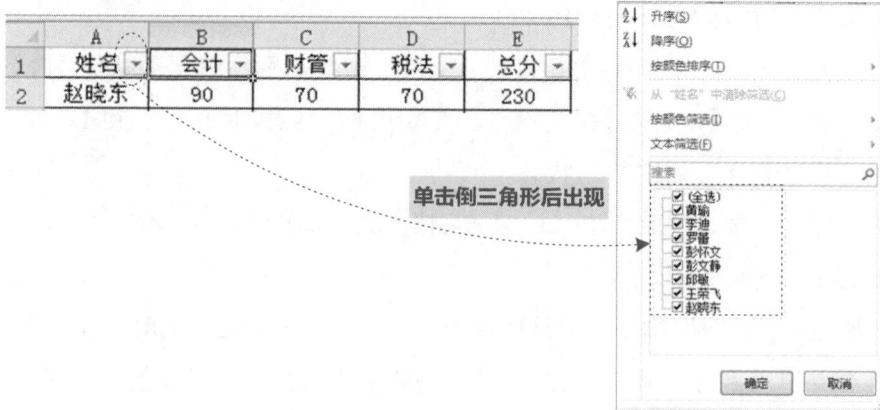

图4-5　单击【筛选】后工作表出现下拉菜单示意图

上部是排序方式,可以按照升序、降序和按照颜色进行排序。下部就是筛选的方式。

1.按颜色筛选

单击【按颜色筛选】选项后,出现如图4-6所示对话框。

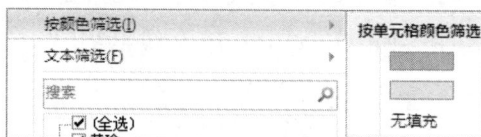

图4-6　【按颜色筛选】示意图

2.文本筛选

单击【文本筛选】选项后,出现如图4-7所示对话框。

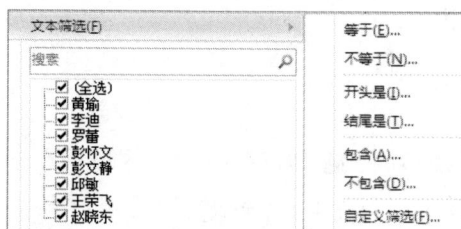

图4-7　按【文本筛选】示意图

再单击右边的选项,弹出【自定义自动筛选方式】对话框,根据需要进行自定义筛选,如图4-8所示。

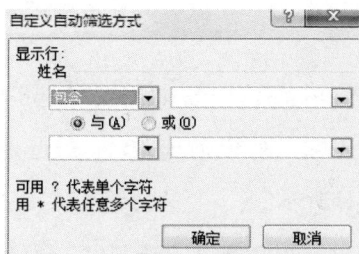

图4-8 【自定义自动筛选方式】对话框示意图

3.数字筛选

单击【数字筛选】选项后,出现如图4-9所示对话框。

再单击右边小对话框里的选项后还会出现对话框,根据需要进行选择或填写即可,与【文本筛选】基本类似,不再赘述。

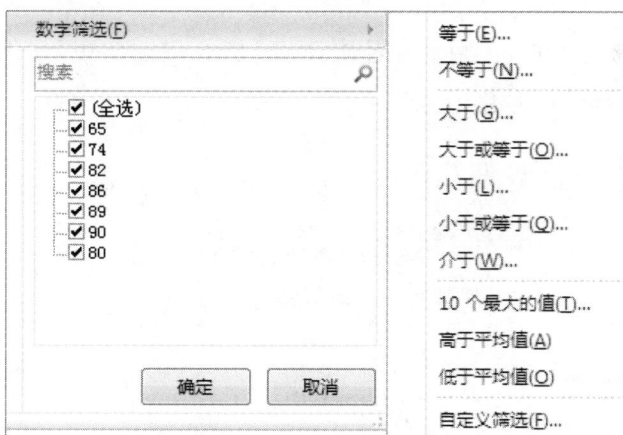

图4-9 按【数字筛选】示意图

【文本筛选】和【数字筛选】是 Excel 自动识别生成的,如果需要筛选的内容是日期,还会显示为【日期筛选】。

4.搜索筛选

在【搜索】文本框中输入我们希望筛选的关键词,比如在姓名中我们筛选含"文"字的姓名,此时输入"文"就出现如图4-10所示的界面,然后单击【确定】按钮即可。

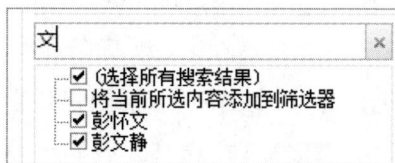

图4-10 按【搜索】筛选示意图

（二）高级筛选

此处仍以成绩表为例进行说明。假如需要筛选三科成绩全部都在80分以上的人员名单。我们需要先输入一个筛选条件。筛选条件的表头要与需要筛选内容的表头一致，如图4-11所示。

	A	B	C	D	E		F	G	H
1	姓名	会计	财管	税法	总分		会计	财管	税法
2	罗蕾	86	72	85	243		>80	>80	>80
3	赵晓东	90	70	70	230			筛选条件区域	
4	彭好	89		85	264				
5	邱敏	82	68	74	224				
6	黄瑜	82	68	74	224				
7	彭文静	74	65	78	217				
8	王荣飞	65	70	72	207				

被筛选的内容区域

图4-11　高级筛选源数据表示意图

单击【数据】→【高级】，或者快捷键【Ctrl+Shift+L】→【高级】，出现【高级筛选】对话框，如图4-12所示。

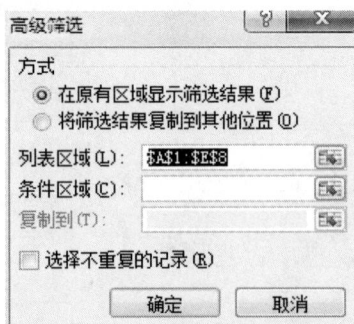

图4-12　【高级筛选】对话框示意图

根据需要选择显示方式，如果选择的是【将筛选结果复制到其他位置】，则需要选择需要【复制到】的区域。该区域只能在本工作表内，不能跨工作表，列数要与待筛选内容区域的跨度一致，行数可以不考虑。

【条件区域】必须将条件区域的表头和条件全部选中，只选择条件则无法进行筛选。故图4-11的条件区域应为 $F$1:$H$2。

当选择【在原有区域显示筛选结果】时，其他没有选中的内容将被隐藏，但是如需看到被隐藏的内容，此时只能退出筛选功能，而用鼠标右键的【取消隐藏】是不能实现的。

44

（三）筛选的退出

当筛选结束后，需要退出筛选功能时，可以再单击一下【筛选】或者快捷键【Ctrl+Shift+L】，小倒三角形消失或者使用【高级筛选】功能隐藏的内容会重新显示。

三、分类汇总的应用

在面对大数据时，我们有时需要按品类进行汇总，比如销售明细，可能需要对每个产品的数量、金额进行汇总。

（一）分类汇总的操作步骤

步骤1：对数据进行排序。按照需要进行分类汇总的项目进行排序，升序或降序都可以，比如我们对水果销量分类汇总就可以按照水果的品名进行排序。

步骤2：单击【分类汇总】按钮，出现【分类汇总】对话框，如图4-13所示。操作步骤如下：

（1）单击下拉菜单选择需要【分类汇总】的【分类字段】。

（2）单击下拉菜单选择【汇总方式】。

（3）勾选【选定汇总项】。

（4）根据情况进行勾选（此处一般选择自动默认）。

（5）单击【确定】完成分类汇总。结果如图4-14所示。

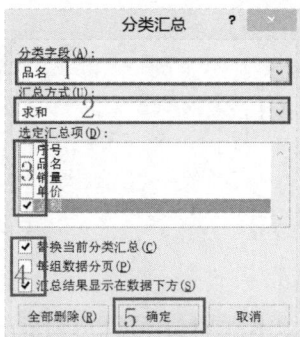

图4-13　【分类汇总】对话框及操作步骤示意图

图4-14　【分类汇总】后结果示意图

分类汇总结果是分级显示的, 若要只显示分类汇总和总计的汇总, 请单击行编号旁边的分级显示符号 <kbd>1 2 3</kbd>。使用 ✚ 和 ━ 符号来显示或隐藏各个分类汇总的明细数据行。

(二) 分类汇总的注意事项

在【分类汇总】时要注意清理单元格中一些打印不可见的特殊格式。比如空格、回车键、' 等, 虽然目视和打印都是不可见的, 但是 Excel 排序可能排在一起, 并且是按照不同类别在进行识别。尤其是一些从应用软件导出的数据常常包含一些特殊的不可见格式设置, 需要进行清除。

(三) 分类汇总方式

分类汇总方式包括求和、平均值、计数、最大值、最小值、乘积等。

操作步骤: 先长按鼠标左键选中需要汇总的单元格区域, 然后单击【开始】→【分级显示】→【分类汇总】, 弹出【分类汇总】对话框, 如图4-15所示。单击【汇总方式】的下拉菜单, 就可以选择需要的汇总方式。

图4-15　【分类汇总】的【汇总方式】示意图

第二节　分列的应用

当需要提取同一单元格内的部分数据或者文本的时候, 可以采用分列的方式来完成。首先观察单元格内数据的特点, 选择最适宜的分列方式。

一、常规应用

以图4-16为例，需要将省份和地区从一列剥离为两列，分别显示。

观察所有的省市之间以空格为界线被隔开，那我们就可以选择空格为分界点，选中A列→【数据】→【分列】→【分隔符号】→【勾选空格】→【完成】。具体步骤如图4-17所示。

	A
1	四川省 成都市
2	四川省 德阳市
3	四川省 绵阳市
4	四川省 达州市
5	四川省 遂宁市
6	四川省 乐山市
7	四川省 广安市
8	四川省 南充市
9	四川省 巴中市

图4-16 希望进行分列的字段示意图

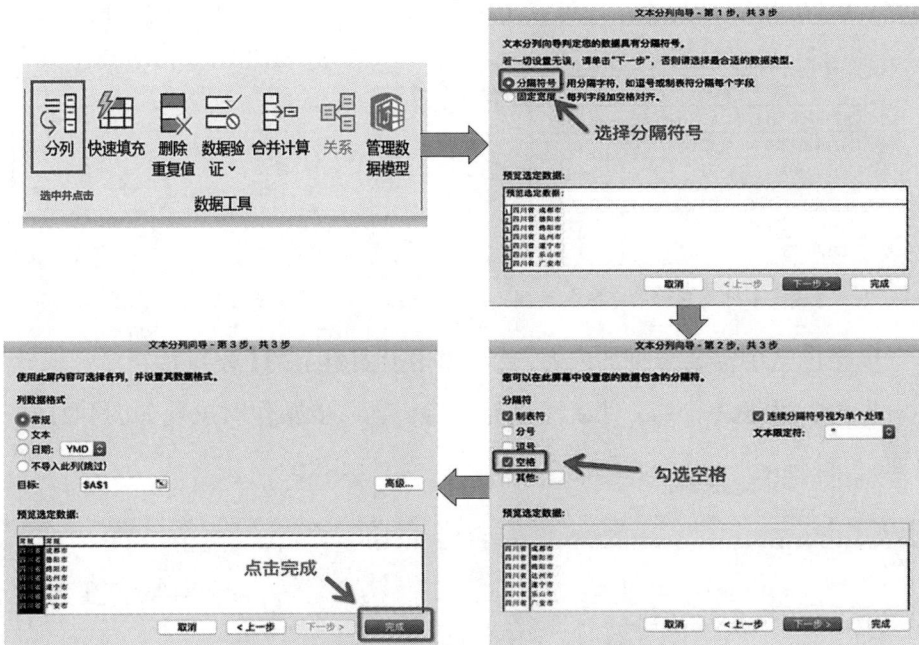

图4-17 利用【分列】将一列数据变成两列示意图

完成以上步骤之后，数据就成功分列，结果如图4-18所示。

	A	B
1	四川省	成都市
2	四川省	德阳市
3	四川省	绵阳市
4	四川省	达州市
5	四川省	遂宁市
6	四川省	乐山市
7	四川省	广安市
8	四川省	南充市

图4-18 字段分列成功的示意图

二、去除不可见字符

从一些应用软件或网站导出的交易记录数据，很多时候数据后缀是.csv格式的，打开一看，外观与 Excel 格式差不多。但是由于其单元格中经常包含一些打印及目视皆不可见的字符，以至于 Excel 中常用的分类汇总、合并计算、函数公式计算等都不可用。即便是使用【复制】然后【选择性粘贴】，仍然不能去除这些不可见的字符，为解决这个问题可以使用【分列】功能。

在图4-19中，单元格A2用肉眼去数，只有17位字符，但是使用函数公式判断又有18位。有时从其他软件中导出的数据就有这样奇怪的设置，影响使用功能，为了数据变得"纯洁"，可以使用【分列】进行清除，如图4-20所示。

图4-19　隐藏有不可见支付的字段示意图　　图4-20　【分列】位置示意图

步骤1：选中需要分列的内容，然后单击上图所示的【分列】。

步骤2：根据【分列】对话框进行清除，第二步操作时出现如图4-21所示界面。

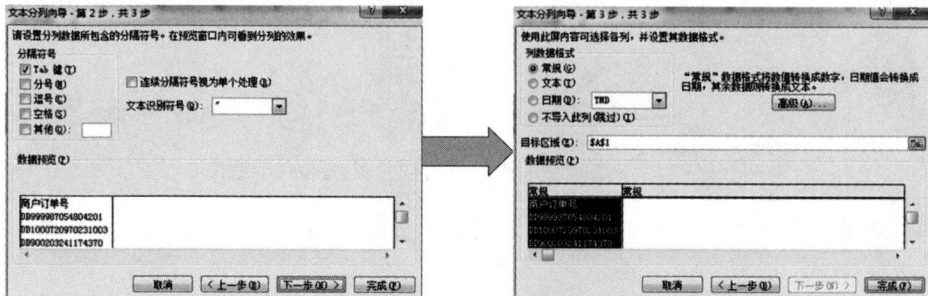

图4-21　【分列】操作步骤示意图

经过分列操作后，如果我们在用函数 LEN 或 LENB 去检查单元格的字符数就会发现减少了，因为通过分列的操作去除了不可见的一些字符。

三、统一日期格式

一些对 Excel 不熟悉的人, 尤其是一些把 Excel 当 Word 使用的人, 在日期输入方面可谓千奇百怪, 而且使用【设置单元格格式】的【日期】设置都不能进行统一, 因为很多输入的根本就不是日期格式, 最多算文本格式, 比如 "2020.9.1", 把杂乱无章的日期统一成标准的 Excel 认可日期格式, 既美观又可以方便后面步骤使用函数公式等进行快捷计算。要实现这个目标,【分列】功能可以显神通。

要把这样的日期统一成标准的日期格式, 可以使用分列功能。具体步骤与一般分列都差不多, 只是在图4-22中选择【日期】, 就可以得到标准的时间格式。

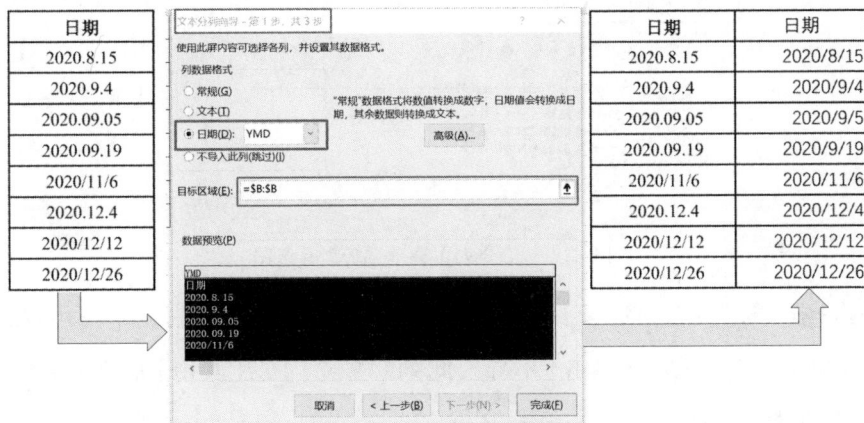

图4-22 统一【日期】格式示意图

四、提取部分字符

对于一些复杂而冗余的字符串, 可能我们只需要其中比较关键的字符。如图4-23所示, 我们现在只希望提取存货名称中最关键的树名, 其余的类别和规格都不想要。

	A
1	存货名称
2	生产用常绿针叶树类-云杉-H:4.5-5.0m
3	生产用常绿针叶树类-桧柏-H:1.5-2.0m
4	生产用常绿针叶树类-桧柏球-H:60-80cm
5	生产用落叶乔木类-新疆杨-Φ:8-10cm
6	生产用落叶乔木类-黄杨球-H:40-60cm
7	生产用落叶灌木类-榆叶梅-H:60-80cm 7-10分枝

图4-23　原始数据示意图

分列时第1步都选择默认，在第2步的【分隔符号】勾选【其他】，并在后面输入"-"（因为发现要提取的内容前后都有该字符），如图4-24所示。

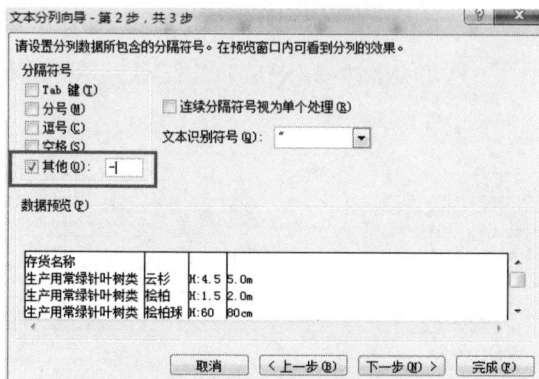

图4-24　【分列】操作第2步示意图

第3步操作注意事项：系统默认的是常规，对不需要的列（图4-25中1和2的位置）单击一下，然后再单击【不导入此列（跳过）】，让其由【常规】变成【忽略列】，如图4-25所示。

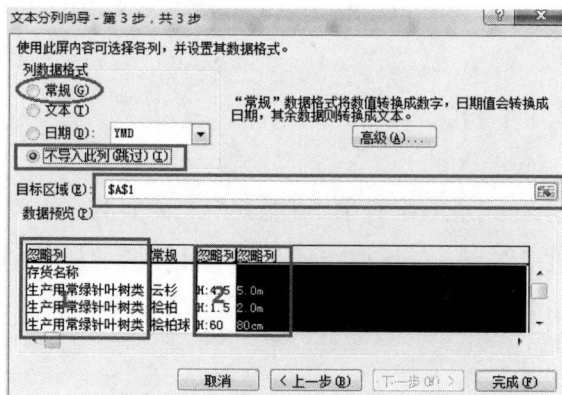

图4-25　【分列】操作第3步示意图

50

五、将文本字符变为计算结果

如果单元格内容是"2*3*4"这样的字符，由数字和数学运算符组成，我们希望对其进行运算并得到结果，如图4-26所示。

	A	B
	内容	希望计算
1		
2	2*3*4	=2*3*4
3	5-2-1	=5-2-1
4	3+2+1	=3+2+1
5	9/3	=9/3
6	2*7*8	=2*7*8

图4-26 源数据以及【希望计算】示意图

当我们在单元格B2输入公式"=""="&A2"，然后向下批量复制填充，就得到图中B列的结果，虽然是等式，但是不能运算。下面由分列来解决该问题。

步骤1：先对B列的内容进行【复制】→【粘贴】，粘贴是选择【选择性粘贴】中的【数值】，如图4-27所示。

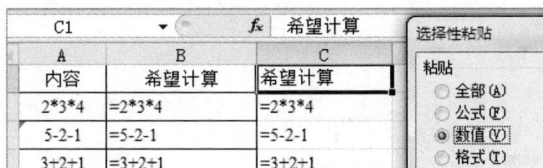

C1		fx	希望计算	选择性粘贴
	A	B	C	粘贴
	内容	希望计算	希望计算	○ 全部(A)
	2*3*4	=2*3*4	=2*3*4	○ 公式(F)
	5-2-1	=5-2-1	=5-2-1	● 数值(V)
	3+2+1	=3+2+1	=3+2+1	○ 格式(T)

图4-27 对【希望计算】的B列进行选择性粘贴

步骤2：对C列进行分列。全程3个步骤，只需单击【确定】按钮，使用默认选项，最后即是计算结果。

六、将复杂的文本分列

有时我们得到的数据是从Word中复制粘贴过来的，比如图4-28所示的开户银行及账号。

	A
	开户银行及账号
1	
2	成都银行股份有限公司孵化园支行105011100AA10
3	成都银行股份有限公司世纪城支行8060012018000AA56
4	兴业银行股份有限公司成都武侯支行12926010010010AA71
5	中国光大银行股份有限公司成都分行3751018800046AA57

图4-28 复杂文本数据示意图

但是，我们希望"开户银行"和"账号"分开在不同单元格。通过观察，可以发现，文字和数字之间有一个"行"字把其隔开，我们可以利用这一点进行【分列】操作。其他操作步骤与其他分列基本差不多，此处唯一的区别如图4-29所示。

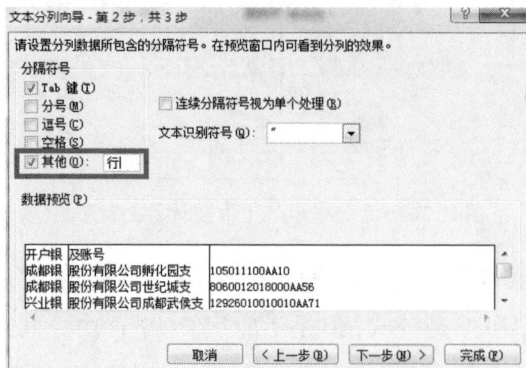

图4-29　复杂文本数据【分列】演示

在【分隔符号】选择【其他】，然后在后面文本框输入"行"。最后得到如图4-30所示的结果。

图4-30　复杂文本数据分列结果

我们可以发现此时缺少了一个"行"字，再用一个简单公式补上即可。假如完整的开户银行名称要显示在A列，则在单元格A2输入公式"=B2&"行"&C2&"行""，然后向下批量复制填充，最后对A列的内容进行复制粘贴(【数值】)，B列和C列就可以删除了。

第三节　快速填充、设置数字验证和删除重复值

一、快速填充的应用

【快速填充】功能是 Excel 2013版本以上新增的一种功能，善用该功能可

以提高工作效率。

作用:基于示例填充数据。它通常在识别数据中的某种模式后开始运行,当数据具有某种一致性时效果最佳。

假如A列中有一列数据,数值中既有字母、符号等,我们只想取其中的阿拉伯数字。由于字母与符号等以及数字都不具有规律性,使用【替换】功能也不能达到目的。在 Excel 低版本时,通常情况下,会使用函数来解决,但是比较烦琐。

在 Excel 2013版本以上中新增的【快速填充】功能非常的简单方便。比如在图4-31中,只需要在单元格B1中输入数字112,然后单击【数据工具】→【快速填充】,就能快速填充下方的数字。

备注:快速填充的快捷键为【Ctrl+E】。

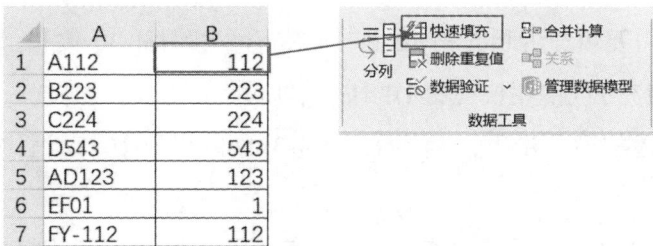

图4-31 【快速填充】的应用示意图

看到没有,它能模拟、识别你的操作,推测你内心的想法,然后按照你的想法进行数据填充。可以说,用"懂你、神奇、智能"描绘它都不为过。

(一)提取功能

1.提取数字或文本等

在图4-3中,由于原数据缺乏规律,无法使用 LEFT、RIGHT、MID、FIND 等文本函数来提取,但使用【快速填充】功能则分分钟搞定。

比如我们前面用【分列】功能的常规应用中(图4-16),如果使用【快速填充】功能也一样可以完成,读者可以动手一试。

2.提取数据中的出生日期

比如需要提取身份证号码中的出生日期,在以往的 Excel 版本中需要使用函数公式来提取，如图4-32所示。

	A	B
1	身份证号码	生日
2	3211121980008254134	1980-08-25
3	112321200001105123	2000-01-10
4	50111919701010548X	1970-10-10
5	432123196909099876	1969-09-09
6	654321198701020345	1987-01-02
7	987654201012132345	2010-12-13

图4-32　利用快速填充提取身份证号码中的生日日期示意图

操作步骤如下：

（1）提取日期前，需要对日期格式进行设置。单击【设置单元格格式】→【数字】→【自定义】，在右侧的【类型】选择【yyyy/mm/dd】，确认之后关闭对话框。

（2）在需要填充的单元格B2输入A2包含的生日日期，按【回车键】，然后单击【快速填充】或使用快捷键【Ctrl+E】即可。

通过上述的简单步骤，就能得到图4-32中的提取效果，远比使用函数公式来的快捷。

注意：有时身份证号码中有些相同数字容易造成Excel的判断错误，比如遇到生日中有月份数和日数相同的，如1月1日、2月2日，也有生日数字与前面的地区编码相同的数字段等，在只输入第一个生日日期后就使用【快速填充】就可能得出错误的结果。

这时，只需要撤销后再多输入一个或两个生日号码，Excel就能明白你想做什么了，然后再使用【快速填充】功能，就能得出正确的结果。图4-32所示的生日日期，在B列就需要至少手动输入2组数字，否则就会出现日期的数字错误。

（二）合并功能

1.将已有的多个数据列合并为一列

例如，将省（直辖市、自治区）、市（州）、县（区）合并为同一个单元格内，作为地址。在第一行中输入三个合并后的结果，告诉Excel你要做什么之后，它就会按照你的想法完成剩下的工作，如图4-33所示。

	A	B	C	D
1	省市区	市州	县市区	地址
2	四川省	成都市	武侯区	四川省成都市武侯区
3	西藏自治区	拉萨市	当雄县	西藏自治区拉萨市当雄县
4	江苏省	苏州市	昆山市	江苏省苏州市昆山市
5	浙江省	杭州市	西湖区	浙江省杭州市西湖区
6	重庆市		渝中区	重庆市渝中区
7	云南省	昆明市	盘龙区	云南省昆明市盘龙区
8	贵州省	贵阳市	花溪区	贵州省贵阳市花溪区
9	四川省	凉山州	西昌市	四川省凉山州西昌市

图4-33 利用快速填充合并示意图

步骤：首先在需要填充的单元格D2输入前面三列合并的文本，按【回车键】；然后单击【快速填充】或使用快捷键【Ctrl+E】即可。

2.向字符串中添加字符

有时我们需要向已知的字符串中添加字符，比如分隔符"-"或"/"等。

如果是添加一个字符的话，使用函数效率还行，但是添加两个以上的字符，使用函数与快速填充相比，前者简直是龟速。

例如需要将所有的日期，如"20201006"，变更为标准日期的格式"2020-10-06"或"2020/10/06"，如图4-34所示。

	A	B	C
1	非标准格式日期	标准格式1	标准格式2
2	19820315	1982-03-15	1982/03/15
3	20201002	2020-10-02	2020/10/02
4	19921010	1992-10-10	1992/10/10
5	20201004	2020-10-04	2020/10/04
6	20201005	2020-10-05	2020/10/05
7	19900101	1990-01-01	1990/01/01
8	19981209	1998-12-09	1998/12/09
9	19010230	1901-02-30	1901/02/30
10	19190101	1919-01-01	1919/01/01

图4-34 利用快速填充添加字符示意图

操作步骤如下：

（1）先在B列和C列通过【设置单元格格式】，设置为【yyyy/mm/dd】类型的格式。

（2）在单元格B2和B3手动输入"1982-03-15"和"2020-10-02"；然后单击【快速填充】或使用快捷键【Ctrl+E】即可。

（3）在C列重复上述（2）的操作即可。

备注：有时根据数据的特点，需要输入两个甚至三个，Excel 快速填充才能正确理解你的意图。

3.【快速填充】功能组合(提取合并一步到位)

【快速填充】功能不仅可以实现批量提取的效果，而且在提取的同时还可以将两列单元格的不同内容合并起来。

假如我们已有的数据中有"姓名"和"身份证号码"，我们现在需要"姓名+出生年"的组合，就可以使用【快速填充】功能来快速实现，如图4-35所示。

	A	B	C
1	姓名	身份证号码	姓名+出生年
2	张某三	321112198008254134	张某三1980
3	李某四	112321200001105123	李某四2000
4	王某二	50111919701010548X	王某二1970
5	周某六	432123196909099876	周某六1969
6	赵某七	654321198701020345	赵某七1987
7	钱某九	987654201012132345	钱某九2010

图4-35　利用快速填充提取合并一步到位示意图

具体步骤，与前面几个类似，此处不再赘述。

（三）扩展应用

1.整理非规范的时间数据

对 Excel 不熟悉的人，经常是把 Excel 表格当成 Word 在使用，所以输入的时间格式经常会有一些非规范的时间格式，比如输入了"19.10.06"这样的日期格式。这样的格式，在Excel 中不被认为是日期（数据），而是文本，是不能参与日期计算的，也不能通过设置格式转化成日期，如图4-36所示。

整理该类数据的操作步骤如下：

	A	B
1	非规范时间	规范时间
2	19.10.06	2019/10/06
3	19-11.02	2019/11/02
4	20.10.2	2020/10/02
5	19.9.10	2019/09/10
6	19.11.01	2019/11/01
7	18-01.01	2018/01/01
8	17-3.15	2017/03/15

图4-36　利用快速填充整理不规范时间示意图

（1）先在B列通过【设置单元格格式】，设置为【yyyy/mm/dd】类型的格式。

（2）通过观察，发现"非规范时间"列中有两种不同格式，所以需要先在单元格B2和B3分别手动输入规范的时间，然后单击【快速填充】或使用快捷键【Ctrl+E】即可。

备注：通过笔者测试，"非规范时间"列中最多两种不同格式，否则 Excel 也无法判断了。

由于表示年份数只有两位数，Excel 默认是在数字前面加上统一的数字，所以"99.10.15"这样的数字也会自动变成"2099/10/15"，而不是你可能希望的"1999/10/15"。

2.整理不规范数据

由网站或其他软件等导出的数据，经常不是纯粹的 Excel 格式文件，而是后缀为".csv"等格式，虽然显示很像 Excel 格式，但是数据中经常包含着不可见字符，导致其数据无法直接参与计算。因此，对于含有不可见字符的源数据需要先清理，删除其不可见字符。

传统的做法在本书第三章第二节"不规范的基础表格的规范化整理"中有讲解，此处不再赘述。

使用【快速填充】，可以在B2单元格输入规范的数字"100234.05"，Excel 将会转化不规则数据，所有数据立马变得规范并可用于计算，如图4-37所示。

	A	B
1	源数据	整理后的数据
2	100,234.05	100234.05
3	98,001.00	98001.00
4	100,000.00	100000.00
5	432,009.12	432009.12
6	123,333.45	123333.45

图4-37 利用快速填充整理数据示意图

3.调整字符串的顺序

在某些场合，需要汉字＋拼音字母的形式，比如名称"成都 CHENGDU"。有时要求汉字在前面，有时要求拼音字母在前面，如果调整互换往往需要使用复杂的公式才能实现。

借助【快速填充】功能可以快速调整字符串的顺序，如图4-38所示。

	A	B
1	中英文	英中文
2	成都 CHENGDU	CHENGDU 成都
3	北京 BEIJING	BEIJING 北京
4	南京 NANJING	NANJING 南京
5	重庆 CHONGQING	CHONGQING 重庆
6	西安 XIAN	XIAN 西安
7	杭州 HANGZHOU	HANGZHOU 杭州
8	广州 GUANGZHOU	GUANGZHOU 广州
9	深圳 SHENZHEN	SHENZHEN 深圳
10	昆明 KUNMING	KUNMING 昆明

图4-38 利用快速填充调换字符串的顺序示意图

首先可以在B2单元格输入"CHENGDU 成都", Excel 将会调整字符串的顺序, 使用【快速填充】功能就能将剩下的文本字符串顺序全部调整。如果把"CHENGDU 成都"更换成"Chengdu 成都", 后面所有的都会变更成相同格式, 即首字母是大写字母其余字母是小写字母。

二、数据验证的应用

【数据验证】在 Excel 2013版前又称为【数据有效性】。

Excel 中通过对单元格预先进行【数据验证】的设置, 可以起到两个方面的作用: 一是限制用户的输入, 只能输入规范的数据; 二是定义下拉菜单, 可以快速输入。

（一）数据验证可以设置的类型

当我们单击【数据】→【数据验证】时, 会弹出图4-39所示对话框。

单击对话框中的【允许】下拉菜单, 可以发现除【任何值】外还有整数、小数、序列、日期、时间、文本长度、自定义等, 这些都是可以进行数据有效性设置的类型, 可以根据需要选择所需类型。其中, 序列类型设置后是以下拉菜单反映的, 其他类型都是按照设置条件进行输入限制。

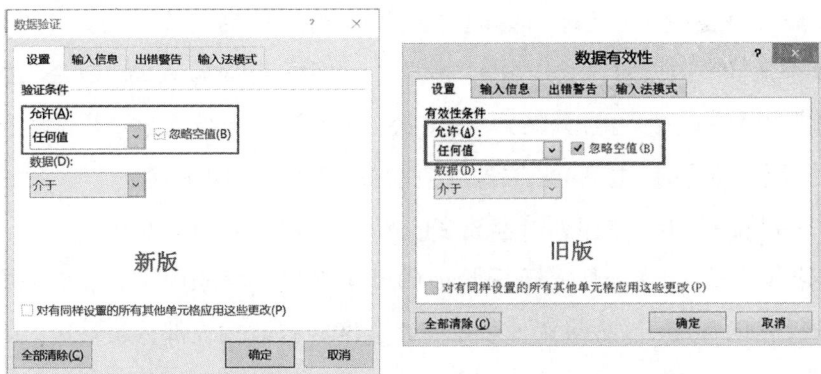

图4-39　【数据验证】对话框示意图

在进行【数据验证】设置时，按照对话框的提示，依次单击【设置】→【输入信息】→【出错警告】→【输入法模式】，最后单击【确定】。不过，除【设置】外，其余的根据需要进行设置，也可以自动选择默认而无须单独设置。

（二）下拉菜单的设置——序列设置

因为【序列】设置可以提供下拉菜单，因此被广泛使用，以提高输入速度，而不仅仅是平常理解的各种序列。比如在录入个人信息时，问"你是否结婚？"你的回答只能是"是"或者"否"。因此，对该单元格的有效性设置如图4-40所示。

图4-40　【序列】设置示意图

步骤1：在图中①【允许】选择【序列】，右边默认的勾选不变。

步骤2：在图中②【来源】输入"是,否"。注意：此时输入的"是否"之间必须是用英文状态下的逗号分隔开,中文状态下的逗号会被视为一体的。

设置【来源】时,也可单击右边红色箭头,选择引用工作簿内其他区域内容作为【序列】的来源。在序列内容较多的情况下,可以采用该办法。

下拉列表的宽度由具有数据验证的单元格的宽度来确定。你可能需要调整该单元格的宽度,以防将宽于下拉列表宽度的有效输入部分被截断。

（三）设置文本的长度

除【序列】外,其他几种设置基本类似,现在以【文本长度】设置为例进行说明。预先对单元格进行【文本长度】设置,可以有效避免输入错误,比如身份证号码、电话号码等固定长度的输入,设置如图4-41所示。

图4-41　【文本长度】的设置示意图

前面步骤与【序列】一致,先在①的位置单击下拉菜单选择【文本长度】,此处不同的就是对【数据】的范围要进行设置。【数据】下拉菜单提供了介于、未介于、等于、不等于、大于等不同的逻辑选项,根据需要进行选择。

如图4-41所示,我们选择了【介于】,那么就要继续设置【最小值】和【最大值】。【最小值】和【最大值】可以手动输入具体的数字,也可单击右边红色小箭头选择引用工作簿中其他单元格内容。

整数、小数、日期、时间的设置步骤一样，不再赘述。

（四）对输入信息的设置

很多时候很多人对【输入信息】都是忽略而未进行设置，其实有时也可以起到提醒的作用。比如，前面讲到的"是否结婚"的数据验证设置，我们可以继续设置【输入信息】设置，如图4-42所示。

图4-42　【输入信息】设置示意图

【标题】：图中位置①处输入"是否结婚"；【输入信息】：位置②输入"是/否"。经过这样设置后的单元格只要鼠标单击到就会出现提示信息：。

【出错警告】的设置与此类似，不再赘述。

（五）对数据验证设置的清除

当我们确定单元格不再使用数据有效性时就需要清除，比如我们做完一张表格，最后一行需要进行合计，但是全部设置有【数据验证】，此时我们输入可能会提示出错，这时只能先清除有效性设置。

（1）连续区域的清除：选中需要清除的连续区域，单击【数据有效性】，会出现如图4-43所示的对话框。

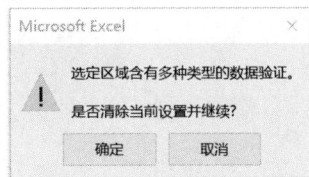

图4-43　选定区域的多种类型数据验证的清除示意图

单击【确定】就清除了选定区域全部的单元格【数据验证】设置了。

（2）单个单元格数据验证类型的清除。

选中需要清除的单元格，单击【数据验证】，便会出现如图4-44所示的对话框。

图4-44　单个【数据验证】类型的清除示意图

此时，只需要单击【全部清除】即可。

三、删除重复项

当我们对一张表格的数据进行分析时，如果数据有重复项可能会影响数据分析的准确性，因此在数据分析前非常有必要删除重复项。同时，Excel 软件做得非常人性化，设置了专门的【删除重复项】功能。

我们以一张表来演示该功能，如图4-45所示。

	A	B	C	D
1	姓名	会计	财管	税法
2	彭怀文	A	A	A
3	赵晓东	B	B	B
4	李迪	C	C	C
5	黄宇	D	D	D
6	彭文静	E	E	E
7	王荣飞	F	F	F
8	彭怀文	A	A	A
9	赵晓东	B	C	D

图4-45　含有重复数据项的 Excel 表格

将光标移到上述区域任何位置，然后单击【数据】→【删除重复项】，即可弹出如图4-46所示的对话框。

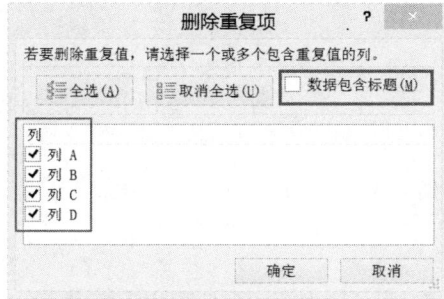

图4-46　【删除重复项】操作示意图

此处我们一般只需要设置两个地方。

【数据包含标题】：如果数据有标题行，此处需要进行勾选。

【列】的选择：根据情况进行勾选，当勾选的列对应行的单元格全部一致才删除。比如在图4-45中，假设我们勾选了列A、B、C，则只会删除"彭怀文"对应的重复项，而"赵晓东"则不会删除；如果我们勾选了列A、B，则会删除"彭怀文""赵晓东"的重复项（注意是从最下面开始删除的）。

第四节　数据分析工具的应用

一、合并计算的应用

Excel 数据工具中的合并计算功能经常被忽视，其实它具备非常强大的合并功能，包括求和、平均值、计数、最大值、最小值等一系列合并计算功能，下面就以一个实例来说明 Excel 数据功能中合并计算的使用方法。

案例：某企业有三家门店，每天都将汇报销售情况分别存在一个工作簿中的三张不同的表上，表名分别是"1店""2店""3店"，每张表上有品名、销量。表内品名可能重复，表与表之间品名可能相同也可能不一致。

问题：将三张表进行汇总，如图4-47所示。

	A	B
1	品名	销量
2	A1	10
3	A2	20
4	A2	23
5	B1	34
6	C1	43
7	D1	21
8	E1	22

1店

	A	B
1	品名	销量
2	A1	12
3	A2	23
4	A3	27
5	B1	39
6	B2	49
7	D1	28
8	E1	30

2店

	A	B
1	品名	销量
2	A1	15
3	A2	25
4	A3	29
5	B1	40
6	B2	50
7	B3	28
8	E1	30

3店

图4-47　三张需要汇总的数据表示意图

操作步骤如下：

步骤1：首先在工作簿中增加一张工作表【汇总】，然后单击选中单元格A1，最后单击【数据】→【合并计算】，便出现如图4-48所示的对话框。

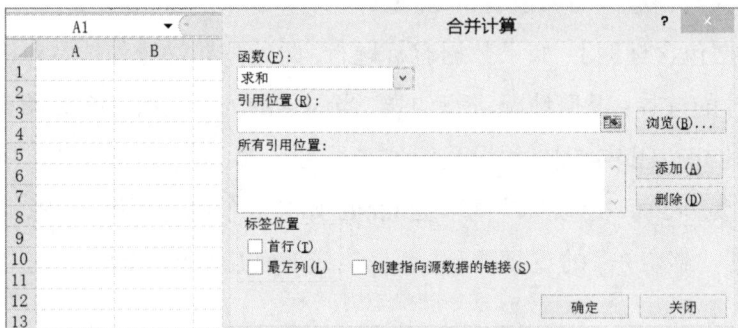

图4-48　【合并计算】操作对话框

步骤2：合并计算的设置。设置步骤基本上是按照图4-49所示的步骤进行。

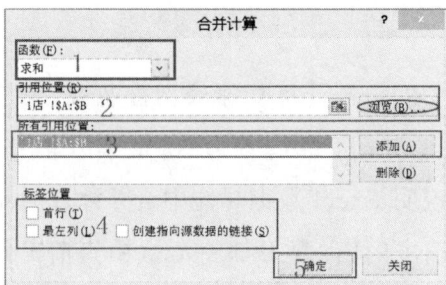

图4-49　【合并计算】操作步骤示意图

（1）选择【函数】，就是合并的计算方式，包括求和、平均值、计数、最大值、最小值等一系列合并计算功能，根据需要选择。

（2）选择【引用位置】，单击右边红色小箭头在本工作簿中选择引用，单击【浏览】则在其他工作簿中引用。

（3）单击【添加】，刚刚选中的引用就到了【所有引用位置】下方的空白处。如果引用错误，单击【删除】去除。

（4）勾选【标签位置】。一般来讲，此处的【首行】和【最左列】是需要勾选的。如果是跨工作簿引用建议勾选"创建指向源数据的链接"，若是在本工作簿内引用则建议不要勾选。

（5）单击【确定】，合并结果就呈现出来了。

注意：合并计算的【汇总】表单元格A1是空白的，只能手工输入。

二、模拟分析的应用

【模拟分析】功能在低版本中的【数据工具】，高版本则移到了【预测】，但是功能与操作没有变化。

【模拟分析】是在单元格中更改数值以查看这些更改将如何影响工作表中公式结果的过程。

Excel 中的【模拟分析】有三种模拟分析工具：【方案管理器】【单变量求解】和【模拟运算表】，如图4-50所示。

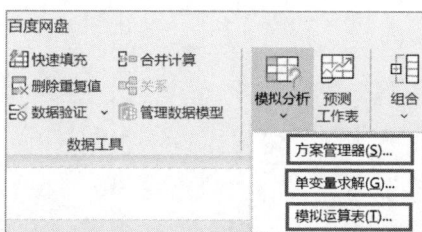

图4-50 【模拟分析】包含的三个功能示意图

方案管理器和模拟运算表可获取一组输入值并确定可能的结果。模拟运算表仅可以处理一个或两个变量，但可以接受这些变量的众多不同的值。一个方案可具有多个变量，但它最多只能容纳32个值。单变量求解与另外两种模拟分析功能的工作方式不同，它获取结果并确定生成该结果的可能的输入值。

（一）方案管理器

【方案管理器】是 Excel 保存并可以在工作表单元格中自动替换的一组值。可以在工作表中创建和保存不同的组值，然后切换到其中的任一新方案来查看不同的结果。

例如，有一笔对外投资，有三个方案，需要计算并考虑不同折现率对投资净现值的影响，如图4-51所示。

	A	B	C	D
1	折现率	10%		
2				
3	现金流量表			
4	期数	方案1	方案2	方案3
5	0	−10000	−10000	−10000
6	1	100	0	500
7	2	200	2000	1000
8	3	3000	3000	4000
9	4	5000	8000	6000
10	5	6000	1500	3000
11	净现值	¥−317.51	¥274.84	¥224.63

图4-51　求三种投资方案的净现值示意图

当折现率发生变化时，三个不同方案的净现值都会发生变化，我们现在使用【方案管理器】将其反映并显示到一张表中。

步骤1：单击【开始】→【数据】→【模拟分析】→【方案管理器】，出现如图4-52所示对话框。

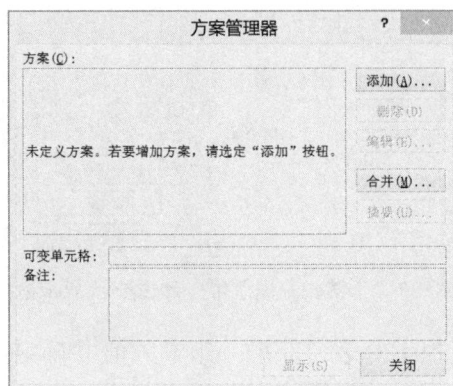

图4-52　【方案管理器】示意图

步骤2：单击图4-52中的【添加】按钮，出现如图4-53所示对话框。

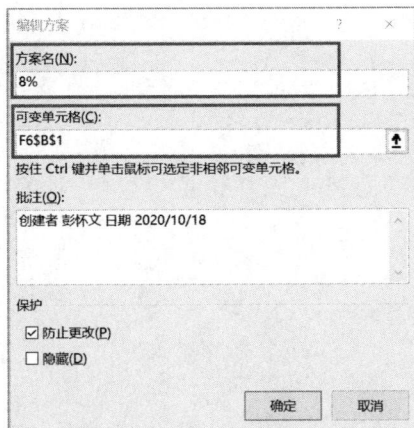

图4-53　方案管理器的【编辑方案】示意图

此处，我们需要进行两处设置。

【方案名】：根据情况进行命名。比如我们是要不同折现率的净现值，此处就以折现率大小进行命名，如10%、8%。

【可变单元格】：首先需要清楚计算中需要变化的单元格。案例中需要变化的是折现率，因此可变单元格是B1，通过单击右边小箭头进行更改。

【保护】：建议选择默认设置，然后单击【确定】进行下一步。

步骤3：输入可变单元格的值，在步骤2单击【确定】后出现如图4-54所示对话框。

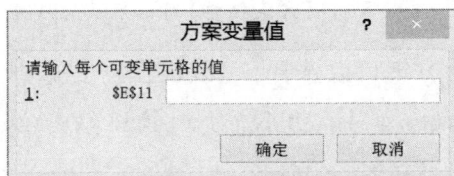

图4-54　输入【方案变量值】示意图

本案例中此时只需输入一个希望的折现率就可以了，然后单击【确定】，出现如图4-55所示对话框。

步骤4：继续添加【方案】。单击图4-55中的【添加】按钮，重复前述的步骤1到步骤3。比如本案例继续输入不同折现率，最后出现如图4-56所示对话框。

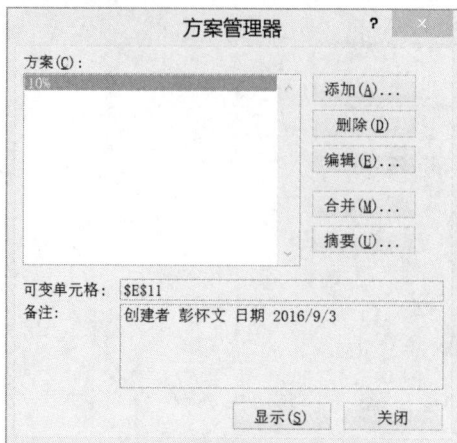

图4-55 【方案管理器】输入变量
值后的示意图

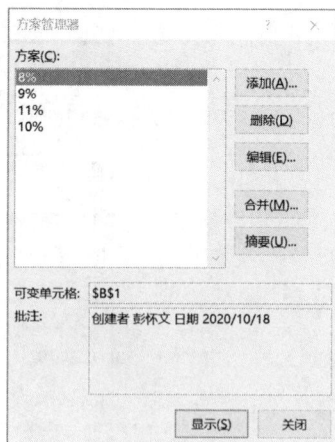

图4-56 建立多个折现率【方案】
后的示意图

步骤5：出结果报告。单击图4-56中的【摘要】按钮，出现如图4-57所示对话框。

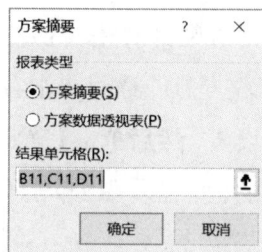

图4-57 【方案摘要】对话框示意图

报表类型有两种方案可以选择，可以根据需要选择，系统默认的是【方案摘要】。单击【结果单元格】右边小箭头，选择【结果单元格】，最后单击【确定】按钮，结果如图4-58和图4-59所示。

	方案摘要		当前值：	8%	9%	11%	10%
	可变单元格：						
		$B$1	9%	8%	9%	11%	10%
	结果单元格：						
		$B$11	¥16.83	¥374.26	¥16.83	¥-630.31	¥-317.51
		$C$11	¥589.18	¥923.41	¥589.18	¥-20.86	¥274.84
		$D$11	¥540.80	¥877.37	¥540.80	¥-72.45	¥224.63

注释："当前值"这一列表示的是在
建立方案汇总时，可变单元格的值。
每组方案的可变单元格均以灰色底纹突出显示。

图4-58 报表类型为【方案摘要】型的示意图

	A	B	C	D
1	$B$1 由	(全部)	▼	
2				
3	行标签 ▼	$B$11	$C$11	$D$11
4	10%	-317.5109409	274.8423565	224.6324005
5	11%	-630.3139102	-20.86144537	-72.45203789
6	8%	374.2643758	923.4147978	877.3698659
7	9%	16.8292947	589.1827474	540.8026928

图4-59 报表类型为【方案数据透视表】型的示意图

（二）模拟运算表

【模拟运算表】是进行预测分析的一种工具，它可以显示 Excel 工作表中一个或多个数据变量的变化对计算结果的影响，求得某一过程中可能发生的数值变化，同时将这一变化列在表中以便于比较。

运算表根据需要观察的数据变量的多少可以分为单变量数据表和多变量数据表两种形式，下面以创建多变量数据表为例来介绍在 Excel 工作表中使用模拟运算表的方法。本例数据表用于预测不同利率和不同年限所对应的复利终值，创建的是一个有两个变量的模拟运算表。

步骤1：创建一张数据表，如图4-60所示。

	A	B	C	D	E	F	G	H	I	J	K	L
1	初始投资	100.00										
2	利率	10%										
3	复利年限	5										
4	复利终值	161.05										
5							年限					
6		161.05	1	2	3	4	5	6	7	8	9	10
7		4%										
8		5%										
9	利率	6%										
10		7%										
11		8%										
12		9%										

图4-60 拟通过【模拟运算表】建立复利终值表

在单元格B4输入函数公式"=ROUND(-FV($B$2,$B$3,,$B$1,1),2)"，并将该函数公式复制到单元格B6。

步骤2：将光标选中单元格B6并选择区域B6:L12，然后单击【数据】→【模拟运算】→【模拟运算表】，出现如图4-61所示对话框。

此时需要分清行和列单元格。在图4-60中行单元格是"年限"，列单元格是"利率"。因此，【输入引用行的单元格】应该是：$B$3；【输入引用列的单元格】应该是：$B$2；然后单击【确定】按钮，如图4-62所示。

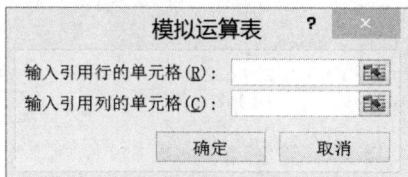

图4-61　【模拟运算表】对话框

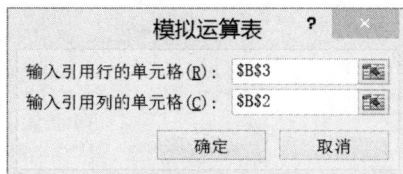

图4-62　【模拟运算表】对话框输入需要引入【行】和【列】的单元格

最终结果，如图4-63所示。

	A	B	C	D	E	F	G	H	I	J	K	L
1	初始投资	100.00										
2	利率	10%										
3	复利年限	5										
4	复利终值	161.05										
5							年限					
6		161.05	1	2	3	4	5	6	7	8	9	10
7		4%	104.00	108.16	112.49	116.99	121.67	126.53	131.59	136.86	142.33	148.02
8		5%	105.00	110.25	115.76	121.55	127.63	134.01	140.71	147.75	155.13	162.89
9	利率	6%	106.00	112.36	119.10	126.25	133.82	141.85	150.36	159.38	168.95	179.08
10		7%	107.00	114.49	122.50	131.08	140.26	150.07	160.58	171.82	183.85	196.72
11		8%	108.00	116.64	125.97	136.05	146.93	158.69	171.38	185.09	199.90	215.89
12		9%	109.00	118.81	129.50	141.16	153.86	167.71	182.80	199.26	217.19	236.74

图4-63　通过【模拟运算表】建立的复利终值表

（三）单变量求解

如果你知道要从公式获得的结果，但不确定为获得该结果所需的公式输入值，此时，你可以使用单变量求解功能。例如，我们在上一个案例中的【复利终值】计算，如图4-64所示。

	A	B
1	初始投资	100.00
2	利率	10.0000%
3	复利年限	5
4	复利终值	161.05

图4-64　【复利终值】计算示意图

我们在复利终值所在单元格B4中输入了函数公式，结果是根据利率、年限等计算而来。现在的问题是：如果我们希望得到复利终值是150，而其他条件不变的情况下，利率是多少？

此时，我们就可以使用【单变量求解】。

步骤1：光标选中单元格B4，然后单击【数据】→【模拟分析】→【单变量求解】，出现如图4-65所示的对话框。

步骤2：输入【目标值】和【可变单元格】。案例中的问题已提出我们的目标值是150，因此在【目标值】处输入150；【可变单元格】是利率对应的单元格B1，在该处单击一下，【单变量求解】就变成如图4-66所示界面。

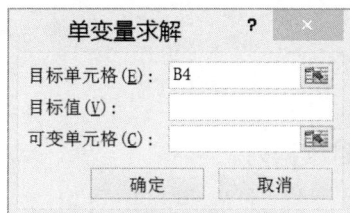

单变量求解		?	×
目标单元格(E)：	B4		
目标值(V)：			
可变单元格(C)：			
	确定	取消	

图4-65　【单变量求解】对话框示意图

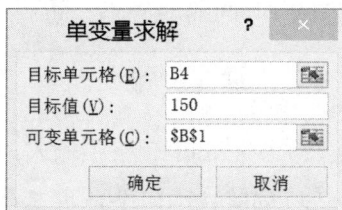

单变量求解		?	×
目标单元格(E)：	B4		
目标值(V)：	150		
可变单元格(C)：	$B$1		
	确定	取消	

图4-66　【单变量求解】过程示意图——输入【目标值】和【可变单元格】

单击【确定】，结果如图4-67所示，结果利率变成了8.4472%，复利终值变成了150.00。

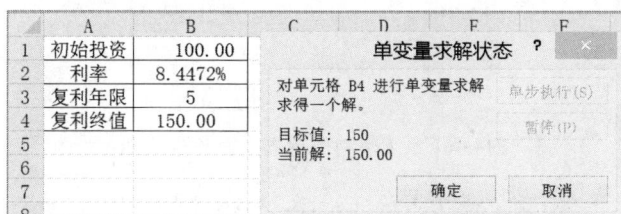

	A	B	C	D	E	F
1	初始投资	100.00		单变量求解状态		? ×
2	利率	8.4472%		对单元格 B4 进行单变量求解		单步执行(S)
3	复利年限	5		求得一个解。		
4	复利终值	150.00		目标值：150		暂停(P)
5				当前解：150.00		
6						
7				确定		取消
8						

图4-67　复利终值经【单变量求解】求出新的【利率】

三、预测工作表的应用

【预测工作表】是 Excel 中两种趋势预测方法之一，它提供了基于时间序列预测的能力，Excel 2016以上版本才提供，且仅存在 Windows 版本中，Mac 版本的 Excel 无此功能。

（一）预测工作表的适用场景

【预测工作表】仅仅是根据历史时间上数据的趋势来预测未来，算法仅考虑时间因素，忽略了很多影响趋势变化的因素，因此预测结果可能与实际不符。

【预测工作表】要求有两列数据：时间序列和预测数据列。其中，时间序列要求：均匀分布，即时间轴上必须为等差数列。比如合格的时间序列，1月1日、2月1日、3月1日等间隔时间都是一个月的时间序列；或者是1月1日、1月2日、1月3日等间隔时间是一日的时间序列。不合格的时间序列，比如1月1日、1月2日、1月4日等间隔时间不一致。

（二）操作步骤

（1）在 Excel 表格中输入：时间序列和预测数据列。

（2）同时选中两个数据系列。

（3）在【数据】选项卡上的【预测】组中，单击【预测工作表】。

【预测工作表】操作示意图，如图4-68所示。

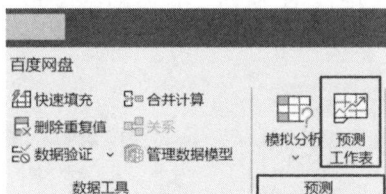

图4-68　【预测工作表】操作示意图

（4）在【创建预测工作表】对话框中，为预测的可视化表示形式选择折线图或柱形图，选择【预测结束】时间，以及其他【选项】，如图4-69所示。

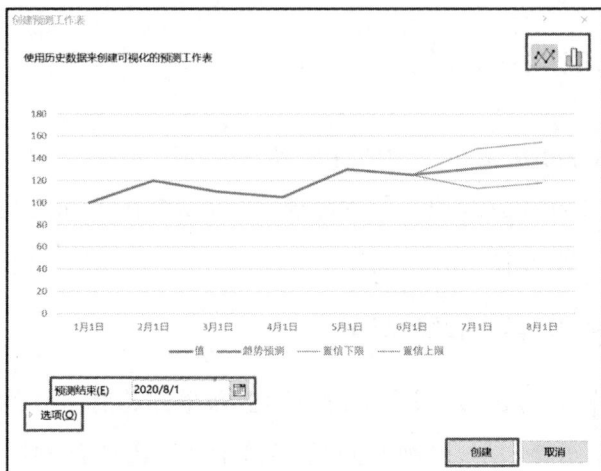

图4-69　【预测工作表】对话框选项示意图

（5）在对话框中，挑选结束日期后单击【创建】。

Excel 会创建一个新工作表来包含历史值和预测值表格以及表达此数据的图表。

你可以在输入了数据系列的工作表左侧（前面）找到新的工作表，如图4-70所示。

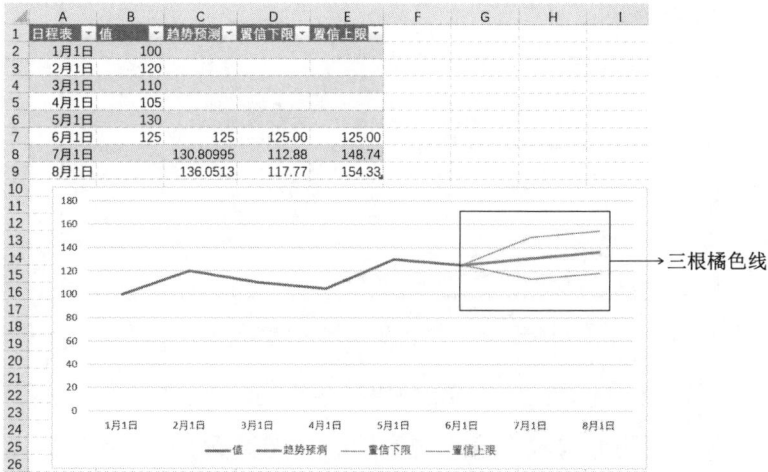

图4-70　【预测工作表】结果示意图

（三）预测工作表的结果解读

【预测工作表】通过"三指数平滑算法"最终输出三根线，见图4-70橘色线，分别解读。

（1）最上面的橘色线：叫作置信上限，即未来趋势的上限不超过此线。

（2）最下面的橘色线：叫作置信下限，即未来趋势的下限不超过此线。

（3）上下两根橘色线之间：叫作置信区间，即未来趋势在此区间中波动。

（4）中间加粗的橘色线：叫作趋势线，即未来趋势最有可能沿此线的趋势发展。

四、快速分析工具的应用

从 Excel 2013版开始，Excel 新增了【快速分析】这个功能，这个功能提供了多个对数据分析的选择，省去了在各个选项卡中单击功能菜单的时间。

当选中数据区域时，在其右下方就会出现【快速分析】按钮，快捷键【Ctrl+Q】，如图4-71所示。

图4-71 【快速分析】工具示意图

单击【快捷分析】按钮，会出现5种快速分析的功能：格式化、图表、汇总、表格和迷你图。不同的选项卡会出现常用的功能设置，单击各功能设置按钮进行设置。比如，单击【格式化】→【数据条】，就可以得到图4-72右侧的第1个效果图；同样的，单击【汇总】→【汇总百分比】，就可以得到图4-72右侧的第2个效果图；其余的，以此类推。

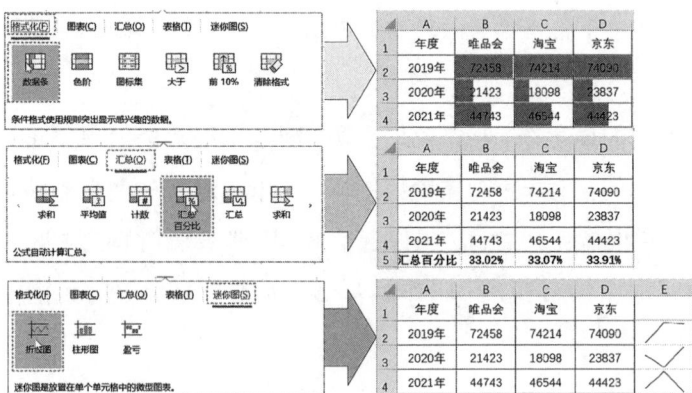

图4-72 【快速分析】演示效果图

快速分析后，还可以到对应的选项卡命令中进行详细设置和调整优化，以更加美观和满足需求。

第五章　数据透视表和数据透视图
——大数据处理的神兵利器

数据透视可以将筛选、排序和分类汇总等操作依次完成，并生成汇总表格，对数据的分析和处理有很大的帮助。熟练掌握数据透视表和数据透视图的运用，可以大大提高处理大量数据的效率，因此该功能是大数据处理的"神兵利器"。

第一节　数据透视表基础与整理源数据表

数据透视表对数据源有一定的要求，创建数据透视表之前需要对数据源进行整理，使之符合创建数据透视表的要求。

一、数据透视表数据源的规范要求

数据透视表的功能虽然极其强大，但并不是什么 Excel 表格都能做出数据透视表。在制作数据透视表时，需要数据源满足如下要求，见表5-1。

表5-1　数据透视表数据源的规范要求

序　号	项　目	要　求
1	表格结构	表结构为一维表
		不能包含多层表头
		无空行或空列
2	字段名称	字段名不能为空
		字段所在行无合并单元格
3	数　据	日期是规范格式
		文本型数字要转换为数字格式

创建数据透视表时，首先需要判断数据源是否可用。如果不满足表5-1的“规范要求”，则意味着数据源是不能直接用于创建透视表的，需要对源数据进行整理，使其满足要求。

二、将二维表转为一维表

（一）一维表和二维表的区别

简单来说，一维表就是一个指标只有1列，二维表就是同一个指标有很多列。一般这样区分就行了。关键是针对一维表和二维表如何做后期的数据处理，而不是纠结定义，二者区别如图5-1所示。

	A	B	C
1	城市	时间	销量
2	北京	1月	1500
3	北京	2月	1300
4	北京	3月	1680
5	上海	1月	1200
6	上海	2月	1150
7	上海	3月	1780
8	广州	1月	1350
9	广州	2月	1280
10	广州	3月	1809
11	深圳	1月	1420
12	深圳	2月	1390
13	深圳	3月	1790

一维表示意图

	A	B	C	D
1	城市	1月	2月	3月
2	北京	1500	1300	1680
3	上海	1200	1150	1780
4	广州	1350	1280	1809
5	深圳	1420	1390	1790

二维表示意图

图5-1　一维表和二维表区别示意图

从图5-1中，我们可以看出，二维表中城市“北京”一列，对应着很多个月的销量数据，而一维表中只对应着一个销量数据。

同时，从图5-1中也可以看出，在实务工作中，二维表应用显然比一维表更多，因为显得比较简洁、美观，而同样内容的一维表却显得冗长。

因此，如果不是对于各类系统中导出的数据进行透视分析，而是对手工制作的各类数据进行透视分析的话，很多时候需要先把二维表修改（转换）为一维表。

（二）将二维表转换为一维表

下面就以图5-1中的二维表为例，分步骤讲述转换过程。步骤如下：

（1）选中二维表的A1:D5。

（2）单击【数据】选项卡→【获取和转换数据】→【自表格/区域】，如图5-2所示。

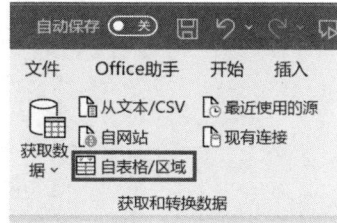

图5-2　【获取和转换数据】组中的【自表格/区域】示意图

（3）弹出Power Query编辑器窗口，单击【转换】→【逆透视列】下拉菜单→选中【逆透视其他列】，如图5-3所示。

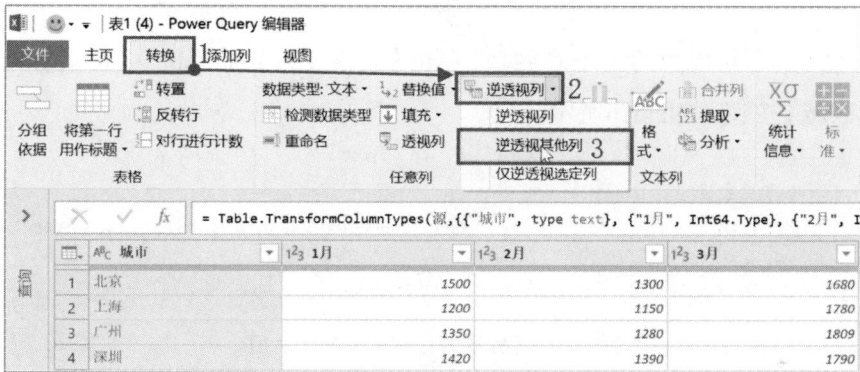

图5-3　Power Query编辑器窗口操作截图

（4）出现转换后的效果图，如图5-4左图所示；单击Power Query编辑器窗口的【文件】→【关闭并上载】按钮，如图5-4右图所示。

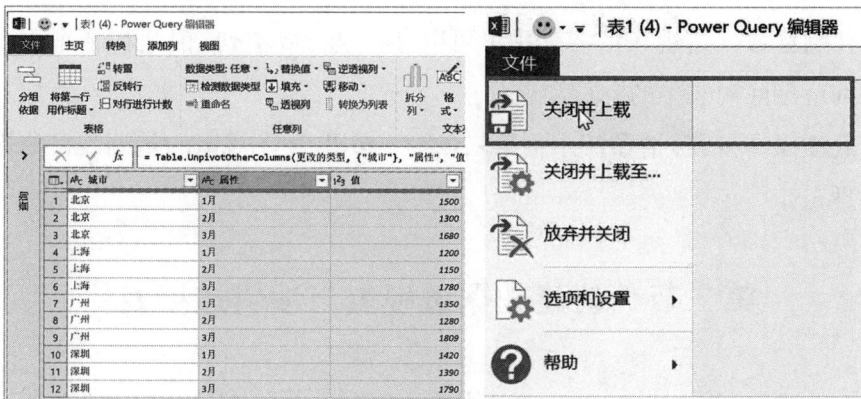

图5-4　逆透视后效果图及后续操作示意图

（5）操作结果将二维表转换为一维表，效果如图5-5所示。

	A	B	C
1	城市	属性	值
2	北京	1月	1500
3	北京	2月	1300
4	北京	3月	1680
5	上海	1月	1200
6	上海	2月	1150
7	上海	3月	1780
8	广州	1月	1350
9	广州	2月	1280
10	广州	3月	1809
11	深圳	1月	1420
12	深圳	2月	1390
13	深圳	3月	1790

图5-5　将二维表转换为一维表后的效果图

（6）选中新得到的一维表区域，单击【表格设计】选项卡→【工具】→【转换为区域】按钮，如图5-6所示。

图5-6　【转换为区域】操作示意图

通过上述操作，将二维表转换为一维表，最后再进行表格美化。

三、删除数据源中空行和空列

在制作数据透视表的源表中不可以存在空行或空列，因此在制作数据透视表前应删除源表中的空行和空列。

具体操作步骤，请参阅本书第三章第二节"三、不规范的基础表格的规范化整理"。

第二节　创建数据透视表与编辑透视表

在数据源工作表达到创建数据透视表的要求后，就可以开始创建数据透视表。

一、创建的基本操作步骤

步骤1：选中一维数据表中数据区域中的任意单元格，单击【插入】→【表格】→【数据透视表】按钮，如图5-7所示。

图5-7　【创建数据透视表】步骤1示意图

步骤2：弹出【创建数据透视表】对话框，选择【请选择要分析的数据】→【选择一个表或区域】单选按钮→单击【表/区域】右侧的"折叠"按钮，如图5-8所示。

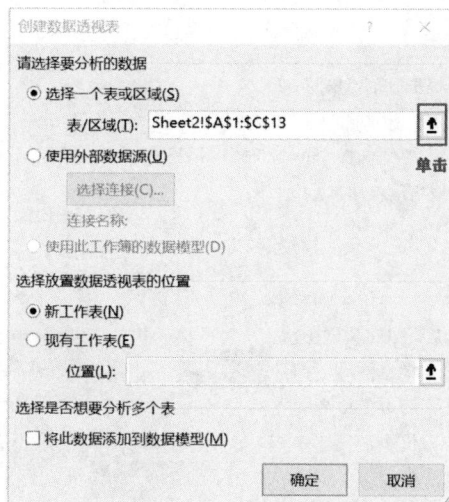

图5-8　【创建数据透视表】步骤2示意图

步骤3：在工作表中选择数据区域，单击"展开"按钮，选择工作表或区域，如图5-9所示。默认为当前工作表的区域，因此多数时候可以直接忽略该步骤。

图5-9　【创建数据透视表】步骤3示意图

步骤4：在【创建数据透视表】对话框，选中【选择放置数据透视表的位置】→【现有工作表】单选按钮→单击【位置】文本框右侧的"折叠"按钮，然后选择一个空白的区域，最后返回后单击【确定】按钮，如图5-10所示。当然，此处也可以选择【新工作表】。

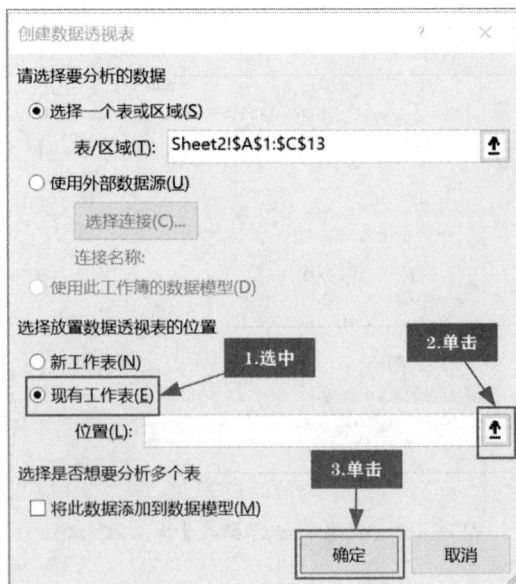

图5-10　【创建数据透视表】步骤4示意图

步骤5：即可创建数据透视表，如图5-11所示。

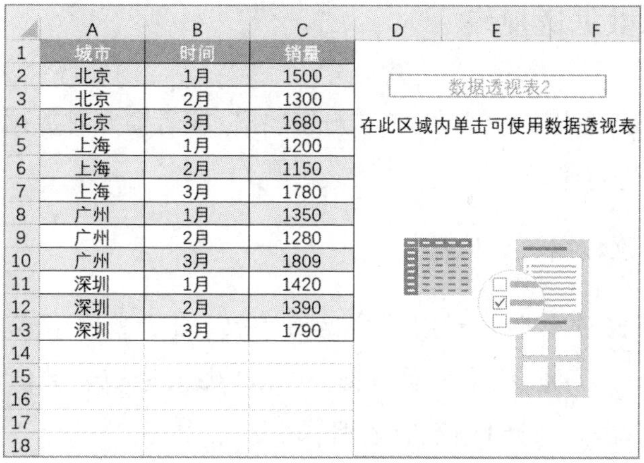

图5-11　【创建数据透视表】步骤5示意图

步骤6：在工作表的右侧【数据透视表字段】任务窗格中，根据需要将上方的字段拖动分别到下方【列】【行】【值】区域，如图5-12所示。

经过上述步骤，就创建了数据透视表，然后根据需要对透视表进行编辑。

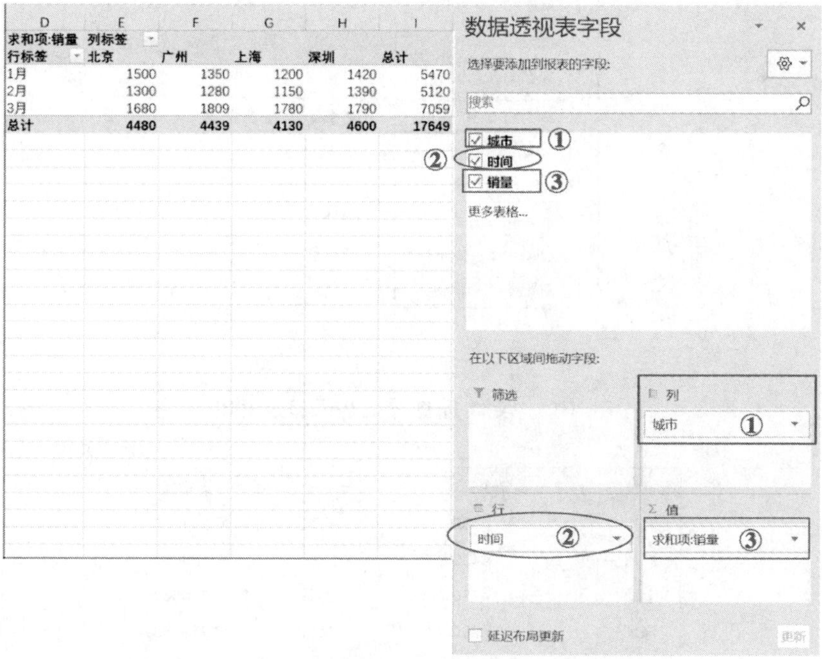

图5-12　【创建数据透视表】步骤6示意图

二、编辑数据透视表

创建数据透视表之后，当添加或删除数据，或者需要对数据进行更新时，可以对透视表进行编辑。

（一）更改数据汇总依据

数据透视表对文本格式内容会自动计数，对于数值格式内容会自动求和。如果要更改某字段数据汇总依据，可以在数据透视表数值区域中该字段任一数据上，右击并选择【值汇总依据】来设置，如图5-13所示。

比如按城市销量求和的数据透视表，要修改成按城市销量的平均数，可以将图5-13右侧的汇总依据修改成【平均值】，只需要单击【平均值】选项即可完成，效果如图5-14所示。

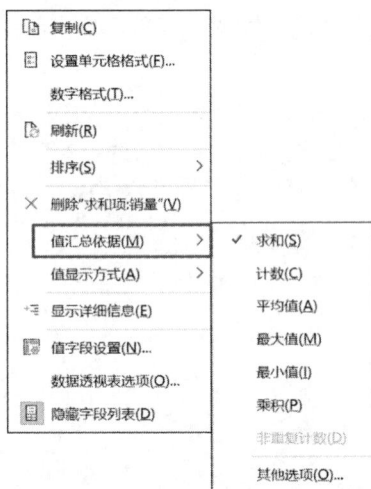

图5-13 更改透视表汇总依据示意图

图5-14 更改透视表汇总依据前后对比效果图

（二）添加或删除相关记录

如果工作表的记录发生变化，就需要对数据透视表做出相应的修改，具体操作步骤如下：

步骤1：在工作表中插入新的数据记录或删除不需要的数据记录。

步骤2：有两种方法可以实现。

方法1：可以在数据透视表数值区域中该字段任一数据上，右击并选中【刷新】来实现，如图5-15左图所示。

方法2：可以将光标移动至数据透视表数值区域中该字段任一数据上，单击菜单栏【数据透视表分析】→【刷新】，如图5-15右图所示。

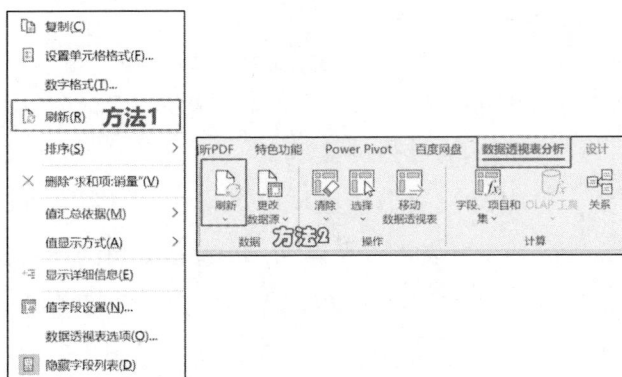

图5-15　数据透视表添加或删除相关记录示意图

（三）设置数据透视表样式

对于创建的数据透视表外观可以进行设置。

1.勾选样式选项

将光标移动至数据透视表数值区域中该字段任一数据上，单击菜单栏【设计】，在【数据透视表样式选项】的选项菜单按需勾选，如图5-16所示。

图5-16　勾选【数据透视表样式】选项示意图

2.选择数据透视表样式

将光标移动至数据透视表数值区域中该字段任一数据上，单击菜单栏【设计】，在【数据透视表样式】菜单，单击右下角的下拉菜单按钮，如图5-17所示。

图5-17 选择【数据透视表样式】示意图

单击下拉菜单按钮后，会出现【浅色】【中等色】【深色】以及【新建数据表样式】等选项，可以根据需要或喜好进行选择与设置。

（四）改变数据透视表布局

在数据透视表创建完成后，如果觉得报表的布局不符合使用者习惯或审美要求，可以对透视表的布局进行调整。

将光标移动至数据透视表数值区域中该字段任一数据上，单击菜单栏【设计】，在【布局】→【报表布局】菜单，单击右下角的下拉菜单按钮，如图5-18所示。然后根据个人喜好，在不同的布局形式中进行选择。

同样类似的，将光标移动至数据透视表数值区域中该字段任一数据上，单击菜单栏【设计】，在【布局】菜单中，可以单击【分类汇总】【总计】【报表布局】【空行】下方的下拉菜单按钮，如图5-19所示，然后根据个人喜好，在不同的布局形式中进行选择。

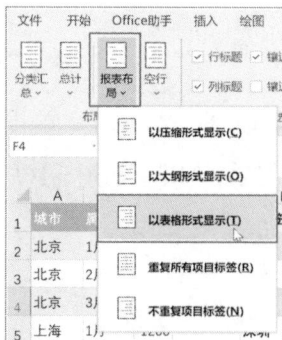

图5-18 改变数据透视表
【布局】示意图

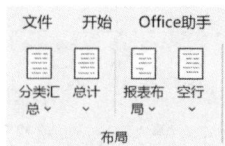

图5-19 改变数据透视表【布局】的
选项菜单

（五）整理数据透视表的字段

在统计和分析数据的过程中，可以通过整理数据透视表中的字段，分别对各字段进行统计与分析。

将光标移动至数据透视表的任意位置，数据透视表最右侧就会出现【数据透视表字段】的对话框。

1.通过勾选增加字段或取消勾选减少字段

在【数据透视表字段】对话框的上半部分，会出现数据透视表的字段，如图5-20所示。

需要增加字段：单击该字段前的复选框进行勾选。

需要减少字段：单击该字段前的复选框取消勾选。

2.通过拖动调整数据透视表行或列的字段

在【数据透视表字段】对话框的下半部分，有四个方框区域，分别是【筛选】【列】【行】【值】，如图5-20所示。

（1）可以从上半部分拖动字段到下半部分的四个方框内，达到增加字段的目的；反之，则减少字段。

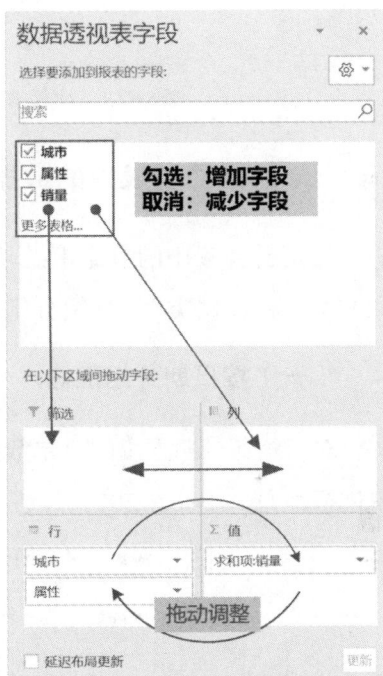

图5-20　【数据透视表字段】
调整示意图

（2）下半部分的四个框内字段，也可以相互拖动，以达到调整字段布局。

（六）对数据透视表中的数据进行排序

如果需要对数据透视表的数据进行排序，可以先将光标移动至目标数值的第一个单元格位置，然后单击鼠标右键，弹出菜单，选中并单击【排序】，右侧再弹出【升序】【降序】等选项，根据需要选中并单击，就完成了对数据透视表中数据的排序，如图5-21所示。

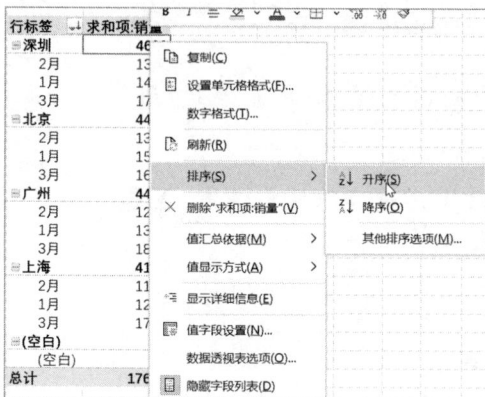

图5-21 对数据透视表中数据进行【排序】示意图

三、数据透视表中的数据分组汇总

数据透视表中的分组汇总功能比较强大,下面以经常会用到的日期、数值和文本三种数据类型,介绍分组的具体应用。

(一)按日期分组汇总

对于按照日期列出的订单数据进行透视表分析,可以将含有日期的多个订单进行汇总, Excel 2019版默认效果如图5-22所示。

行标签	求和项:京东	求和项:淘宝	求和项:唯品会	求和项:总计
<2019/1/1				
(空白)				
2019年	74090	74214	72458	220762
第一季	44047	46514	44138	134699
第二季	10316	12282	11102	33700
第三季	11220	9492	10642	31354
第四季	8507	5926	6576	21009
2020年	23837	18098	21423	63358
第一季	9717	7900	6750	24367
第二季	5524	3604	4971	14099
第三季	4567	3837	6722	15126
第四季	4029	2757	2980	9766
2021年	44423	46544	44743	135710
第一季	33141	32887	34228	100256
第二季	4176	4333	4029	12538
第三季	3625	5258	3479	12362
第四季	3481	4066	3007	10554
2022年	8083	6722	7671	22476
第一季	2822	3225	2485	8532
第二季	783	929	607	2319
第三季	2833	1716	3325	7874
第四季	1645	852	1254	3751
2023年	2500	3654	2208	8362
第一季	1607	1585	876	4068
第二季	748	1482	905	3135
第三季	145	587	427	1159
总计	152933	149232	148503	450668

图5-22 按日期进行数据透视表分析的订单数据结果图

如果对于默认的汇总不满意或不满足需要的,可以重新调整汇总的依据,步骤如下:

(1)将光标移动至数据透视表"行标签"下的任一位置。

(2)单击鼠标右键,弹出菜单,如图5-23左侧所示。

(3)如果需要重新选择汇总依据,单击【组合】选项,出现图5-23右侧的【组合】对话框,根据需要在该对话框中进行选择。

①【组合】对话框的起止时间,可以根据需要进行手动更改。

②【组合】对话框的【步长】,就是数据透视表的汇总依据,可以根据需要选择。单击选中颜色变成蓝色,再次单击则取消。

(4)如果对于默认的【组合】或手动调整后的【组合】不满意,单击图5-23左侧的【取消组合】选项即可取消,恢复为按照日期汇总的状态。

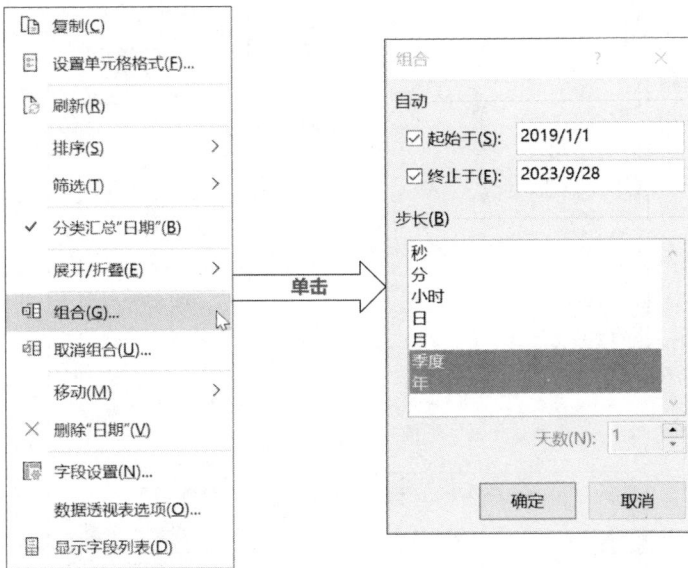

图5-23　按日期分类汇总的【组合】示意图

(二)按数值分组汇总

对于数值类型字段,也可以通过分组来设置不同的数值区间,从而实现按不同区间做数据透视分析。还是以订单表为例,可以查看不同区间金额订单对应的订单数量,将图5-22所示的数据透视表汇总依据更改为"总计",如

图5-24中图①所示。

　　将光标移动至数据透视表"行标签"下的任一单元格，如图5-24中图①所示画框处；单击鼠标右键，弹出菜单，如图5-24中图②所示；单击【组合】选项，出现如图5-24中图③所示【组合】对话框，可以修改【起始于】【终止与】与【步长】。假定将【步长】由100修改为300，则数据透视表就变成了如图5-24中图⑤所示效果。

　　如果对前述的分组汇总不满意，还可以重复上述步骤进行修改直到满足需要为止。

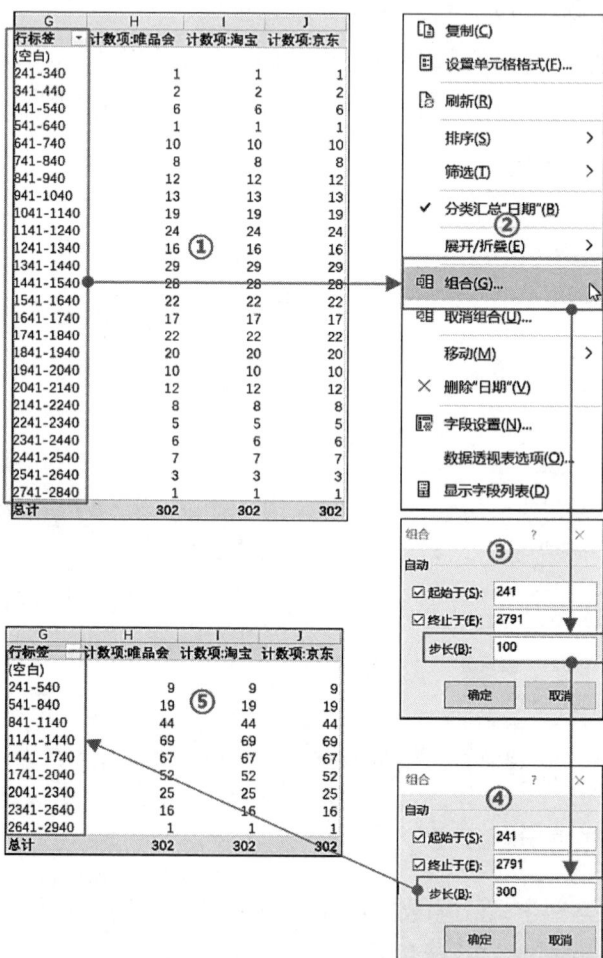

图5-24　按数值分类汇总的【组合】示意图

（三）按文本分组汇总

文本型字段也可以作为数据透视的分组汇总依据，比如对商品销售以不同类别进行划分，可以自动汇总出该类别的销售总额，如图5-25所示。

商品	京东	淘宝	唯品会	总计
商品01	296	815	492	1603
商品02	897	208	794	1899
商品03	76	282	311	669
商品04	841	614	616	2071
商品05	76	468	479	1023
商品06	601	283	123	1007
商品07	276	232	731	1239
商品08	814	700	709	2223
商品09	339	568	610	1517
商品10	30	659	514	1203
商品11	892	730	727	2349
商品12	471	494	53	1018

行标签	求和项:京东	求和项:淘宝	求和项:唯品会	求和项:总计
数据组1	2110	1919	2213	6242
商品01	296	815	492	1603
商品02	897	208	794	1899
商品03	76	282	311	669
商品04	841	614	616	2071
数据组2	2106	2251	2652	7009
商品05	76	468	479	1023
商品06	601	283	123	1007
商品07	276	232	731	1239
商品08	814	700	709	2223
商品09	339	568	610	1517
数据组3	1393	1883	1294	4570
商品10	30	659	514	1203
商品11	892	730	727	2349
商品12	471	494	53	1018
(空白)				
(空白)				
总计	5609	6053	6159	17821

图5-25　按文本分组数据透视表效果图

步骤：选择同一类别的商品，可以连续选取，也可以按【Ctrl+鼠标左键】选取不连续区域，再右击并选择【组合】选项即可。组合后的名称默认是"数据组1""数据组2""数据组3"等，可以更改成想要的名称。

如果只想显示小组数据，可以将数据透视表右侧的【数据透视表字段】中删除字段"商品"，只保留"商品2"字段，如图5-26所示。

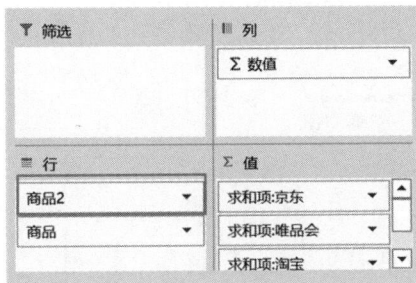

图5-26　文本组合后显示双层字段示意图

第三节　数据透视表筛选工具的应用

在做好的数据透视表上筛选，一般是通过行、列标签或筛选字段的下拉选项菜单进行选取。数据透视表从 Excel 2010开始增加了【切片器】功能，从

Excel 2013开始增加了【日程表】功能。切片器和日程表都可以更加快速、直观地实现对数据的筛选操作。

一、切片器：动态筛选按钮

（一）切片器的插入操作

比如，我们在电商平台销售订单的数据透视表中插入切片器。

操作步骤如图5-27所示。

（1）将光标移动至数据透视表中的任意单元格，单击工作表上方菜单栏上的【数据透视表分析】选项卡。

（2）单击【数据透视表分析】选项卡【筛选】组中【插入切片器】按钮。

（3）弹出【插入切片器】对话框，勾选需要分析的选项，比如【年】，然后单击【确定】按钮。

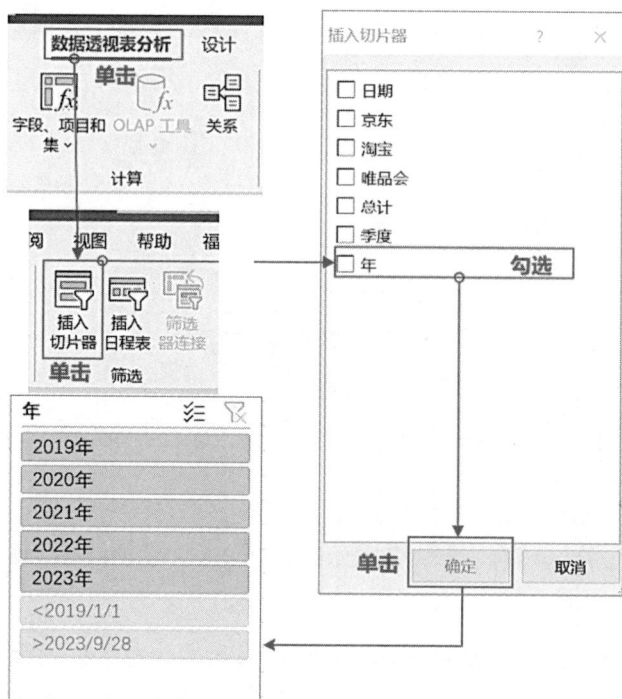

图5-27　【插入切片器】操作过程示意图

（二）切片器目录筛选应用

插入切片器后，就可以对切片器目录中的内容进行筛选。单击【2020年】选项，即可将"2020年"的数据筛选出来，效果如图5-28所示。

行标签	求和项:总计	求和项:唯品会	求和项:京东	求和项:淘宝
⊟2020年	63358	21423	23837	18098
⊞第一季	24367	6750	9717	7900
⊞第二季	14099	4971	5524	3604
⊞第三季	15126	6722	4567	3837
⊞第四季	9766	2980	4029	2757
总计	63358	21423	23837	18098

年

- 2019年
- 2020年
- 2021年
- 2022年
- 2023年
- <2019/1/1
- >2023/9/28

图5-28　切片器筛选效果图

如果选择两个以上的选项，可以按住【Ctrl】键，然后单击需要选择的选项，即可快速得到想要的结果，效果如图5-29所示。

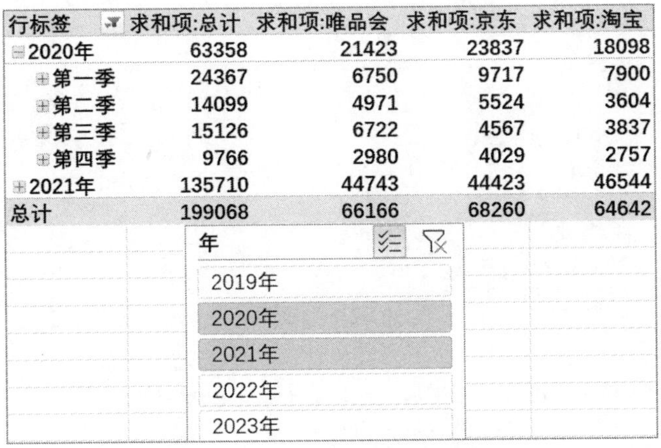

行标签	求和项:总计	求和项:唯品会	求和项:京东	求和项:淘宝
⊟2020年	63358	21423	23837	18098
⊞第一季	24367	6750	9717	7900
⊞第二季	14099	4971	5524	3604
⊞第三季	15126	6722	4567	3837
⊞第四季	9766	2980	4029	2757
⊞2021年	135710	44743	44423	46544
总计	199068	66166	68260	64642

年

- 2019年
- 2020年
- 2021年
- 2022年
- 2023年

图5-29　切片器多项目筛选效果图

二、日程表：动态日期选取

要对带有时间的数据透视表进行分析，使用数据透视表中的【日程表】功能是非常方便的方法，可以按照年、月、日、季度快速展示出不同时间段的数据。

（一）插入日程表操作

插入日程表的操作步骤如图5-30所示。

（1）将光标移动至数据透视表中的任意单元格，单击工作表上方菜单栏上的【数据透视表分析】选项卡。

（2）单击【数据透视表分析】选项卡【筛选】组中【插入日程表】按钮。

（3）弹出【插入日程表】对话框，勾选需要分析的选项，比如【日期】，然后单击【确定】按钮（说明：如果数据透视表中有多个时间，则有多个选项）。

（4）生成日程表。

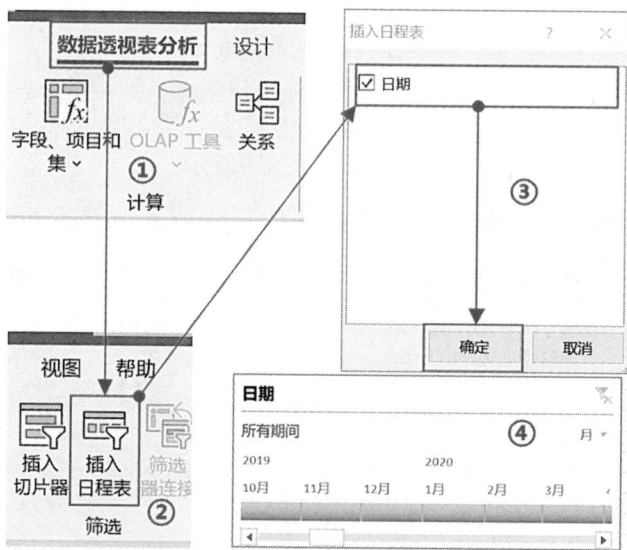

图5-30　【插入日程表】操作步骤示意图

插入日程表后，在日程表下方左右拖动滑块，然后单击不同月份，数据透视表就可以展示不同月份的数据了。

（二）日程表的时间分组

在日程表的右侧中上部可以选择不同的时间分组，单击倒三角形的下拉菜单，就可以显示出"年、季度、月、日"的时间分组选项，如图5-31所示。单击不同时间分组，然后再左右拖动滑块，单击需要展示的时间段，即可得到该时间段内的数据展示。

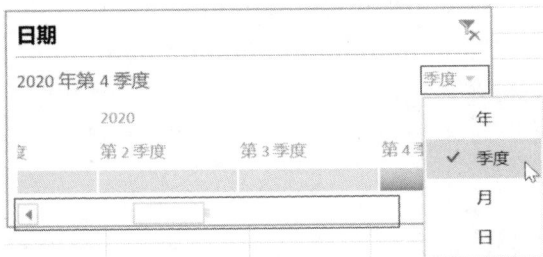

图5-31　日程表中不同时间分组的选项

三、透视图：数据可视化

在进行数据透视分析时，不但可以生成透视表，而且还可以生成透视图。图表结合，会显得更加的生动与美观。

（一）插入数据透视图

插入数据透视图的操作步骤如图5-32所示。

（1）将光标移动至数据透视表中的任意单元格，单击工作表上方菜单栏上的【数据透视表分析】选项卡。

（2）单击【数据透视表分析】选项卡【工具】组中【数据透视图】按钮。

（3）弹出【插入图表】对话框，在对话框左侧【所有图表】中选择需要的图表或喜欢的图表，通常默认的图表是柱形图。

（4）在左侧选择了图表大类后，还可以在【插入图表】对话框的右上部选择图表的具体形式。比如，柱形图下面还有7种不同形态的柱形图可供选择。

（5）完成上述操作后，单击【插入图表】对话框右下角的【确定】按钮，即可生成透视图。

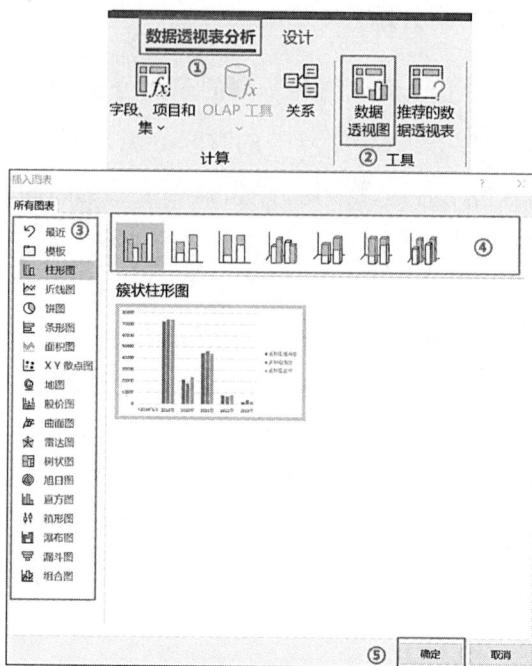

图5-32 插入透视图的操作示意图

（二）透视图的美化

通过前述的操作，插入的数据透视表通常是系统默认的形式，既不美观，又不能满足我们数据分析的需求，因此 Excel 软件还提供了强大的个性化设置功能，我们可以根据需要或喜好美化透视图。

1.设置图表区格式

将光标移动至透视图并双击，工作表的最右侧就会弹出【设置图表区格式】对话框。

在【设置图表区格式】对话框中，有【图表选项】和【文本选项】，如图5-33所示。

在【图表选项】下有三个设置选项：【填充与线条】【效果】【属性与大小】。

在【文本选项】下也有三个设置选项：【文本填充与轮廓】【文字效果】【文本框】。

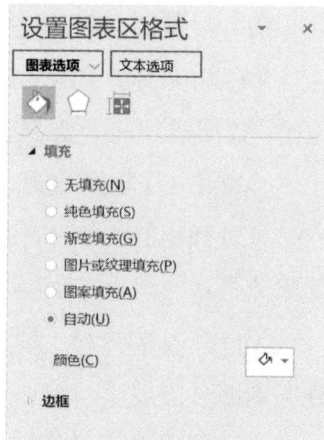

图5-33 【设置图表区格式】对话框

上述选项，都可以通过单击进行选择，然后分别根据需要或喜好进行个性化设置。

2.通过图表按钮设置

将光标移动至图表区并单击图表区的左上角的外侧就会弹出两个方框按钮，分别是：【图表元素】按钮和【图表式样】按钮。

单击最上方的按钮（方框内十字符号），会出现【图表元素】选项，然后根据需要进行勾选或取消勾选，就完成了【图表元素】的设置，如图5-34所示。

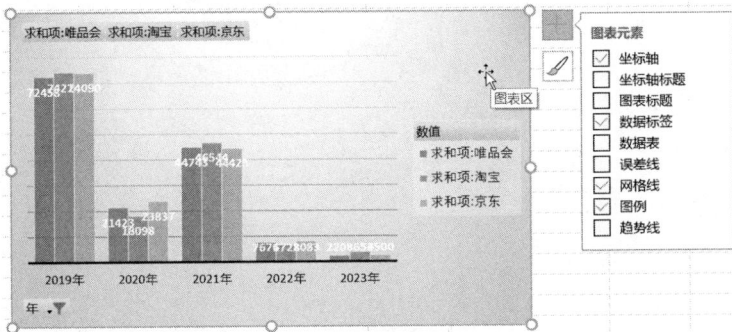

图5-34　数据透视图的【图表元素】设置

单击最上方的按钮（方框内有笔的符号），出现【图表式样】选项。在该选项下又分为【样式】和【颜色】选项，如图5-35所示。在【样式】中，可上下拖动右侧的滑块，查看图表的样式，然后单击喜欢的样式。同样的，在【颜色】中，也可以通过上下拖动滑块，单击喜欢的颜色。

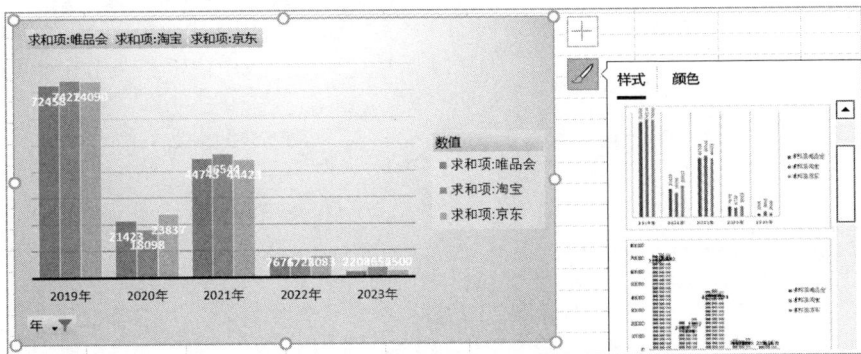

图5-35　数据透视图的【图表式样】设置

3.通过【设计】菜单进行图表美化

数据透视图，也是 Excel 图表，也可以通过菜单栏上的【设计】选项卡进行设置。

把光标移动至数据透视图的图表区，单击图表区，工作表菜单栏就会出现【设计】选项卡，单击【设计】选项卡进入设计状态，然后根据需要进行各类设计，如图5-36所示。

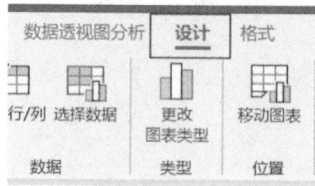

图5-36　透视图通过【设计】美化

第六章　Excel 图表——让数据可视化的工具

对于通过 Excel 表格计算或分析的结果，可以通过表格呈现，也可以通过各种图表进行呈现。

图表呈现的最大优点是可以图文并茂、生动直观，"字不如表，表不如图"。

本章主要介绍各种 Excel 图表的设置应用的工具和资源，方便读者可以按图索骥做出美观且适用的图表。

第一节　Excel 图表格式创建与调整

要用 Excel 实现数据可视化，主要通过图表类型、要素布局和格式设置等来实现。

由于"美观"是一个抽象、主观的概念，每个人的审美观不同，在不同场合、时间或场景也可能不同，因此在图表设置中没有绝对的"美"与"丑"之分，只要使用者喜欢就好。

一、不同场景使用不同类型的图表

图表的直观性比文字更加容易吸引读者的注意力，因此也承担了绝大部分传达信息的职责，文字的功能更多在于解释说明。

Excel 中的图表类型很多，Excel 2019提供了包含组合图表在内的16种图表类型，使用者可以根据需要选择合适的图表类型，然后创建嵌入式图表或工作图表来表达数据信息。

怎么选择合适的图表类型呢？先来了解一下各类图表的特点以及适用场景。

（一）柱形图/柱状图

适用场景：适用场合是二维数据集（每个数据点包括两个值x和y），但只有一个维度需要比较，用于显示一段时间内的数据变化或显示各项之间的比较情况，如图6-1所示。

图表标题

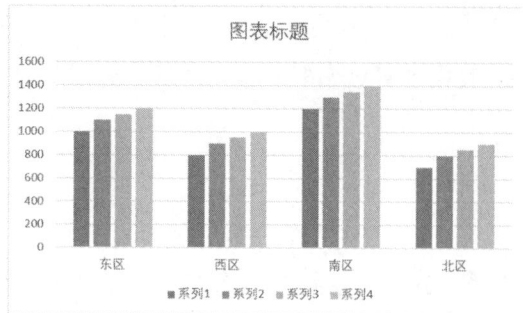

图6-1　柱状图式样

优势：柱状图利用柱子的高度，反映数据的差异，肉眼对高度差异很敏感。

劣势：柱状图的局限在于只适用中小规模的数据集。

（二）折线图

适用场景：折线图适合二维的大数据集，还适合多个二维数据集的比较，如图6-2所示。

优势：容易反映出数据变化的趋势。

劣势：不能直观地看出各部分占总体的百分比。

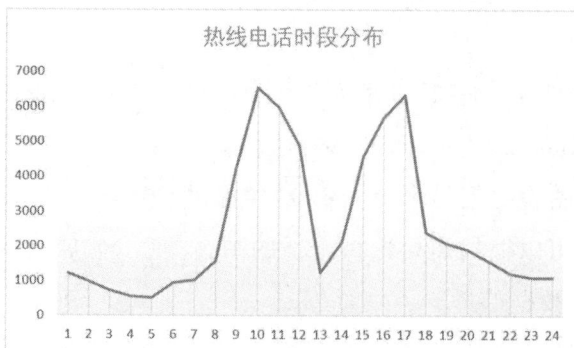

图6-2　折线图式样

（三）饼图/环图

适用场景：显示各项的大小与各项总和的比例。适用简单的占比比例图，在不要求数据精细的情况适用，如图6-3所示。

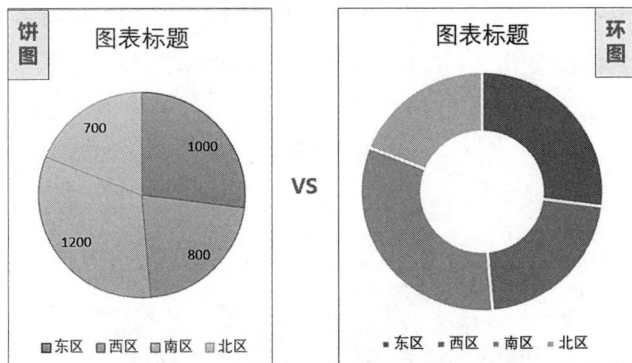

图6-3　饼图/环图式样

优势：明确显示数据的比例情况，尤其适合渠道来源等场景。

劣势：肉眼对面积大小不敏感。

（四）条形图

条形图可以看成是柱状图旋转了90°的结果，柱状图是垂直方向，条形图是水平方向。因此，条形图的应用场景与优缺点基本与柱状图一致，应用时可按制作者的喜好选择，如图6-4所示。

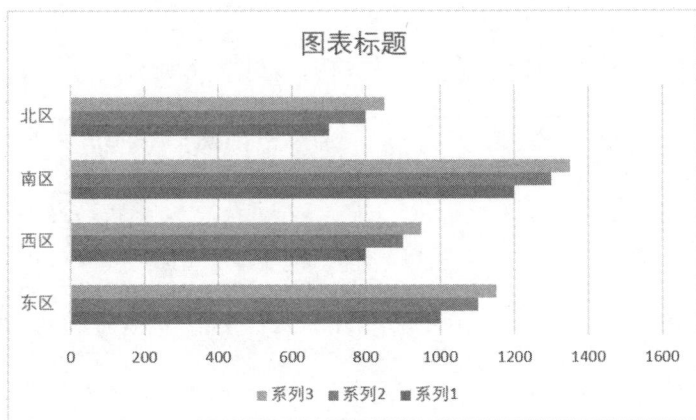

图6-4　条形图式样

（五）面积图

适用场景：强调数量随时间而变化的程度，也可用于引起人们对总值趋势的注意。

延伸图表：堆积面积图、百分比堆积面积图，堆积图可以显示部分与整体之间（或者几个数据变量之间）的分布关系，如图6-5所示。

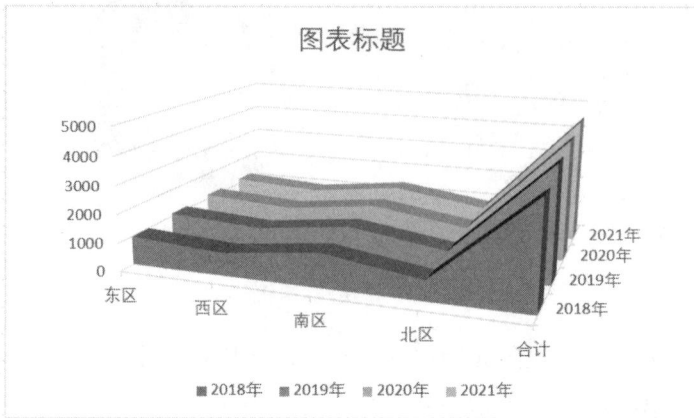

图6-5　三维面积图式样

（六）散点图/气泡图

适用场景：显示若干数据系列中各数值之间的关系，类似二维坐标轴，判断两变量之间是否存在某种关联。散点图适用于三维数据集，但其中只有两维需要比较。

如果把散点图的点放大，就成了气泡图，如图6-6所示。

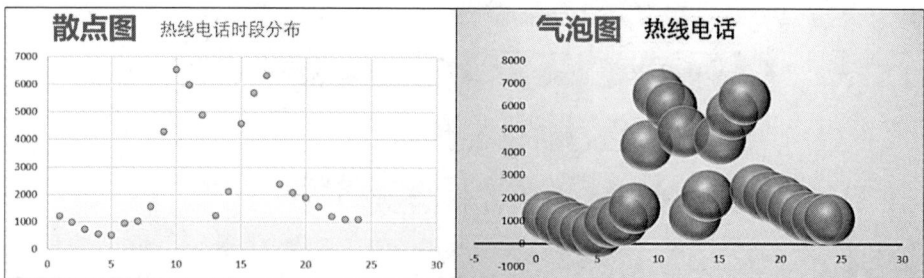

图6-6　散点图/气泡图式样

优势：对于处理值的分布和数据点的分簇，散点图都很理想。如果数据集中包含非常多的点，那么散点图便是最佳图表类型。

劣势：在点状图中显示多个序列看上去非常混乱。

说明：如果散点图带上平滑线，实际效果图就是折线图了。

（七）雷达图

适用场景：雷达图适用于多维数据（四维以上），且每个维度必须可以排序，数据点一般6个左右，太多的话辨别起来会有困难，如图6-7所示。

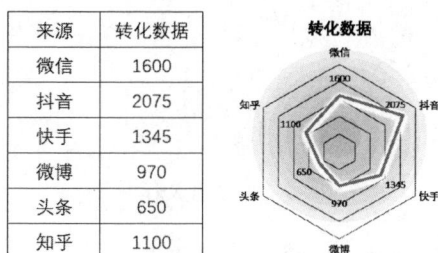

图6-7　雷达图式样

优势：主要用来了解公司各项数据指标的变动情形及其好坏趋势。

劣势：不能直观地看出各部分占总体的百分比。

（八）树状图

适用场景：在矩形树状图中，各个小矩形的面积表示每个子节点的大小，矩形面积越大，表示子节点在父节点中的占比越大，整个矩形的面积之和表示整个父节点，如图6-8所示。

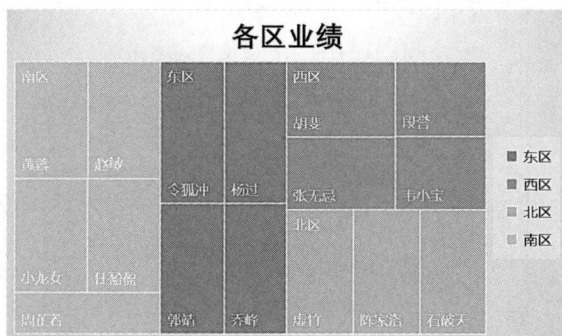

图6-8　矩形树状图式样

（九）旭日图

适用场景：旭日图可以表达清晰的层级和归属关系，以父子层次结构来显示数据构成情况，旭日图能便于细分溯源分析数据，真正了解数据的具体构成，如图6-9所示。

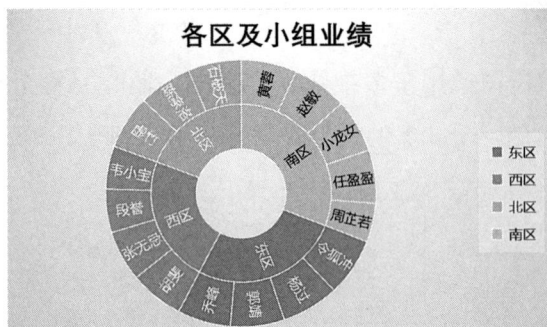

图6-9　旭日图式样

优势：分层看数据很直观，逐层下钻看数据。

劣势：不能直观地看出各部分占总体的百分比。

（十）其他图表

除前述的图表外，在 Excel 中还有很多的图表式样，在【插入图表】或【更改图表类型】时，弹出的对话框左侧上部单击【所有图表】，就可看见，如图6-10所示。

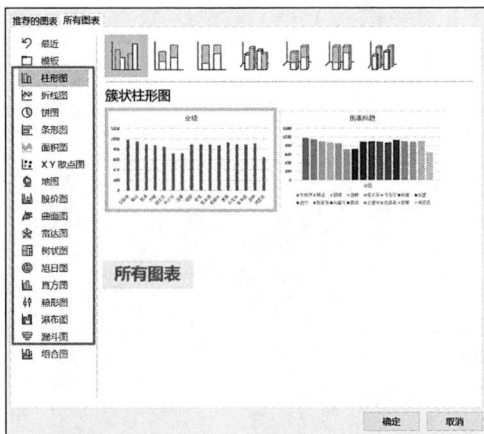

图6-10　Excel 中的【所有图表】类型

对话框上部是图表大类下的图表小类，图6-10所示的【柱形图】，就有7个小类可供选择。

二、图表的创建与类型更改

（一）图表的创建

方法一：利用【插入】菜单。

步骤如下：

（1）选中需要制作图表的 Excel 单元格区域。

（2）单击工作表最上部菜单栏的【插入】。

（3）在【插入】的【图表】选项卡中，选择需要插入图表的类型，如图6-11所示。

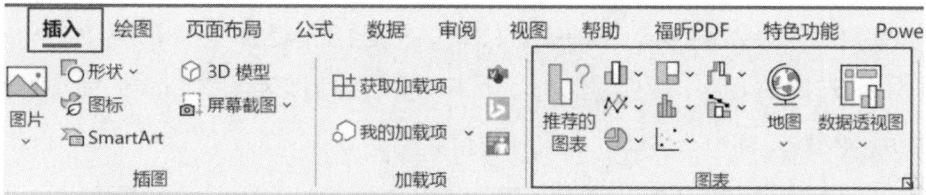

图6-11　利用【插入】功能插入图表示意图

（4）如果实在不知道该选择何种图表类型，就选择【推荐的图表】，选中后单击，就会出现图6-10所示的对话框，可以再进一步选择，然后单击【确定】。

方法二：利用【快速分析】功能。

具体操作步骤详见本书第四章第四节"快速分析工具的应用"，如图6-12所示，单击②【图表】就可以插入图表。

通过【快速分析】工具插入的图表选择类型不是太多，但是插入后可以更改类型。

图6-12　利用【快速分析】功能插入图表示意图

（二）图表类型更改

如果对插入的图表类型不满意，可以更改图表类型。

图表类型更改有两个操作途径。

途径一：将光标移动至图表区，单击图表，工作表最上部的菜单栏出现【图表设计】选项卡，然后在该选项卡下单击【更改图表类型】选项，如图6-13所示。单击后，弹出图6-15所示的对话框。

图6-13　通过【图表设计】进行图表类型更改示意图

途径二：将光标移动至图表区（但不是绘图区），右击后出现菜单，如图6-14所示。

单击【更改图表类型】，弹出图6-15所示的对话框。

通过上述两种途径，得到的结果都是弹出【更改图表类型】对话框，然后就可以在对话框内进行更改。

更改时在对话框左侧选择图表类型的大类，然后在右上部选择图表的小类，在图6-15所示的①区域选择大类。

图表的大类只是单一类型，如果想同时选择两种或两种以上图表的大类，可以选择并单击【组合图】，如图6-15所示的①区域，选择大类后，然后在右下部②区域进行更改。

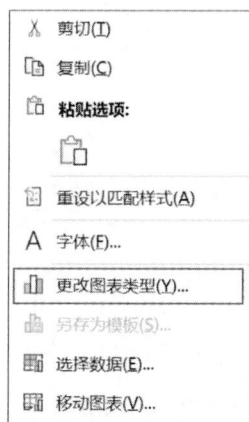

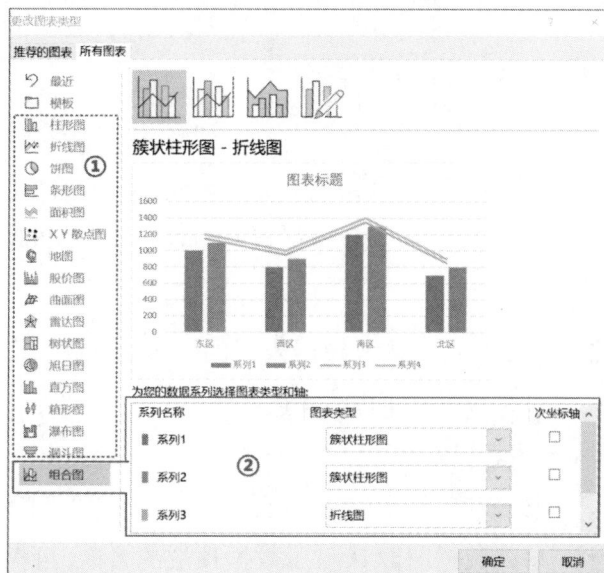

图 6-14　右击并选中　　　　图 6-15　【更改图表类型】对话框示意图
【更改图表类型】

三、图表要素的添加与调整

创建图表后，可以在图表中添加坐标轴、轴标题、图表标题、数据标签、数据表、网格线和图例等元素。对于不满意的图表元素可以删除或调整。

（一）图表的组成

图表主要由图表区、绘图区、标题、数据系列、坐标轴、图例等组成。

1.图表区

整个图表及图表中的数据称为图表区。

在图表区中，当光标指针停留在图表元素上时，Excel 会显示元素的名称，从而方便使用者查找图表元素，如图6-16所示。

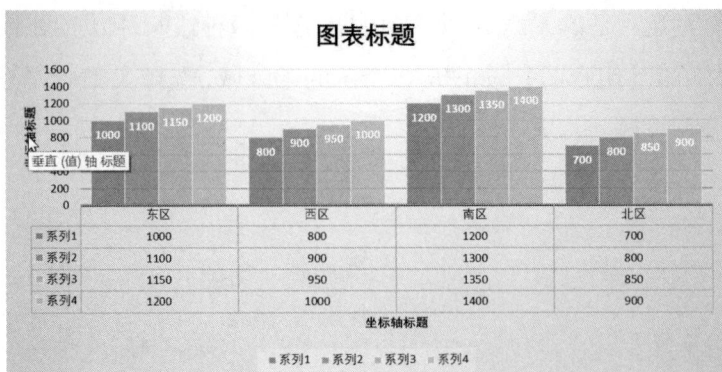

图6-16 显示图表元素名称的图表区示意图

2.绘图区

绘图区主要显示数据表中的数据,数据随着工作表中数据的更新而更新,如图6-17所示①虚线框内区域。

3.图表标题

创建图表后,图表中会自动创建文本框,多列数据时默认显示【图表标题】,单列数据时默认显示数据顶端的名称,可根据需要修改,如图6-17所示②框内区域。

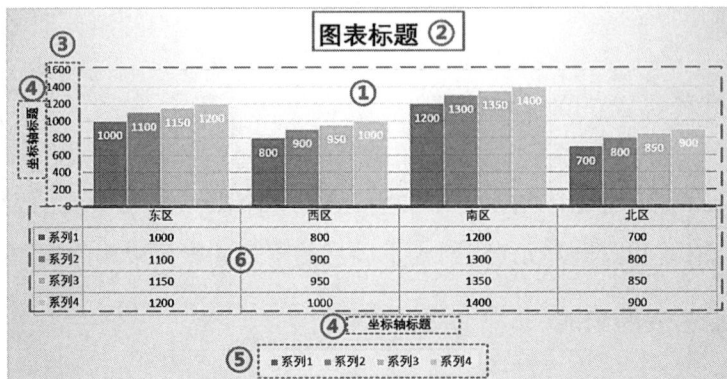

图6-17 Excel 图表的组成示意图

4.数据标签

图表中绘制的相关数据点的数据来自数据的行和列。如果要快速标识图表中的数据,可以为图表的数据添加数据标签。每个柱子上的数字,就是数据标签,如图6-17所示。

5.坐标轴

默认情况下，Excel 软件会自动确定图表坐标轴的刻度值，也可以自定义刻度值，如图6-17所示③框内区域。

6.坐标轴标题

坐标轴标题可以对坐标轴刻度做简单解释，可以根据需要添加，横坐标轴和纵坐标轴可以分别添加或去除，如图6-17所示④框内区域。

7.图例

图例用小方框表示，用于标识图表的数据系列所指定的颜色或图案。创建图表后，图例默认以颜色来显示图表中的数据系列，如图6-17所示⑤框内区域。

8.数据表

数据表是反映图表中源数据的表格，默认情况下图表创建一般都不会显示数据表，但是创建完成后可以添加，如图6-17所示⑥框内区域。

9.背景

背景主要用于衬托图表，可以使图表显得生动与美观。在默认情况下，图表是没有背景的，但是可以通过【样式】进行添加与更改，如图6-17所示的图表背景就是银灰色。

（二）添加与修改图表标题

在图表中添加标题可以直观地反映图表的内容。

1.添加图表标题的操作步骤

添加图表标题有两个途径。

途径一：将光标移动至图表区，单击图表区，图表区框外的右上角会出现三个按钮，将光标指针移动到上面，会出现名称提示：(1)小框加十字符号，为【图表元素】；(2)小框加一支笔符号，为【图表样式】；(3)小框加漏斗符号，为【图表筛选器】。

单击【图表元素】，在其右侧会出现选项菜单，直接勾选【图表标题】即可，如图6-18所示。

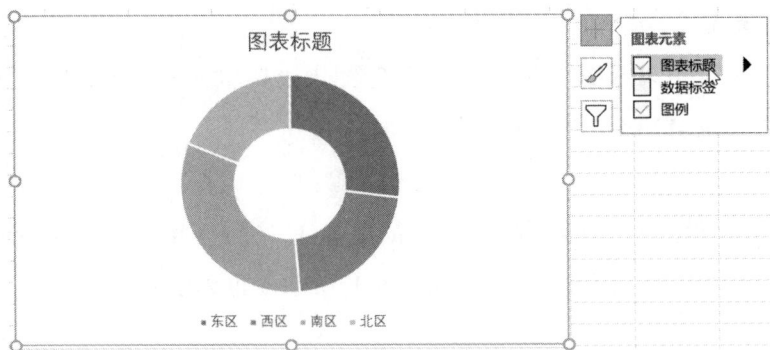

图6-18　给图表添加【图表标题】示意图

途径二：将光标移动至图表区，单击图表区，工作表上部的菜单栏就会出现【图表设计】选项卡，单击【图表设计】→【添加图表元素】→【图表标题】，然后在右侧出现的菜单中选择，然后单击，比如选中并单击【图表上方】，如图6-19所示。

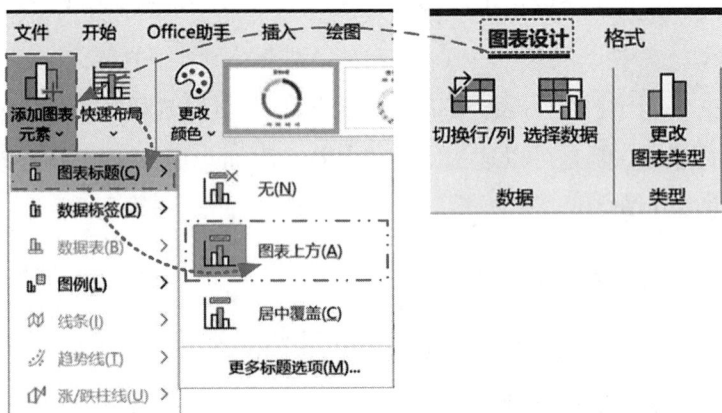

图6-19　通过菜单栏给图表添加【图表标题】示意图

2.修改图表标题名称

对于已经添加了的图表标题，标题名称是默认的"图表标题"或数据列标题名称。

修改步骤：将光标指针移动至图表标题上并单击，显示出图表标题的文本框，再次单击进入文本框，直接删除原文本框的内容后重新输入新的名称即可。

3.设置图表标题格式

将光标指针移动至图表标题上并单击，工作表的最右侧就会弹出【设置图表标题格式】对话框，如图6-20所示。

【设置图表标题格式】对话框中有两个大类的选项【标题选项】和【文本选项】。

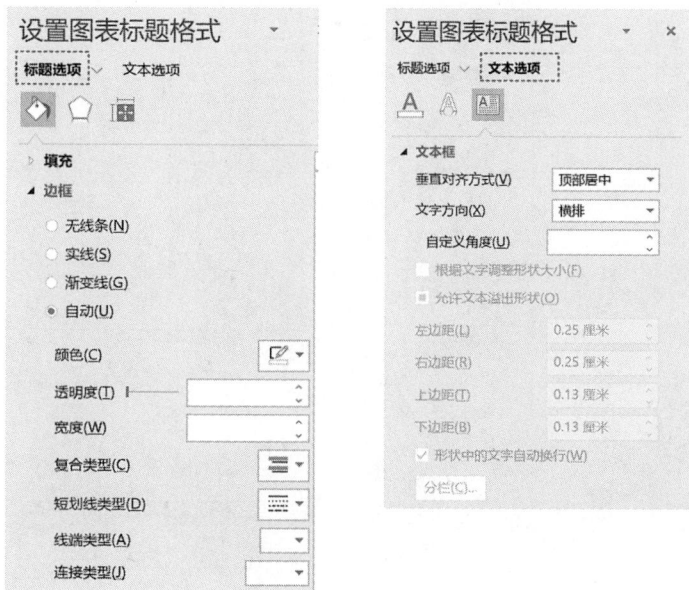

图6-20　【设置图表标题格式】示意图

分别单击选择需要进行各类格式设置，读者只要上机操作一下就能明白，不再赘述。

（三）添加与修改数据标签

添加数据标签的步骤，与添加图表标题步骤基本一致，也有两种途径，操作过程详见本节"（二）添加与修改图表标题"，只是需要把其中的【图表标题】换成【数据标签】即可，不再赘述。

对于"数据标签"格式的设置与修改，也跟"图表标题"格式的设置与修改步骤相差无几，不再赘述。

数据标签的【数字】在默认状态下，是直接显示源数据表上的数字，如果数字位数较多时可能会显得比较拥挤，从而导致显示不全或不美观等。对于该问题，在有坐标轴的柱状图、折线图、条形图等图表中，可以通过调整坐标轴刻度单位进行调整，如图6-21所示。

在【设置坐标轴格式】→【文本选项】→【坐标轴选项】中，单击【显示单位】选项的倒三角形下拉菜单，选择一个"单位"并单击。

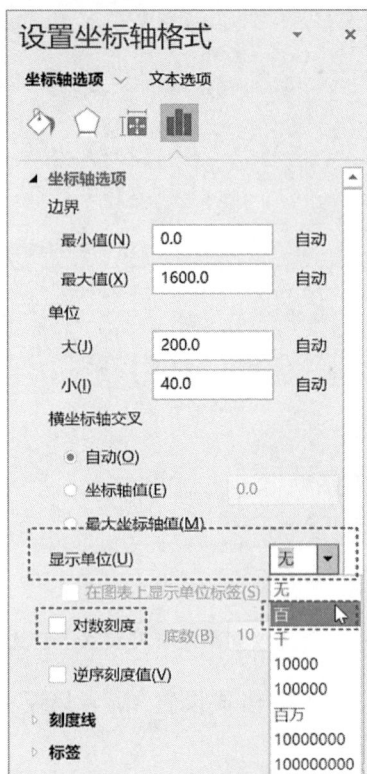

图6-21　修改坐标轴和数据标签的显示单位示意图

（四）添加与删除数据表

数据表是反映图表中源数据的表格，默认情况下创建图表初始是不会显示数据表，后期可以根据需要进行添加。

与前述的添加图表元素一样，添加数据表也有两个途径，详见本节前面的内容，不再赘述。当【图表元素】与【添加图表元素】菜单出现时，直接勾选或选择【数据表】选项即可，如图6-22所示。

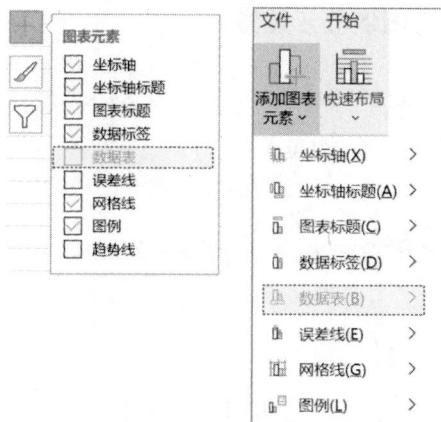

图6-22 添加与删除【数据表】示意图

添加的图表,也可以按照前述的图表元素格式设置的方式进行格式设置和调整,不再赘述。

如果不想要图表中的"数据表",删除"数据表"的步骤与添加的步骤一致,只是删除的时候去掉勾选或在【数据表】选项下单击【无】选项。

(五)增加或减少网格线

网格线的添加与删除,与"数据表"的添加与删除的操作途径一致。

只是在添加【网格线】时,【网格线】选项下有四个选项可以逐一勾选,最多可以同时四个选项全部选中。在需要删除或减少网格线的时候,再逐一去掉勾选或单击去掉,如图6-23所示。

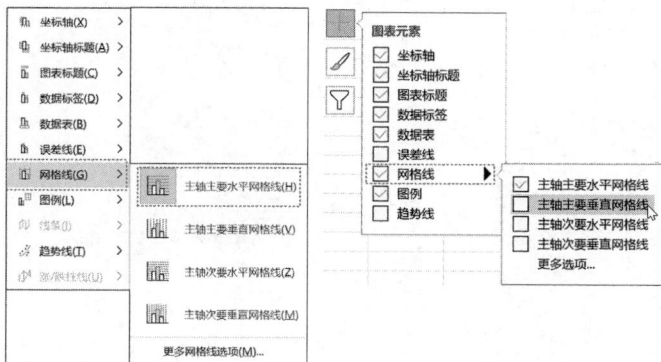

图6-23 添加与删除【网格线】示意图

（六）添加与设置图例显示位置

图例可以显示在图表区的右侧、顶部、左侧及底部，为了使图表的布局更合理，可以根据需要更改图例的位置。

1.添加与删除图例

操作步骤，与前述几种图表元素的添加与删除操作基本一致，也是有两种途径，不重复叙述。

2.图例显示位置的调整

图例显示位置的调整，有三种途径。

途径一：将光标指针移动至图表区，单击图表区，然后单击菜单栏的【图表设计】→【添加图表元素】→【图例】，出现如图6-24左侧所示菜单，在不同选项中选择并单击即可。

途径二：将光标指针移动至图例区，单击图例区，工作表最右侧便会出现图6-24右侧所示的【设置图例格式】对话框，然后在【图例选项】中的【图例位置】中选择即可。

途径三：该办法比较简单。把光标指针移动至图例上，先单击【图例】区，然后再稍微移动一下光标，当光标指针变成一个箭头加有4个向外箭头的十字符号时，按住鼠标左键，就可以拖动【图例】到图表区的任意位置。

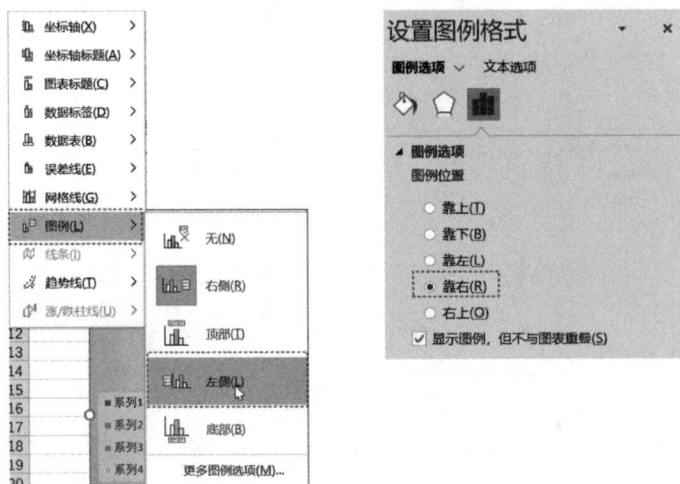

图6-24 【图例】位置调整示意图

第二节　让图表变得更加美观

我们经常在商业刊物或电子刊物上,看到很多图表非常的漂亮,其实这些图表很多也是用 Excel 制作的,只是在 Excel 图表的基本形态上进行了"变异"处理。因此,本节就介绍几种具有强大视觉冲击力的"变异"图表。

一、柱形图的四种"变异"

（一）图片柱形图

所谓图片柱形图,就是用不同图片去代替柱子。在一般的柱形图中,只能使用不同颜色的柱子来表示。我们在说明产品的时候,其实是可以用不同的产品图片来代替柱子,这样制作出来的柱形图用在商务活动中就显得更加的直观。

操作步骤:选择图片,单击【复制】或按快捷键【Ctrl+C】,选择需要替换的柱子,单击【粘贴】或按快捷键【Ctrl+V】即可,如图6-25所示。

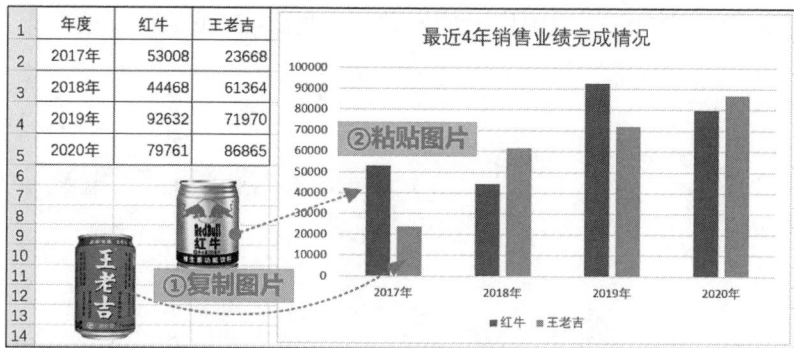

图6-25　柱形图插入图片替代柱子示意图

当按照前述步骤完成图片嵌入后,效果如图6-26左侧上半部的图形,图片被拉伸变形,实际上并不美观。

将光标放在其中一张图片上,单击图片,工作表最右侧便出现【设置数据系列格式】对话框,在【系列选项】下选中【层叠】,如图6-26右侧所示。另一组图片,重复前述操作,最后得出效果如图6-26左侧下半部的图形。

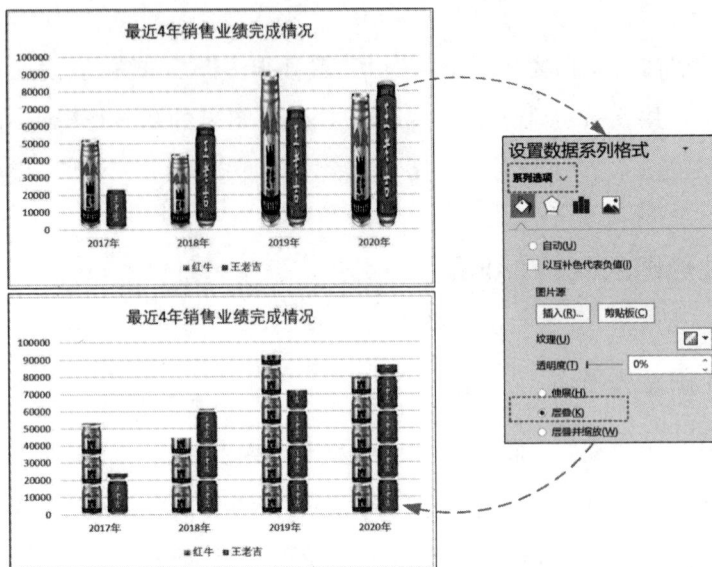

图6-26　将拉伸图片【层叠】操作示意图

说明:除前述的直接复制图片外,还可以直接通过 Excel 软件自带的【图标】功能来插入各种图片。单击工作表最上部的菜单栏【插入】选项卡,再单击【图标】选择合适的图标或图像等插入即可,如图6-27所示。

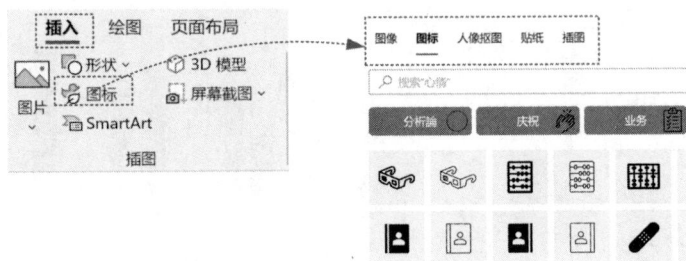

图6-27　通过【插入】【图标】的方式替换柱形图示意图

(二)目标柱形图

在实务中,常常有销售业绩与销售任务对比、财务完成指标与财务预算指标对比等情况,我们在做分析对比时也会经常用到柱形图,如果用 Excel 默认的簇状柱形图,做出的效果如图6-28所示。

业务员	目标业绩	实际业绩
令狐冲	160	130
岳灵珊	100	70
岳不群	130	90
田伯光	110	80
余沧海	120	75
林平之	140	100

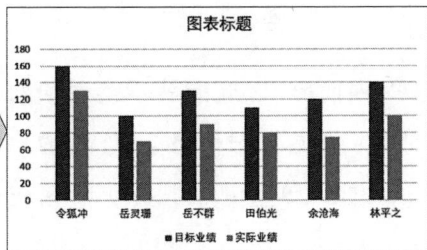

图6-28　默认生成的簇状柱形图

前面默认生成的簇状柱形图虽然快捷，但是并不直观、生动。经过对【系列重叠】和【数据标签】位置调整，便可优化，如图6-29所示。

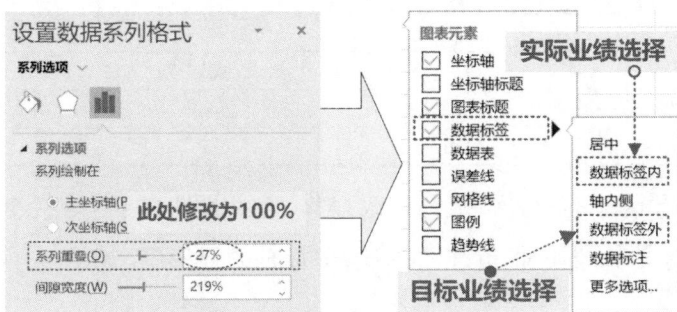

图6-29　目标柱形图的优化步骤

优化后的目标柱形图效果如图6-30所示，这样比较直观地看出每个业务员目标业绩的完成情况以及差距。但是，这个图形有个缺点，只能是统一地一类数据大于另外一类数据，如果互有大小，重叠效果就会有一类数据柱子是完全遮挡住另一部分数据柱子。

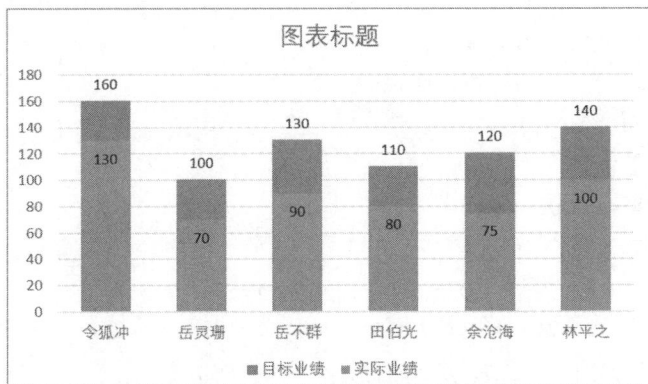

图6-30　目标柱形图优化后的效果图

（三）双Y坐标轴的柱形图

双Y轴柱形图，既能展示绝对值数据，又能展示相对值数据，因此可以用于同时展示原始数据和增长率、完成率等百分比数据。

比如图6-28左侧业务员业绩完成情况，加上完成率后的数据，见表6-1所示。

表6-1　业务员的目标业绩、实际业绩与完成率

业务员	目标业绩	实际业绩	完成率
令狐冲	160	130	81.25%
岳灵珊	100	70	70.00%
岳不群	130	90	69.23%
田伯光	110	80	72.73%
余沧海	120	75	62.50%
林平之	140	100	71.43%

参考本章前述的图表生成与修改操作，使用图表的【自定义组合】功能，勾选【次坐标轴】，生成带折线图的双Y坐标轴的柱形图，如图6-31所示。

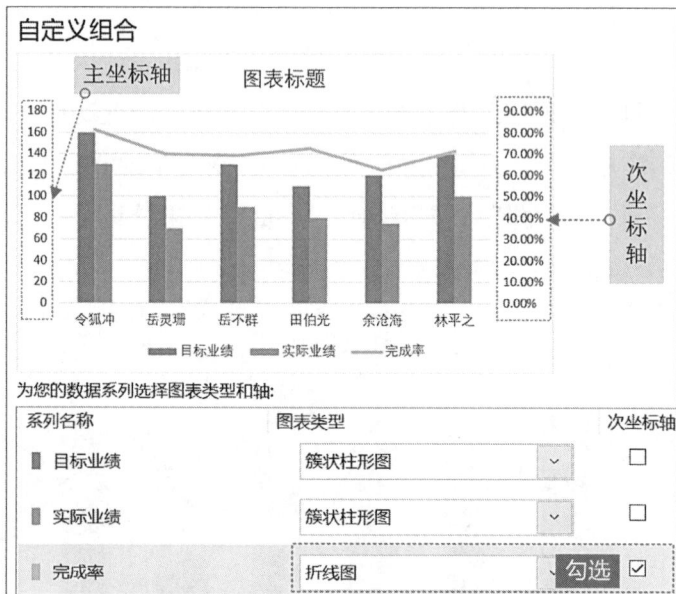

图6-31　软件自动生成的双Y坐标轴示意图

如果对于折线位置不满意，可以对次坐标轴的刻度进行调整，更改折线的位

置: 通过对次坐标轴【设置坐标轴格式】进行更改, 如图6-32所示。

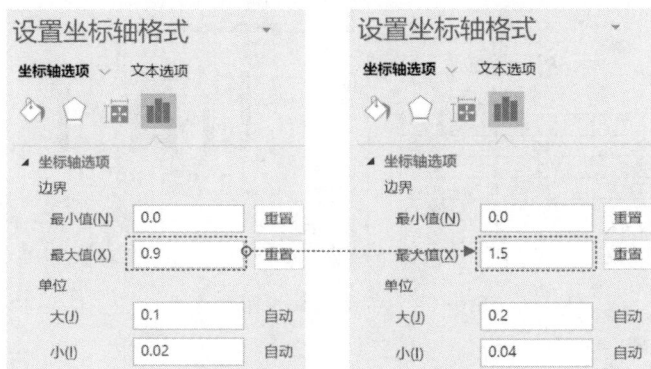

图6-32　修改次坐标轴的刻度示意图

　　此外还可以对主坐标轴的刻度进行调整与更改。经过对默认的双Y坐标轴的最大、最小等调整与优化, 最后达到自己满意的效果图, 如图6-33所示。

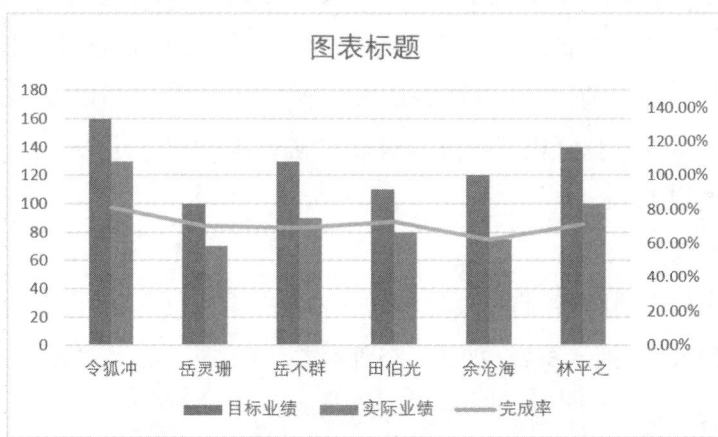

图6-33　经过调整优化过的双Y坐标轴图

（四）参考线柱形图

　　在柱形图中, 有时会把平均值、目标值或参考值等做成折线图, 形成柱形图和折线图在一起的组合图, 在 Excel 2013及以上版本中, 均可以使用组合图功能。

　　假如我们对业务员的平均业绩作为参考线, 然后将实际业绩与参考线做成柱形图, 如图6-34所示。

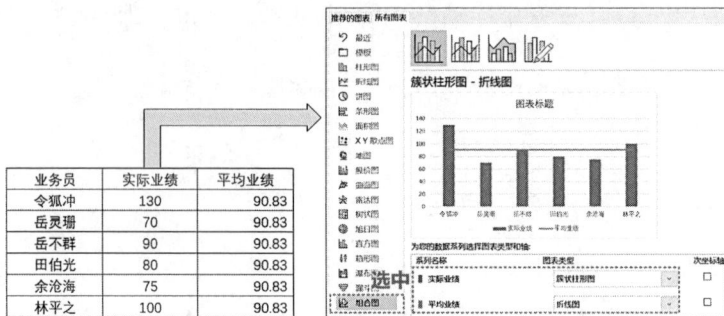

图6-34　参考线柱形图示意图

二、双向条形图的制作

在数据分析过程中，我们经常会想要用图形表现两个不同系列的对比，而双向的条形图最能体现数据的对比性，更直观、贴切，对比也更加的强烈。

按照一般的插入图表步骤操作，相对复杂一些，笔者经过反复比对，觉得在进行插入图表前，先在数据表插入一个"辅助列"，即先对需要制作图表进行比对的一列数据乘以负一，然后再用"辅助列"与另外一列数据作为数据源，插入生成图表。

操作步骤如下：

（1）先插入辅助列，将需要比较的一列数据乘以负一，然后再选择辅助列和另外一列数据，插入图表，如图6-35所示。

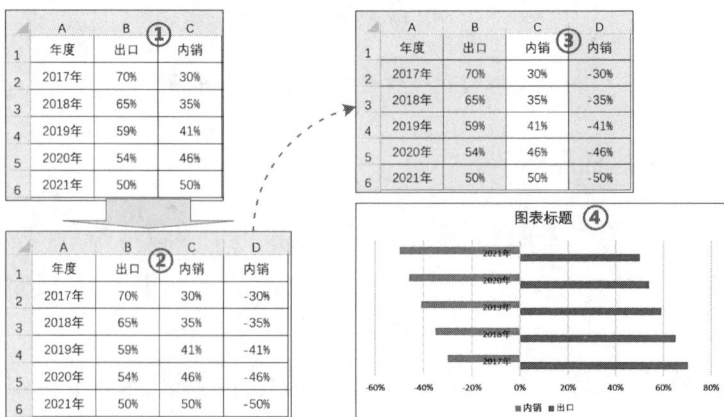

图6-35　通过【辅助列】生成双向的条形图

（2）在【设置数据系列格式】→【系列选项】中，将【系列重叠】修改为100%，如图6-36所示。这样就将图6-35中没有对齐的条形图对齐了。

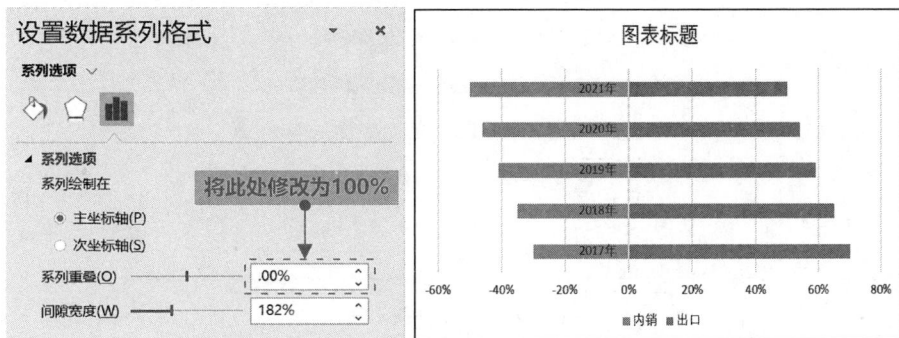

图6-36　通过【系列重叠】将条形图对齐的操作示意图

（3）去掉图表中坐标轴的负号。通过【设置坐标轴格式】中的【数字】格式设置，将原来默认的"百分比"修改为"数字"，格式代码修改为"0%;0%"（中间的分号须在英文状态输入法下输入），如图6-37所示。

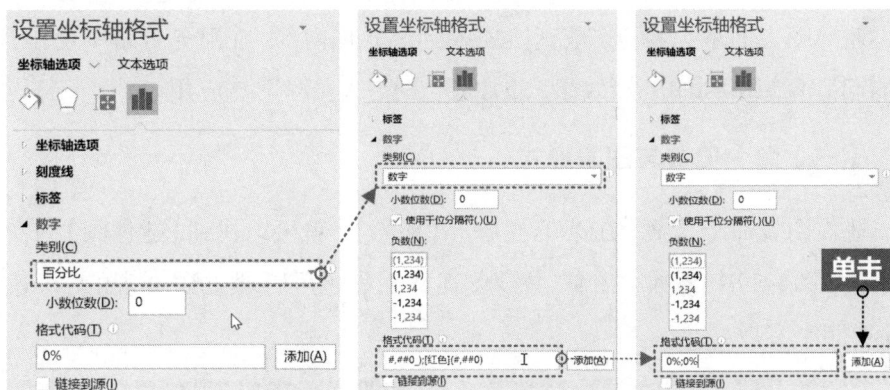

图6-37　通过【数字】格式将负号去掉的操作示意图

数据标签上的负号，也可以采用同样的方法去掉，不再赘述。

（4）完善与美化图表。经过前述3步基本上已经生成了双向对比条形图，剩下的就是对图表的元素进行完善与美化的过程，此处不再赘述，最终形成对比强烈的双向条形图，如图6-38所示。

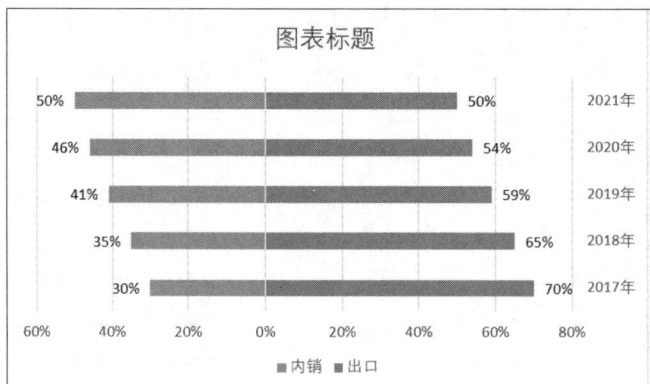

图6-38　双向条形图

三、迷你图表——直接插入单元格的图表

Excel 迷你图是自2010版开始新增的一个功能,虽然说推出时间已经10年以上,但是现实工作中了解并能够充分使用的人并不多。

迷你图表的最大特点,是直接插入到单元格内部,在财务分析中使用,有时能起到意想不到的美妙效果,非常适合财务人员学习与应用。

(一)命令位置与图表形式

迷你图表命令位置:在菜单栏单击【插入】,就可以找到【迷你图】的命令位置,如图6-39中②所示位置。另外,迷你图表也可以通过数据表的【快速分析】功能来实现。

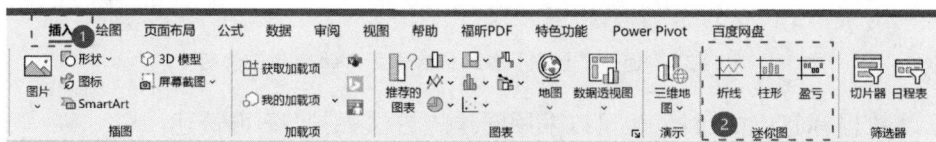

图6-39　【迷你图】命令位置示意图

迷你图表有三种形式:折线图、柱形图和盈亏图。其中,折线图和柱形图可以显示数据的高低变化,盈亏图只显示正负关系,不显示数据的高低变化。

（二）迷你图表的制作

1.利用菜单功能插入迷你图表

比如，我们需要对销售区域最近几年的销售变化趋势插入一个迷你图时，可以按照如下步骤进行。

（1）按住鼠标左键，拖动鼠标选中拟插入迷你图表的数据区域的单元格。

（2）单击菜单栏的【插入】，然后在【迷你图】选项卡中选择喜欢的迷你图式样并单击。

（3）弹出【创建迷你图】对话框，在【选择放置迷你图的位置】，可以手动输入拟放入位置的单元格，或者单击右侧的向上箭头符号，然后选择准备放入位置的单元格。

上述操作过程如图6-40所示。

图6-40　【创建迷你图】操作步骤示意图

说明：如果在前述步骤（1）时没有选中数据区域单元格，或选择有误，也可以在图6-40所示的④【选择所需的数据】的【数据范围】文本框内手动更改或输入，也可以单击右侧向上的箭头符号进行选择。

2.利用快速分析功能插入迷你图表

操作步骤如下：

（1）按住鼠标左键，拖动鼠标选中需要插入迷你图表的数据区域内的单元格。

（2）将光标移动至上述选中区域的右下角，出现【快速分析】图标，如

图6-41中②所示，单击【快速分析】图标。

（3）出现【快速分析】的菜单，选中并单击左上角的【迷你图】，然后在三种图样中选择喜欢的样式。

上述操作如图6-41所示。

图6-41　利用【快速分析】功能插入【迷你图】操作步骤示意图

（三）迷你图的调整与美化

如果对制作的迷你图不满意，可以进行调整与美化。

将光标移动至迷你图区域，单击迷你图的任何一个单元格，Excel 工作簿上方的菜单栏就会出现【迷你图】选项卡，单击【迷你图】，就会出现如图6-42所示的工具选项。

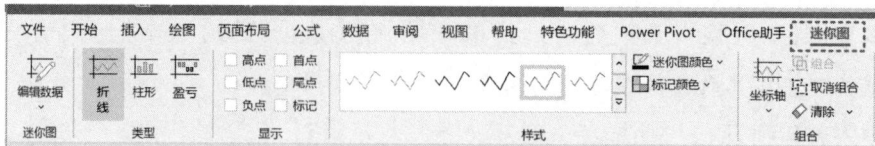

图6-42　【迷你图】工具设置选项示意图

可以根据需要，更改迷你图的【类型】和数据范围；也可以对【样式】【显示高低点】【标记颜色】【坐标轴】等进行调整与修改，当然也可以清除迷你图。具体操作还是比较简单，只要动手一试基本上就能会，因此不再赘述。

第三节　图表模板的保存与图表复制

财务工作的一大特色，就是周而复始地做一些重复性工作。

比如，我们月度、季度或年度的财务分析工作。如果在财务分析工作中插入 Excel 制作的图表就显得图文并茂。其实，不管月度、季度还是年度的财务分析工作，内容上都基本一致，甚至连报告的格式都相差无几，只是里面的数据与图表需要更新。

如果我们将认为比较满意的 Excel 图表作为模板保存起来，到时需要做财务分析工作的时候，直接调用并替换为新的数据，工作的效率也会大大提升。

一、图表模板的保存

操作步骤如下：

（1）将光标移动至图表区域内右击并弹出菜单，选中并单击【另存为模板】选项，如图6-43所示。

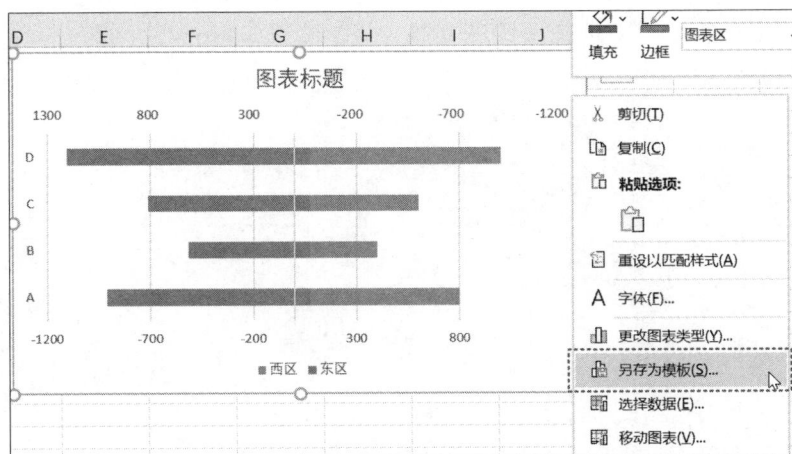

图6-43　图表【另存为模板】操作示意图

（2）单击【另存为模板】选项后，弹出【保存图表模板】对话框，不要改变模板保存默认的位置，可以改变模板的名称，如图6-44所示。

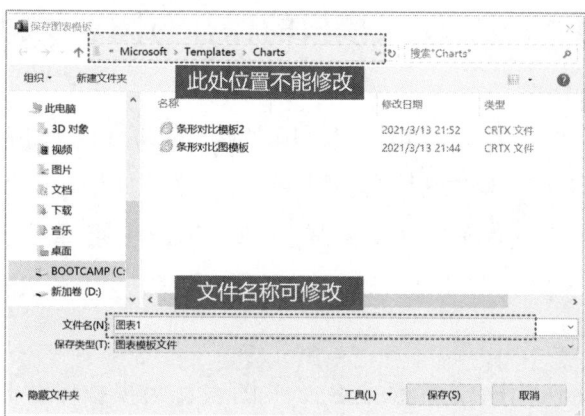

图6-44 【保存图表模板】示意图

二、图表模板的调用

在图表模板保存好以后，当下次遇到需要制作相同类型的图表时，就可以直接调用。

整个模板调用过程，就是图表的插入过程，只是在选择图表类型时，在【所有图表】中选择【模板】并单击，右侧就会出现本地电脑中保存的所有图表模板，根据需要从中选择所需的模板，操作过程如图6-45所示。

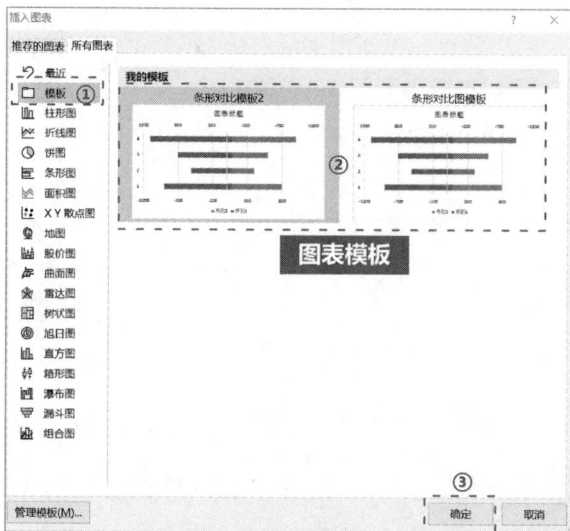

图6-45 调用【图表模板】示意图

由于【所有图表】中本身就带有很多标准格式的图表，因此图表模板一般都是保存一些自定义的具有个性化的图表格式，即跟标准的图表类型有差异的图表类型。

三、图表保存为图片

当我们在 Excel 中制作好图表后，假如想用到 Word 和 PPT 文档中，或者用于现在各种流行的自媒体中，有时就需要将图表转换为图片格式。

【另存为图片】的操作步骤，与【另存为模板】的步骤基本一致，当光标移动至图表区域的非绘图区，右击并弹出菜单，选择并单击【另存为图片】，如图6-46所示。

只是【另存为图片】，可以保存到指定的位置。

图6-46　图表【另存为图片】示意图

第七章　揭开函数与公式的面纱
——步入高手行列必备武器

第一节　函数与公式的基础知识

一、什么是函数

　　凡是对 Excel 有一点了解的人都知道函数，因为 Excel 函数功能非常强大。Excel 中所提的函数其实是一些预定义的公式，它们使用一些称为参数的特定数值按特定的顺序或结构进行计算。Excel 函数一共有11类，分别是数据库函数、日期与时间函数、工程函数、财务函数、信息函数、逻辑函数、查询和引用函数、数学和三角函数、统计函数、文本函数以及用户自定义函数。

　　Excel 的数据处理功能在现有的文字处理软件中可以说是独占鳌头，几乎没有什么软件能够与它匹敌。在你学会了 Excel 的基本操作后，是不是觉得自己一直局限在 Excel 的操作界面中，而对于 Excel 的函数功能却始终停留在求和、求平均值等简单的函数应用上呢？难道 Excel 只能做这些简单的工作吗？其实不然，函数作为 Excel 处理数据的一个最重要手段，功能十分强大，在生活和工作实践中可以有多种应用，甚至可以用 Excel 来设计复杂的统计管理表格或者小型的数据库系统。

二、函数的常用术语

（一）什么是参数

参数可以是数字、文本、形如 TRUE 或 FALSE 的逻辑值、数组、形如 #N/A 的错误值或单元格引用。给定的参数必须能产生有效的值。参数也可以是常量、公式或其他函数。

（二）数组

用于建立可产生多个结果或可对存放在行和列中的一组参数进行运算的单个公式。在 Excel 中有两类数组：区域数组和常量数组。区域数组是一个矩形的单元格区域，该区域中的单元格共用一个公式；常量数组将一组给定的常量用作某个公式中的参数。

（三）单元格引用

用于表示单元格在工作表所处位置的坐标值。例如，显示在第B列和第3行交叉处的单元格，其引用形式为"B3"。

单元格引用分为相对引用、绝对引用和混合引用。对于函数公式应用时，有时为了减少函数公式的输入需要对函数公式进行批量复制，这时就需要对一些单元格的引用根据需要进行分类，以满足不同的计算需要。

1.相对引用

例如"B3"就属于相对引用，当复制含有该引用函数公式时，列和行都有可能发生变化。假如我们在单元格C3输入一个简单的公式"=A3*B3"，如图7-1上部所示。

如果我们把C3的公式复制至D4，则变成了"=B4*C4"，如图7-1下部所示。

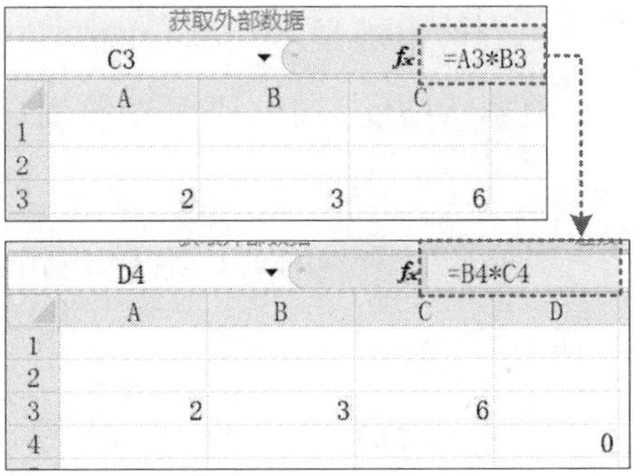

图7-1　相对引用示意图

2.绝对引用

绝对引用时，当复制含有该引用函数公式时，列和行都不会发生变化。在绝对引用时，需要在单元格的列和行前面加入"$"符号。输入"$"符号可以手工分别在列和行前面输入；也可以使用快捷键F4输入：将光标指向编辑栏输入地方按【F4】即可，如图7-1中将光标移动至编辑栏中B3处。

假如我们在单元格C3输入一个简单的公式"=A3*$B$3"，如图7-2上部所示。

如果我们把C3的公式复制至D4，则变成了"=B4*$B$3"，如图7-2下部所示。

此时相对引用的A3变成了B4，绝对引用的$B$3还是$B$3，没有变化。

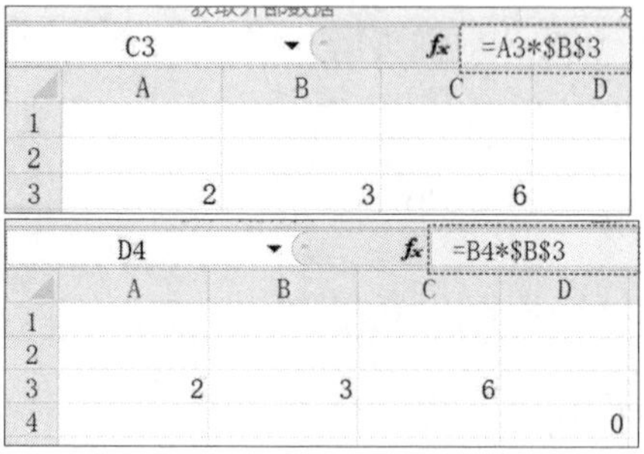

图7-2　绝对引用示意图

绝对引用适用于需要固定引用同一单元格的情况。

3.混合引用

所谓混合引用，就是对一个单元格引用时既有绝对引用也有相对引用。因为一个单元格是由列和行的位置决定，当我们只需要其中一项发生变化而另一项不希望变化时，则可以使用混合引用。比如B3混合引用可能是：$B3、B$3。

当混合引用时的列是绝对引用时，则列不会发生变化，反之行就不会发生变化。

（四）常量

常量是直接键入到单元格或公式中的数字或文本值，或由名称所代表的数字或文本值。例如，日期2021/3/15、数字210和文本"彭怀文"都是常量。公式或由公式得出的数值都不是常量。

（五）嵌套函数

函数是否可以是多重的呢？也就是说一个函数是否可以是另一个函数的参数呢？当然可以，这就是嵌套函数的含义。所谓嵌套函数，是指在某些情况下，你可能需要将某函数作为另一函数的参数使用。如图7-3所示，函数ROUND 就嵌套 IF 函数。

	C3	▼	f_x	=ROUND(IF(A3=0, 0, B3/A3), 2)	
	A	B	C	D	E	F
1	数量	金额	单价			
2	0	0	0			
3	3	10	3.33			

图7-3　嵌套函数应用举例

单价计算时，可能遇到数量为0，故首先使用了条件 IF 函数；即便数量不为0，计算的结果也可能是很长的小数，也是我们不需要的，因此再次使用四舍五入函数 ROUND 来保留两位小数。

（六）函数的结构

在学习 Excel 函数之前，我们需要对于函数的结构做必要的了解。函数的结构以函数名称开始，后面是左圆括号、以逗号分隔的参数和右圆括号。如果函数以公式的形式出现，请在函数名称前面键入等号（=）。在创建包含函数的公式时，【插入函数】将提供相关的帮助。【函数参数】对话框如图7-4所示。

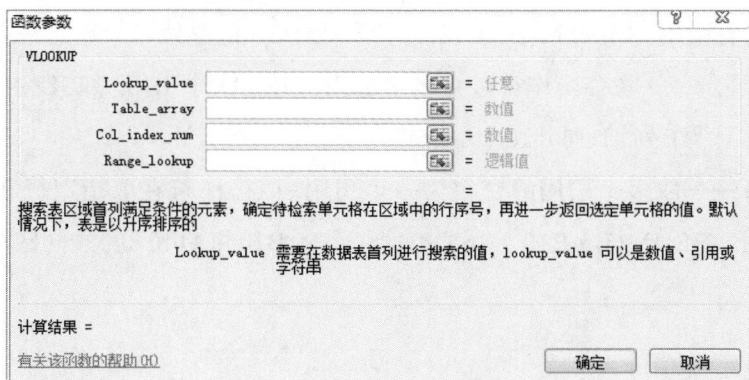

图7-4　函数参数界面示意图

三、Excel 公式中的运算符

公式是 Excel 中的重要工具，它使我们的工作高效灵活（函数实际上也是作为公式的一部分来用的）。运算符则是公式中各操作对象的纽带。Excel 包含四种类型运算符，分别如下：

（一）算术运算符（6个）

算术运算符的作用是完成基本的数学运算，产生数字结果等，它包括：
＋、－、*、/、%、^，含义依次为加、减、乘、除、百分数、乘方。

（二）比较运算符（6个）

比较运算符的作用是可以比较两个值，结果为一个逻辑值，不是"TRUE"、就是 "FALSE"。包括：=、>、<、>=、<=、<>，含义依次为等于、大于、小于、大于等于、小于等于、不等于。

（三）文本连接符（1个）

使用文本连接符（&）可加入或连接一个或更多字符串以产生一长文本。例如：【2021年8月份】&【工资表】就产生【2021年8月份工资表】。

（四）引用运算符（3个）

引用以下三种运算符可以将单元格区域进一步处理。

冒号":"——连续区域运算符，对两个引用之间包括两个引用在内的所有单元格进行引用。如 SUM(B5:C10)，计算B5到C10的连续12个单元格之和。

逗号","——联合操作符可将多个引用合并为一个引用。如SUM(B5:B10, D5:D10)，计算B列、D列共12个单元格之和。

空格——取多个引用的交集为一个引用，该操作符在取指定行和列数据时很有用。如SUM(B5:B10 A6:C8)，计算B5:B10和A6:C8的共同区域B5:B8之和。

（五）运算符的优先顺序

如果公式中同时用到了多个运算符，Excel 将按一定的顺序（优先级由高到低）进行运算，相同优先级的运算符，将从左到右进行计算。若是记不清或想指定运算顺序，可用小括号括起相应部分。

优先级由高到低依次为：（1）引用运算符；（2）负号；（3）百分比；（4）乘方；（5）乘除；（6）加减；（7）文本连接符；（8）比较运算符。

四、辅助列在函数公式中的应用

我们在中学做几何证明题的时候，常常需要做一些辅助线，通过辅助线，一些很难的问题便迎刃而解了。在 Excel 中使用函数公式有时使用辅助列也可以把复杂问题简单化，有效提高工作效率。

（一）简化函数公式的输入

我们在计算员工工薪所得的个人所得税时，需要从税前工资中扣除社保费个人部分、住房公积金个人部分和免税额3500元，然后才是应税所得。如果我们在使用函数 IF 计算个人所得税时，在输入判断时每次都要输入这些是不是很烦琐呢。我们可以在个人所得税栏前面加上一个辅助列，专门用来计算应税所得，后面的个税计算公式就只引用这个辅助列，效率马上提高，如图7-5所示。

序号	姓名	基本工资	津贴	奖金	应领合计	扣社保	扣公积金	应税所得	扣个税	实领合计
1	郭靖	7000.00	3500.00	3769.00	14269.00	770.00	420.00	8079.00		
2	黄蓉	6800.00	3400.00	5878.00	16078.00	748.00	408.00	9922.00		
3	欧阳克	5000.00	2500.00	3701.00	11201.00	550.00	300.00	5351.00		
4	张飞	5200.00	2600.00	4551.00	12351.00	572.00	312.00	6467.00		
5	李逵	4800.00	2400.00	3184.00	10384.00	528.00	288.00	4568.00		
6	公孙瓒	4500.00	2250.00	461.00	7211.00	495.00	270.00	1446.00		
7	许士林	2000.00	1000.00	245.00	3245.00	220.00	120.00	0.00		

图7-5 在复杂函数公式前插入辅助列示意图

图7-5中的"应税所得"列就是辅助列，在打印工资表前把该列隐藏即可。此时，我们只需要在单元格I2中输入函数公式"=IF(F2-G2-H2-5000>0,F2-G2-H2-5000,0)"，然后向下批量复制填充。当J列计算个税输入函数公式时就不用频繁而重复地输入"F2-G2-H2-5000"，只需要引用辅助单元格就行了。

（二）起着"桥梁"的作用

在几何证明题中，辅助线可以起着"桥梁"的作用，把不相关的二者联系起来，辅助列在 Excel 函数公式中也可以起到同样的作用。假如有一堆数据需要隔行相加，怎么办？普通的人可能是用"+"号把隔行的单元格加在一起。聪明的人可能使用的是嵌套函数。嵌套函数一般来说比较复杂，对于初学者有一定的难度。其实，通过辅助列就可以把嵌套函数变为比较简单的单个函数。

隔行相加的问题，如图7-6所示。

	A	B	C	D	E
1	1	1			
2	2	0	奇数行之和	28	=SUMIF(B1:B7,1,A1:A7)
3	3	1			
4	10	0	偶数行之和	24	=SUMIF(B1:B7,0,A1:A7)
5	11	1			
6	12	0			
7	13	1			

图7-6　辅助列在隔行求和中的妙用示意图

图7-6中的B列就是添加的辅助列，并且在辅助列中奇数行输入了1、偶数行输入了0，然后使用单条件求和函数 SUMIF 就可以完成了。

大家可以思考辅助列1和0如何快速填充，不需要手工去一一填充。

其方法是在单元格B1中输入函数公式"=MOD(ROW(),2)"，然后批量填充。同时，嵌套函数也比较好理解，先取单元格所在位置的行号，然后除以2求商数，当然计算结果只能是1和0。

虽然大家习惯称为辅助列，其实辅助行甚至辅助工作表都是可以的，只要能简化工作的方法都是好办法。

五、通配符在函数公式中的应用

通配符除了在查找与替换中可以发挥很大作用外，在函数中也可以发挥强大功能，尤其是面对一些不确定事项时。比如，图7-7有连续多期彩票中奖号码，如果我们需要统计其中的数字出现的频率，使用通配符就变得很轻松，大大提高了工作效率。

	A	B	C	D
1	中奖号码	统计次数	统计说明	函数公式
2	013568	2	1在第一位数出现的次数	=COUNTIF($A$2:$A$5,"1*")
3	106584	3	1在中奖号码出现的中奖次数	=COUNTIF($A$2:$A$5,"*1*")
4	326895	2	1在第二位数出现的次数	=COUNTIF($A$2:$A$5,"?1????")
5	116532			

图7-7 通配符在函数公式中应用示意图

一般在函数中使用的通配符是*（星号）和？（问号）。*（星号）代表任何字符，字符不限长度；？（问号）代表任何单个字符，一个？（问号）就代表一个字符。

特别提醒：上述彩票中奖号码是文本格式，如果是非文本格式，函数公式计算结果将为0。因此，对于纯数字且为非文本格式字符，可以通过添加辅助列并使用函数 TEXT 转换为文本格式。

可以使用通配符的函数还有 SUMIF、VLOOKUP、HLOOKUP、MATCH、TEXT 等，同样它们也有如 COUNTIF 一样的问题。

六、公式审核

【公式审核】功能在编辑函数公式时非常有用，但是很多人并没有重视和使用它。

通过【公式审核】可以直观地看出公式引用位置，快速显示函数公式，并能够帮助用户对函数公式做错误检查与修改。

【公式审核】功能命令选项的位置如图7-8所示。

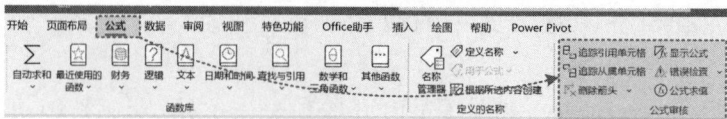

图7-8 【公式审核】命令选项位置示意图

（一）公式追踪器——看清函数公式的来龙去脉

如果一个函数公式中引用了大量的单元格，而用户想看到具体每个被引用的单元格位置和值，可以单击【公式审核】选项中的【追踪引用单元格】命令，单次追踪效果如图7-9所示。

图7-9 公式追踪器【追踪引用单元格】效果示意图

如果公式中引用的单元格也是由函数公式生成的，多次单击【追踪引用单元格】命令，可以实现连续向前追踪，解决公式结果"从哪儿来"的问题。

所有当前工作表内被函数公式引用的区域在单击【追踪引用单元格】命令后，将被蓝色线条框住。

同样道理，单击【追踪从属单元格】可以查看当前单元格被哪个单元格引用过，可以实现向后追踪，解决当前单元格"到哪儿去"的问题，如图7-10所示。

图7-10 公式追踪器【追踪从属单元格】效果示意图

（二）快速显示公式

在做公式检查时，可以快速显示公式，方便我们检查。

步骤：在菜单栏，单击【公式】，然后在【公式审核】选项组中单击【显示公式】，如图7-11所示。

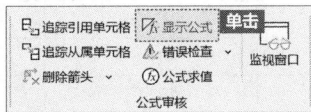

图7-11　快速【显示公式】操作示意图

该功能的快捷键是【Ctrl+`】（【`】键是键盘数字【1】左侧的按键，不是英文输入状态下的小数点）。

在检查公式的时候，常常将显示公式和追踪引用功能结合起来使用，非常方便快捷。

（三）公式错误检查

如果公式出错了，可以使用公式错误检查工具，该工具下包含两个选项【错误检查】和【追踪错误】，如图7-12所示。

选中公式出现错误的单元格，通过单击【错误检查】命令选项，即可出现如图7-13所示的对话框，显示出错误原因。

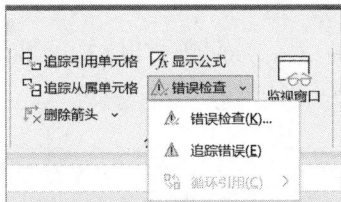

图7-12　公式【错误检查】选项示意图

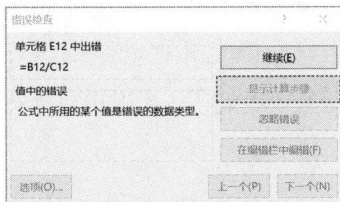

图7-13　公式【错误检查】对话框示意图

单击图7-13中的【显示计算步骤】按钮，即可显示该单元格公式是数字和文本相除导致的错误，如图7-14所示。

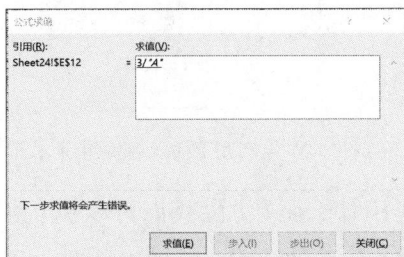

图7-14　公式错误检查的显示计算步骤示意图

Excel 公式中常见错误代码，见表7-1。

表7-1　Excel 公式常见错误代码

序　号	错误代码	错误可能的原因
1	#DIV/0!	被 0 除
2	#N/A	在函数或公式中没有可用数值
3	#REF!	引用单元格被删除导致引用无效
4	#NUM!	公式或函数中某个数字有问题
5	#NULL!	不正确的区域运算符或不正确的单元格引用
6	#VALUE	使用错误的参数或运算对象类型
7	#####！	单元格所含的数字、日期或时间比单元格宽 单元格的日期时间公式产生了一个负值

七、函数应用中如何寻求帮助

有人说，我也知道使用函数能提高功效，可是我就是记不住怎么办呢？

函数有几百个，估计能全部记住的人也不多，能记住常用的一些就不错了。那遇到问题我们怎么寻求帮助呢？

其实，微软公司在这方面做得非常人性化，Excel 本身就自带了【帮助】功能。当我们把光标移动至编辑栏左侧单击函数公式的符号【fx】，就能使用【插入函数】功能，马上弹出一个对话框，如图7-15所示。

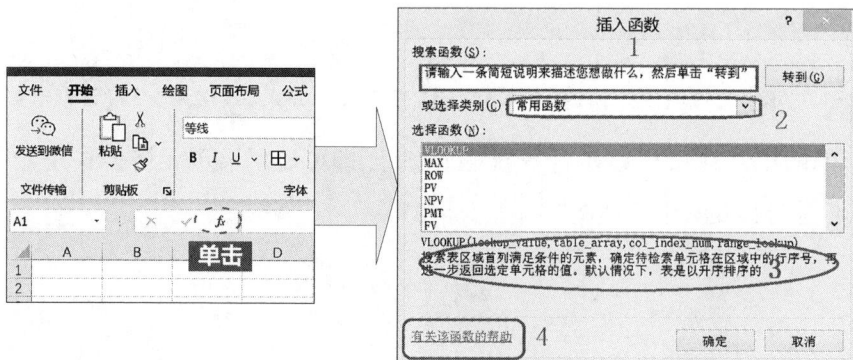

图7-15　Excel 工作簿利用【插入函数】寻求帮助示意图

当我们不知道该使用什么函数时，我们可以在【搜索函数（S）：】输入相关的关键词，然后单击右边的【转到】，软件便会弹出许多推荐函数。此时，移动蓝色光标,就可以一一查看该函数的简介(图7-15中3的位置)。如果还不能确定是否使用该函数或者对该函数语法等了解不够深入的话,那么就请再单击左下角【有关该函数的帮助】,详细查看和学习该函数。

当我们大概知道要使用哪类函数,只是不清楚具体用哪一个,就直接在【或选择类别】(图中2的位置)选择。比如,我们知道该用查找与引用函数,但是分不清楚到底是该用 LOOKUP 还是 VLOOKUP,还是其他类似函数,这时单击图中位置2的下拉菜单找【查找与引用】。

如果你对这些自带的帮助功能还是不明白的话,那只有去网上搜索相关知识,或者上论坛、入群去请教高手,看看人家是怎么做,然后自己"照猫画虎"!

如果你使用的是 Microsoft 365版本的 Excel,当单击左下角"有关该函数的帮助"后,直接跳转到微软公司的支持网站,有专门的文章以及视频提供帮助,如图7-16所示。

图7-16　微软公司支持网站的截图

其实,对自己最好的帮助,就是自己不停地练习,函数与其他任何事情一样,熟能生巧。

第二节　数学与三角函数

财务工作离不开计算,计算自然少不了数学知识。Excel 就是现代财务人员手中的"算盘"!要用好这个新时代的算盘,就必须充分使用其提供的数学与三角函数,这是应用其他函数的基础。

一、SUM 函数——最简单，也是最容易被"小瞧"的函数

很多人在学习和使用 Excel 函数时，通常都是从 SUM 函数开始的，因为该函数最简单也最方便，很多人在使用"自动求和"时就是使用该函数。

（一）SUM 语法

SUM(number1,[number2],...)

SUM 函数语法具有下列参数（参数：为操作、事件、方法、属性、函数或过程提供信息的值）。

number1——必需项。想要相加的第1个数值参数。

number2,...——可选项。想要相加的2到255个数值参数。

说明：如果参数是一个数组或引用，则只计算其中的数字。数组或引用中的空白单元格、逻辑值或文本将被忽略。

如果任意参数为错误值或为不能转换为数字的文本，Excel 将会显示错误。

（二）SUM 函数的常规用法

SUM 函数的常规用法，如图7-17所示。

	A	B	C
1	数据		
2	-5		
3	15		
4	30		
5	'5		
6	TRUE		
7	公式	说明	结果
8	=SUM(3, 2)	将 3 和 2 相加。	5
9	=SUM("5", 15, TRUE)	将 5、15 和 1 相加。文本值"5"首先被转换为数字，逻辑值 TRUE 被转换为数字 1。	21
10	=SUM(A2:A4)	将单元格 A2 至 A4 中的数字相加。	40
11	=SUM(A2:A4, 15)	将单元格 A2 至 A4 中的数字相加，然后将结果与 15 相加。	55
12	=SUM(A5,A6, 2)	将单元格 A5 和 A6 中的数字相加，然后将结果与 2 相加。由于引用中的非数字值未转换，单元格 A5 中的值（"5"）和单元格 A6 中的值（TRUE）均被视为文本，所以这些单元格中的值将被忽略。	2

图7-17　SUM 函数常规用法示意图

实务举例如下：

（1）水平方向和垂直方向求和，如图7-18所示。

	A	B	C	D	E
1	水平方向				
2	100	200	300	600	=SUM(A2:C2)
3					
4	垂直方向				
5	100				
6	200				
7	300				
8	600	=SUM(A5:A7)			

图7-18　SUM函数用于水平方向和垂直方向求和

SUM 函数的这种应用，也就是我们常用的【自动求和】功能。

当我们需要对水平单元格数据进行求和时，如图7-18在单元格D2中输入函数公式"=SUM(A2:C2)"。同样，垂直求和时单元格A8中只需输入函数公式"=SUM(A5:A7)"即可。

（2）单个单元格求和，如图7-19所示。

	A	B	C	D	E
1	单个单元格				
2	100		300	600	=SUM(A2,B3,C2)
3		200			

图7-19　SUM 函数用于单个单元格求和示意图

如果我们需要对几个不连续的单元格求和，可以像图7-19中单元格D2一样，当需要对A2、B3、C2求和时，只需在单元格D2中输入函数公式"=SUM(A2,B3,C2)"即可。注意，函数中的单元格之间是用英文状态下的逗号","进行连接的。当然，上述函数公式中的单元格也可以换成具体的数字。假设还是单元格D2需要求和，但是要求是在A2、B3、C2求和的基础上再加100，则单元格D2可以输入的函数公式是"=SUM(A2,B3,C2,100)"。

（三）SUM 函数的高级应用

如果我们认为SUM只有【自动求和】功能的话，看看下列的求和，则会更加精彩。

1.复合范围求和

如果我们需要对几个不连续的范围进行求和，如图7-20所示。比如需要对表中的范围A2:A4、C2:C4和E3:E4进行求和，我们可以在单元格E5中输入函数公式：

=SUM(A2:A4,C2:C4,E3:E4)

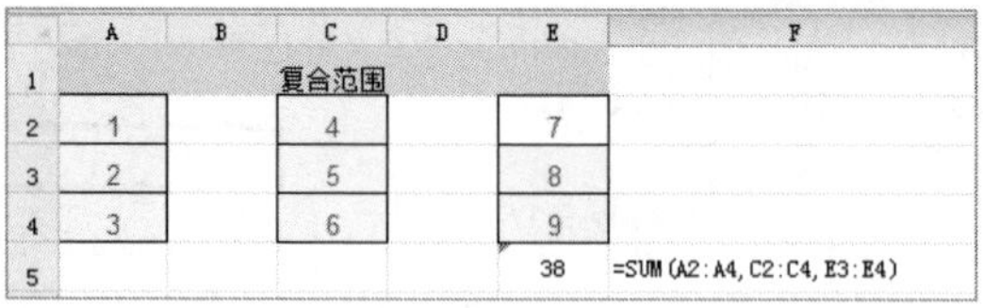

图7-20　SUM 函数用于复合范围求和示意图

注意：不同范围之间是用英文状态下的逗号"，"进行连接。

2.多列（行）数据乘积后求和

如图7-21所示。假设A列是商品数量、C列是商品单价，那么A列乘以C列就是商品的金额。现在的问题是需要在单元格E5处得到三种商品的总金额。

我们可能会输入的函数公式是："=SUM(A1*C1,A2*C2,A3*C3)"。此处只有三种商品，手动这样输入也是可以的，但是当商品很多时，再这样输入，工作效率则会降低。

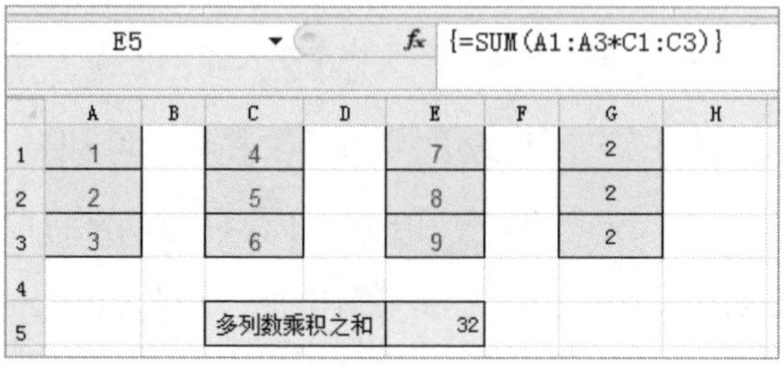

图7-21　SUM 函数用于多列（行）数据乘积后求和示意图

其实我们只需要在单元格E5中输入函数"=SUM(A1:A3*C1:C3)"，然后按快捷键【Shift+Ctrl+Enter（回车键）】，就可以得到一个数组函数公式：

｛=SUM(A1:A3*C1:C3)｝

大家可以马上验证一下，看看结果是否与"=SUM(A1*C1,A2*C2,A3*C3)"一致。

140

有人马上会问，刚才说的两列数相乘然后求和，那三列数或四列数相乘然后求和也可以吗？

——当然可以！

如果我们要计算图7-21中A、C、E三列数相乘后求和，可以在单元格E5中输入"=SUM(A1:A3*C1:C3*E1:E3)"，然后按快捷键【Shift+Ctrl+Enter（回车键）】，就可以得到一个数组函数公式：

{=SUM(A1:A3*C1:C3*E1:E3)}

四列操作过程类似，就不再赘述。有人也许还会问，多行数据相乘后求和也可以做吗？

——当然可以！不信的话，你可以马上打开一张 Excel 表格试试。

需要注意的是，相乘的数据个数要前后一致。比如，我们前面讲的三列相乘后求和，其中A1:A3是三个数，那么C1:C3、E1:E3同样也必须是三个数，否则就出现"#N/A"报错信息。

读到此处，有读者会联想了：此处只说了多列（行）数相乘后求和，那如果要相除、相加、相减后求和，也可以这样求和吗？

——完全可以！

相除、相加、相减后求和，步骤与相乘后求和一样，大家一定要打开一张 Excel 表格试试。学习 Excel 最重要的就是亲自动手，否则别人告诉你再多的技巧和方法，不动手亲自试试，你将永远学不会的！

3.条件求和

你没有看错！SUM 函数确实可以进行条件求和，如图7-22所示。

问题：图7-22中同时满足种类为"A"，是否收回为"是"，求数量的和。

看到这个问题，你脑海第一感觉是不是觉得应该使用逻辑函数进行判断，然后再求和，甚至还有需要设置辅助列的冲动。其实大可不必，SUM 函数就能轻松搞定，具体步骤如下：

	A	B	C
1	种类	是否收回	数量
2	A	是	10
3	C	是	11
4	B	否	12
5	A	是	13
6	C	否	14
7	D	是	15
8	A	否	16
9	C	是	17
10			

图7-22 多条件求和问题示意图

假如我们需要计算的结果放在单元格C10，则第一步：输入公式如下：

=SUM((A2:A9="A")*(B2:B9="是")*(C2:C9))

第二步：【Shift+Ctrl+Enter（回车键）】，就可以得到一个数组函数公式：

{=SUM((A2:A9="A")*(B2:B9="是")*(C2:C9))}

这样就马上得到了结果是23。你可以马上验证试试，看看SUM函数的这个功能是否很强大。

4.条件统计

SUM 函数不但可以条件求和，还可以条件统计。

图7-23是成都市某中学高三一班2021年报考西南财大名单及高考成绩。假定西南财大2021年最低录取线是600分，如图7-23所示。问题：求达到录取分数线的人数。

	A	B	C
1		姓名	基本工资
2		郭靖	601
3		黄蓉	680
4		欧阳克	500
5		张飞	520
6		李逵	480
7		公孙瓒	490
8		许士林	618
9	不同版本的函数公式	录取分数线	600
10		达到分数	3
11	2019版或365版	=SUM(IF(C2:C8>=C9,1,0))	
12	2010版	{=SUM(IF(C2:C8>=C9,1,0))}	

图7-23　SUM 函数用于条件统计示意图

说明：由于 Excel 版本的不同，对于 SUM 函数用于条件统计的函数公式要求也不一样。笔者在 Excel Microsoft 365版本中，直接输入函数公式就可以；但是 Excel 2010版本中，则必须要求输入数组公式，否则会提示错误。

数组公式设置过程如下：

步骤1：在单元格C10中输入函数公式：

=SUM(IF(C2:C8>=C9,1,0))

步骤2：【Shift+Ctrl+Enter（回车键）】，就可以得到一个数组函数公式：

{=SUM(IF(C2:C8>=C9,1,0))}

5.多工作表求和

假如我们制作的工资表是每月一张工资表，1月至12月份共有12份，并且员工没有发生变化且在工资表中顺序也没有发生。

问题：求每位员工12个月的工资合计。

有人可能会想到，把12张表复制粘贴到一张表，或【合并计算】或【分类汇总】。其实，我们用 SUM 函数一样可以解决该问题，如图7-24所示。

C2		fx	=SUM('1月:12月'!C3)		
	A	B	C	D	E	F
1	序号	姓名	基本工资	津贴	奖金	应领合计
2	1	张三	14000			
3	2	李四				
4	3	王五				
5	4	刘七				

图7-24　SUM 函数用于多工作表求和示意图

图7-24中的单元格C2输入函数公式"=SUM('1月:12月'!C3)"即可对1月至12月的12份工作表的单元格C3进行求和。

告诉你一个小窍门：

当我们在输入上述函数公式时有简单办法，就是巧用"*"。只需要输入"=SUM('*'!C3)"，然后按回车键就可以得到"=SUM('1月:12月'!C3)"公式。

此处"*"代表除函数公式所在工作表外的同一工作簿的其他所有报表。

二、SUMIF 函数——单条件求和函数

在前面我们讲 SUM 函数的高级应用时提到过条件求和，其实 SUMIF 就是专门的单条件求和函数。

（一）SUMIF 函数语法

SUMIF(range, criteria, sum_range)

（1）range为条件区域——必需项。用于条件计算的单元格区域。每个区域中的单元格都必须是数字或名称、数组或包含数字的引用。空值和文本值将被忽略。

（2）criteria为求和条件——必需项。用于确定对哪些单元格求和的条件，其形式可以为数字、表达式、单元格引用、文本或函数。例如，条件可以表示为 32、">32"、B5、32、"32"、"苹果" 或 TODAY()。

注意：任何文本条件或任何含有逻辑或数学符号的条件都必须使用双引号 (") 括起来。如果条件为数字，则无需使用双引号。

（3）sum_range为求和区域——可选项。要求和的实际单元格（如果要对未在"条件区域"参数中指定的单元格求和）。如果"求和区域"参数被省略，Excel 会对在"条件区域"参数中指定的单元格（即应用条件的单元格）求和。

（二）SUMIF 函数的应用举例

1.满足条件求和

图7-25中单元格是要求计算品名为"华为"的销售数量，因此输入的函数公式是"=SUMIF(A2:A5,"华为",B2:B5)"。

B6　fx　=SUMIF(A2:A5,"华为",B2:B5)

	A	B	C	D	E	F
1	符合条件求和					
2	华为	200				
3	华为	300				
4	三星	500				
5	华为	400				
6		900	=SUMIF(A2:A5,"华为",D17:D20)			
7		1200	=SUMIF(A2:A5,">200",D17:D20)			

图7-25　SUMIF 函数用于条件求和示意图

2.隔列求和

假如我们有一张费用预算表，如图7-26所示。

	A	B	C	D	E	F	G	H	I
1	费用名称	1月		2月		3月		1季度合计	
2		计划	实际	计划	实际	计划	实际	计划	实际
3	费用1	10000	9500	11000	12000	9000	10450		
4	费用2	40000	28500	44000	48000	36000	31350		
5	费用3	50000	38000	55000	60000	45000	41800		
6	费用4	60000	47500	66000	72000	54000	52250		
7	费用5	70000	57000	77000	84000	63000	62700		
8	费用6	80000	66500	88000	96000	72000	73150		
9									
10	合计	310000	247000	341000	372000	279000	271700		

图7-26　需要进行隔列求和的费用预算表示意图

现在的问题是要分别求季度的"计划"和"实际"数，当然可以用三个数相加的办法求得，但如果是年度的12个月或者甚至更多，难道我们也用这种办法吗？其实，此处条件求和正好发挥用处。

分析：条件区域是三个月中表头部分的"计划"和"实际"，求和条件是"计划"或"实际"，求和区域是这些费用的金额。

我们使用条件求和计算一季度的"计划"数，在单元格H3输入函数公式：
=SUMIF($B$2:$G$2,$H$2,B3:G3)

此处函数公式出现绝对引用是为了批量复制填充，确保条件区域和条件不会发生变化。

如果要计算"实际"数也可采用同样的办法，大家可以试试，不再赘述。

3.缺损条件的求和

假如一个手机商店销售的手机品牌有华为、三星、小米和苹果等，每天的销售统计单品名是"品牌+型号"的形式，如图7-27所示。

	F3	▼	f_x	=SUMIF($B$2:$B$14, E3&"*", $C$2:$C$14)		
	A	B	C	D	E	F	G
1	时间	品名	销量		品牌统计		
2	2016/8/1	华为M8	20		品牌	销量	
3	2016/8/1	三星 S7	10		华为	85	
4	2016/8/1	苹果 6S	26		小米		
5	2016/8/1	三星 N7	8		三星		
6	2016/8/1	华为P9	30		苹果		
7	2016/8/1	三星 C7	9				
8	2016/8/1	华为P9 Plus	11				
9	2016/8/1	三星 C5	4				
10	2016/8/1	小米4	20				
11	2016/8/1	华为 荣耀8	24				
12	2016/8/1	小米5	25				
13	2016/8/1	小米MAX	10				
14	2016/8/1	苹果 6	16				

图7-27　SUMIF 函数用于缺损条件求和示意图

当我们在单元格F3需要求"华为"的销量合计时，输入函数公式：
=SUMIF($B$2:$B$14,E3&"*",$C$2:$C$14)

此处的"*"作为通配符可代表任意数量的字符，代表"华为"与任何字符的组合，当然就把所有华为品牌的手机销量统计在一起了。其他的品牌，只需要向下复制函数公式即可。

三、SUMIFS 函数——多条件求和，条件求和更上一层楼

前面讲了单条件求和 SUMIF 函数，如果是多条件求和则需要引用函数 SUMIFS。

（一）SUMIFS 函数语法

SUMIFS(sum_range, criteria_range1, criteria1, [criteria_range2, criteria2], ...)

说明：[]以内的criteria_range2（条件区域2）、criteria2（条件2）为可选参数。最多允许127个区域/条件对。

对区域中满足多个条件的单元格求和。例如，如果需要对区域 A1:A20 中符合以下条件的单元格的数值求和：单元格 B1:B20 中的相应数值大于0 且 C1:C20 中的相应数值小于10，则可以使用以下公式：

=SUMIFS(A1:A20, B1:B20, ">0", C1:C20, "<10")

说明：SUMIFS 函数和 SUMIF 函数的参数顺序有所不同。具体而言，"求和区域"（sum_range）参数在 SUMIFS 中是第一个参数，而在 SUMIF 中则是第三个参数。如果要复制和编辑这些相似函数，请确保按正确的顺序放置参数。

（二）SUMIFS 函数的应用举例

如图7-28所示，问题：请完成图中"项目"要求的计算。

需要完成上述计算可以分别输入函数公式：

E2=SUMIFS(C1:C20,A1:A20,"A",B1:B20,1)

解释：E2公式的求和区域是C1:C20，条件区域1是A1:A20，条件1是A，条件区域2是B1:B20，条件2是1。

E3=SUM(SUMIFS(C1:C17,A1:A17,{"A","C"},B1:B17,{1,3}))

E4=SUM(SUMIFS(C1:C19,A1:A19,{"A","C"},B1:B19,1))

E5=SUM(SUMIFS(C2:C22,A2:A22,"A",B2:B22,{1,3}))

E6=SUM(SUMIFS(C1:C19,A1:A19,{"A","C"},B1:B19,{1;3}))

E7=SUMIFS(C6:C26,A6:A26,"A")

E8=SUM(SUMIFS(C1:C20,A1:A20,{"A","C"},B1:B20,{1;3;4}))

E9=SUM(SUMIFS(C1:C20,A1:A20,{"A","B","C"},B1:B20,{1;3;4}))

E10=SUM(SUMIFS(C6:C26,A6:A26,{"A","C"}))

	A	B	C	D	E
1	客户	月份	销售额	项目	金额
2	C	2	200	客户A的1月份销售额	300
3	A	3	200	客户A的1月份和客户C的3月份销售额合计	300
4	C	2	200	客户A和C的1月份销售额合计	501
5	D	4	200	客户A的1月份和3月份销售额	1100
6	A	4	200	客户A和客户C的1月份和3月份销售额合计	901
7	B	2	200	客户A的销售额	1500
8	B	1	200	客户A和客户C的1月份\3月份\4月份销售额合计	1501
9	C	2	200	客户A\B\C的1月份\3月份\4月份销售额合计	1901
10	A	1	200	客户A和C的销售额	2101
11	A	1	100		
12	D	3	200		
13	A	4	200		
14	C	1	1		
15	A	2	200		
16	A	3	200		
17	B	4	200		
18	C	1	200		
19	D	2	200		
20	A	3	200		
21	C	4	200		
22	A	3	200		

图7-28　SUMIFS函数的应用——多条件求和示意图

四、SUMPRODUCT 函数——乘积求和

SUMPRODUCT 的汉语含义就是——乘积求和，顾名思义就是对两组数据先做乘法后求和。在给定的几组数组中，将数组间对应的元素相乘，并返回乘积之和。在本章前面我们讲述 SUM 的高级应用时，讲过 SUM 函数利用数组公式求多组数据的乘积之和，SUMPRODUCT 函数的职责就是专司乘积之和的。

（一）SUMPRODUCT 函数语法

SUMPRODUCT(array1, [array2], [array3], ...)

SUMPRODUCT 函数语法具有下列参数 （参数：为操作、事件、方法、属性、函数或过程提供信息的值）。

array1——必需项。其相应元素需要进行相乘并求和的第一个数组参数。

array2, array3,...——可选项。2到255个数组参数，其相应元素需要进行相乘并求和。

说明：数组参数必须具有相同的维数，否则，函数 SUMPRODUCT 将返回错误值 #VALUE!。该函数不能使用通配符。

函数 SUMPRODUCT 将非数值型的数组元素作为0处理。

（二）SUMPRODUCT 函数的应用举例

在 SUM 函数的高级应用中，我们讲述了多列数乘积之和的计算，如图7-29所示。

E5　　fx　{=SUM(A1:A3*C1:C3)}

	A	B	C	D	E	F	G	H
1	1		4		7		2	
2	2		5		8		2	
3	3		6		9		2	
4								
5			多列数乘积之和		32			

图7-29　利用 SUM 数组函数进行的乘积求和示意图

如果使用 SUMPRODUCT 函数，则只需要在单元格中输入函数公式："=SUMPRODUCT(A1:A3,C1:C3)"，如图7-30所示。

	A	B	C	D	E	F	G	H
1	1		4		7		2	
2	2		5		8		2	
3	3		6		9		2	
4						函数公式		
5			多列数乘积之和		32	{=SUM(A1:A3*C1:C3)}		
6			SUMPRODUCT函数		32	=SUMPRODUCT(A1:A3, C1:C3)		

图7-30　乘积求和使用 SUMPRODUCT 函数与使用 SUM 数组函数对比图

说明：SUMPRODUCT(A1:A3,C1:C3)代表着A1*C1+A2*C2+A3*C3。

因此，数组必须是对应关系，个数必须一致。数组的个数是2至255个都行。

数组可以是单元格区域，也可以是常数组，当然常数组也要与乘积的数组在数量上保持个数一致，如图7-31所示。

B13 =SUMPRODUCT(B3:H12*{10000,1000,100,10,1,0.1,0.01})

	A	B	C	D	E	F	G	H
1	时间	金额						
2		万	千	百	十	元	角	分
3	2021-03-01		1	0	3	9	0	1
4	2021-03-02			1	3	6	8	0
5	2021-03-03		1	2	0	0	0	0
6	2021-03-04	1	0	0	0	0	0	0
7	2021-03-05							
8	2021-03-06							
9	2021-03-07							
10	2021-03-08							
11	2021-03-09							
12	2021-03-10							
13	金额合计	12375.81						

图7-31常数组在 SUMPRODUCT 函数中应用示意图

在图7-31所示的表格中，只需要在单元格B13输入函数公式：

=SUMPRODUCT(B3:H12*{10000,1000,100,10,1,0.1,0.01})

前面单元格区域内的数组，就分别乘以常数组中的常数，然后就得到我们希望的合计数。

五、ROUND 函数——财务计算经常需要用到的四舍五入函数

我们在财务上计算金额时通常保留至角分，即小数点后两位数。有时候，有些表格中的数字从外观上看，全部是小数点后两位数，结果造成合计不正确，原因就在于表中的数字只是外观格式显示的是小数点后两位数，实际上可能是无穷位数。因此，必须对一些数据进行四舍五入，保留我们所需要的位数。

（一）ROUND 函数语法

ROUND(number, num_digits)

ROUND 函数语法具有下列参数。

number——必需项。要四舍五入的数字。

num_digits——必需项。位数，按此位数对 number 参数进行四舍五入。

ROUND函数具有下列参数。

如果 num_digits 大于 0（零），则将数字四舍五入到指定的小数位。

如果 num_digits 等于 0，则将数字四舍五入到最接近的整数。

如果 num_digits 小于 0，则在小数点左侧进行四舍五入。

（二）ROUND 函数的应用举例

ROUND 函数应用，见表7-2。

表7-2　ROUND 函数的应用

公　式	说　明	结　果
=ROUND(2.15, 1)	将 2.15 四舍五入到一个小数位	2.2
=ROUND(2.149, 1)	将 2.149 四舍五入到一个小数位	2.1
=ROUND(-1.475, 2)	将 -1.475 四舍五入到两个小数位	-1.48
=ROUND(21.5, -1)	将 21.5 四舍五入到小数点左侧一位	20
=ROUND(25.5, -1)	将 25.5 四舍五入到小数点左侧一位	30

六、ROUNDUP 和 ROUNDDOWN 函数——舍和入的函数

与 ROUND 函数功能相近的还有 ROUNDUP 函数和 ROUNDDOWN 函数。

（一）ROUNDUP 函数——总是向上舍入的函数

1.语法

ROUNDUP(number, num_digits)

ROUNDUP 函数语法具有下列参数。

number——必需项。需要向上舍入的任意实数。

num_digits——必需项。四舍五入后的数字的位数。

说明：函数 ROUNDUP 和函数 ROUND 功能相似，不同之处在于函数 ROUNDUP 总是向上舍入数字。

如果 num_digits 大于 0，则向上舍入到指定的小数位。

如果 num_digits 等于 0，则向上舍入到最接近的整数。

如果 num_digits 小于 0，则在小数点左侧向上进行舍入。

2.应用举例

ROUNDUP 函数应用，见表7-3。

表7-3　ROUNDUP 函数的应用

公　式	说明（结果）	结　果
=ROUNDUP(3.2,0)	将 3.2 向上舍入，小数位为 0 (4)	4
=ROUNDUP(76.9,0)	将 76.9 向上舍入，小数位为 0 (77)	77
=ROUNDUP(3.14159, 3)	将 3.14159 向上舍入，保留三位小数 (3.142)	3.142
=ROUNDUP(-3.14159, 1)	将 -3.14159 向上舍入，保留一位小数 (-3.2)	-3.2
=ROUNDUP(31415.92654, -2)	将 31415.92654 向上舍入到小数点左侧两位 (31500)	31500

（二）ROUNDWN 函数——总是向下舍数字

1. 语法

ROUNDDOWN(number, num_digits)

ROUNDDOWN 函数语法具有下列参数。

number——必需项。需要向下舍去的任意实数。

num_digits——必需项。四舍五入后的数字的位数。

说明：函数 ROUNDDOWN 和函数 ROUND 功能相似，不同之处在于函数 ROUNDDOWN 总是向下舍去数字。

如果 num_digits 大于 0，则向下舍去到指定的小数位。

如果 num_digits 等于 0，则向下舍去到最接近的整数。

如果 num_digits 小于 0，则在小数点左侧向下进行舍去。

2.应用举例

ROUNDDOWN 函数应用，见表7-4。

表7-4　函数 ROUNDDOWN 应用

公　式	说明（结果）	结　果
=ROUNDDOWN(3.2, 0)	将 3.2 向下舍去，小数位为 0 (3)	3
=ROUNDDOWN(76.9,0)	将 76.9 向下舍去，小数位为 0 (76)	76
=ROUNDDOWN(3.14159, 3)	将 3.14159 向下舍去，保留三位小数 (3.141)	3.141
=ROUNDDOWN(-3.14159, 1)	将 -3.14159 向下舍去，保留一位小数 (-3.1)	-3.1
=ROUNDDOWN(31415.92654, -2)	将 31415.92654 向下舍去到小数点左侧两位 (31400)	31400

七、INT 函数——简洁的取整函数

有时我们对一个数只想取整数,这时就可以使用 INT 函数,因为更加的简洁。

(一) INT 语法

INT(number)

INT 函数语法具有下列参数。

number——必需项。需要进行向下舍入取整的实数。

说明:将数字向下舍入到最接近的整数。

(二) INT 函数应用举例

INT 函数应用,见表7-5。

表7-5 INT 函数应用

公　式	说明(结果)
=INT(8.9)	将 8.9 向下舍入到最接近的整数 (8)
=INT(-8.9)	将 -8.9 向下舍入到最接近的整数 (-9)

八、ABS 函数——绝对值函数

ABS 函数可以使任何数字变成它的绝对值。

1.语法

ABS(number)。

2.应用举例

ABS 函数应用,如图7-32所示。

	A	B	C
1	差额	绝对值	函数公式
2	100	100	=ABS(A2)
3	-95	95	=ABS(A3)
4	120	120	=ABS(A4)
5	-80	80	=ABS(A5)
6	0	0	=ABS(A6)

图7-32 ABS 函数应用示意图

九、MOD 函数——取两数相除的余数

1.语法

MOD(number, divisor)

MOD 函数语法具有下列参数。

number——必需项。被除数。

divisor——必需项。除数。

说明：如果 divisor 为零，函数 MOD 返回错误值 #DIV/0！。

函数 MOD 可以借用函数 INT 来表示。

MOD(n, d) = n - d*INT(n/d)

2.应用举例

MOD 函数应用，如图7-33所示。

	A	B	C
1	行号	余数	函数公式
2	2	2	=MOD(A2,3)
3	3	0	=MOD(A3,3)
4	4	1	=MOD(A4,3)
5	5	2	=MOD(A5,3)
6	6	0	=MOD(A6,3)

图7-33　MOD 函数应用示意图

第三节　逻辑函数

一、IF 函数——最常用的条件判断函数

IF 在英文中含义就是"如果"。很多人记不住函数就是因为函数名称太长，而 IF 函数因其只有两个英文字母而被大家所熟记，也成了最常用的函数之一。

（一）IF 函数语法

IF(logical_test, value_if_true, value_if_false)

说明：当"(logical_test)"的判断结果为"是（TRUE）"时，将返回第一个参数值；当"(logical_test)"的判断结果为"否（FALSE）"时，将返回第二个参数值。第二个参数值也可以继续是判断条件，因此就构成了嵌套函数。

Excel 2003版本及以下可以有 7 层嵌套；Excel 2007、2010及以上版本 IF 函数有了增强，可以超过7层嵌套（达到64层）。

因此，IF 函数通俗解释就是：如果怎么，就怎么着，否则又怎么着！如果用图形来表示则更加清楚，如图7-34所示。

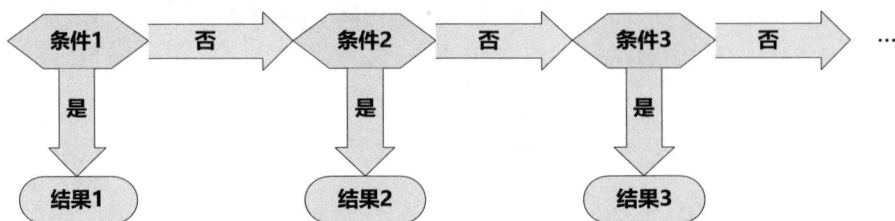

图7-34　IF 函数的逻辑关系示意图

IF 函数首先从第一个"条件1"开始判断，满足判断条件就返回"结果1"；否则就进入下一个"条件2"继续进行判断，满足判断条件则返回"结果2"；以此类推。

我们在应用判断条件时，一定要注意逻辑关系，千万不能逻辑混乱，否则 IF 函数也会无能为力。假如我们在以数字大小作为判断条件时，比如计算个人所得税时以应税所得大小作为判断条件来确定税率，要么按照应税所得从小到大进行判断，要么从大到小进行判断，必须依序进行判断。在同一个函数公式中不能一会儿是判断大，一会儿又是判断小，或者都是判断小的时候又有次序混乱等情况都是不行的。

还有，我们作为判断的条件，一定是"非此即彼"，结果只能"是"或"否"，要么是"朋友"，否则只能是"敌人"。

（二）IF 函数的应用举例

假如公司年终要根据员工的绩效分数给评出ABCDE五个等级，评定标准见表7-6。

表7-6　公司绩效分数对应的绩效等级（给出的条件）

序　　号	成绩区间	评定等级	备　　注
1	90 分以上	A	每级的成绩包括下限而不包括上限（最高 100 分）
2	80 分至 90 分	B	
3	70 分至 80 分	C	
4	60 分至 70 分	D	
5	60 分以下	E	

该问题就是属于比较典型的逻辑判断问题，使用 IF 函数是非常合适的，当然其他函数也可以。假如部分员工绩效分数如图7-35所示。

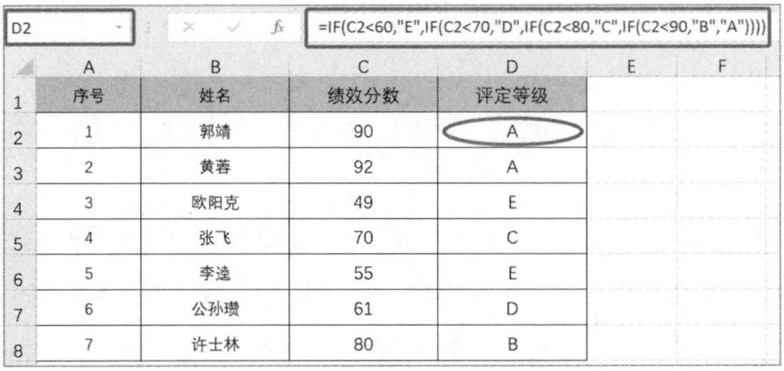
D2　=IF(C2<60,"E",IF(C2<70,"D",IF(C2<80,"C",IF(C2<90,"B","A"))))

	A	B	C	D	E	F
1	序号	姓名	绩效分数	评定等级		
2	1	郭靖	90	A		
3	2	黄蓉	92	A		
4	3	欧阳克	49	E		
5	4	张飞	70	C		
6	5	李逵	55	E		
7	6	公孙瓒	61	D		
8	7	许士林	80	B		

图7-35　IF 函数应用举例示意图

前面讲过，逻辑判断要么从大到小，要么从小到大，我们现在就用两种方法试试。

1.从小到大

首先需要在单元格D2输入如下函数公式：

=IF(C2<60,"E",IF(C2<70,"D",IF(C2<80,"C",IF(C2<90,"B","A"))))

然后进行批量填充。

由于ABCDE属于文本，故需要使用""将其“包裹”一下。

该公式中判断顺序是从小到大依次序进行判断的，大家在使用时一定要注意这个次序问题。

2.从大到小

同样，我们需要在单元格D2输入如下函数公式：

=IF(C2>=90,"A",IF(C2>=80,"B",IF(C2>=70,"C",IF(C2>=60,"D","E"))))

大家可以比较一下两个函数公式的区别，特别注意从大到小的函数公式中判断时多出了"="，想想为什么。大家最好把该案例在 Excel 中连续做几次，两种方式都练习，这样很快能掌握 IF 函数。IF 函数在财务上用处非常多，财务人员一定要熟练掌握，比如个人所得税计算。

二、IFS函数——Excel 高版本新增的条件判断函数

IFS 函数为 Excel 2016版新增的函数，因此只有2016版及更高版本才有。

（一）IFS 函数语法

=IFS(logical_test1, value_if_true1,…,logical_test127, value_if_true127)

参数解释：logical_test1~127 表示计算结果为 TRUE 或 FALSE 的任意值或表达式。

value_if_true1~127 表示当 logical_test 为 TRUE 时返回的值。

IFS 函数总共支持127个条件判断，可以简化 IF 函数的多层嵌套问题。

两者相比，IF 函数的条件判断是层层递进的关系，IFS 函数的条件判断是一种并列关系，如图7-36所示。

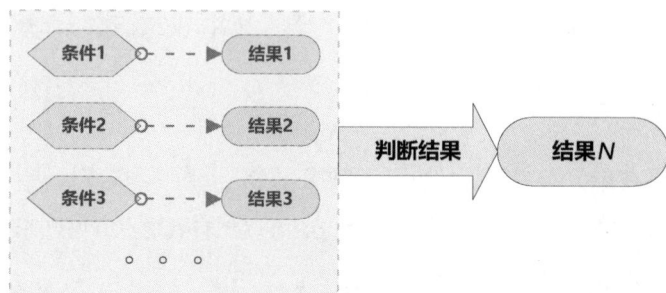

图7-36　IFS 函数的逻辑关系示意图

提醒：虽然 IFS 函数的条件判断是一种并列关系，但是判断条件的排序，还是需要遵守统一的规则，跟 IF 函数一样，要么从大到小，要么就从小到大。

（二）IFS 函数的应用举例

我们此处用图7-35的案例，采用 IFS 函数来进行判断，并和 IF 函数的公式进行一个对比，从而更好理解与掌握 IFS 函数，如图7-37所示。

	A	B	C	D	E
1	序号	姓名	绩效分数	IF函数	IFS函数
2	1	郭靖	90	A	A
3	2	黄蓉	92	A	A
4	3	欧阳克	49	E	E
5	4	张飞	70	C	C
6	5	李逵	55	E	E
7	6	公孙瓒	61	D	D
8	7	许士林	80	B	B

函数公式：=IF(C2<60,"E",IF(C2<70,"D",IF(C2<80,"C",IF(C2<90,"B","A"))))

函数公式：=IFS(C2<60,"E",C2<70,"D",C2<80,"C",C2<90,"B",C2<100,"A")

图7-37　IFS 函数与 IF 函数应用对比示意图

通过图7-37的应用比较，可以看出，IFS 函数是减少 IF 函数的嵌套，显得函数公式更加简洁一些。

三、AND 函数、OR 函数和 NOT 函数——IF 函数的好帮手

（一）AND 函数

1.语法

AND(logical1, [logical2], ...)

AND 函数语法具有下列参数。

logical1——必需项。要检验的第一个条件，其计算结果可以为 TRUE（正确）或 FALSE（错误）。

[logical2], ...——可选项。要检验的其他条件，其计算结果可以为 TRUE 或 FALSE，最多可包含255个条件。

说明：AND 的中文含义是"和"，因此所有参数的计算结果为 TRUE（正确）时，才返回 TRUE；只要有一个参数的计算结果为 FALSE（错误），即返回 FALSE。

AND函数的一种常见用途就是扩大用于执行逻辑检验的其他函数的效用。例如，IF 函数用于执行逻辑检验，它在检验的计算结果为 TRUE 时返回一个值，在检验的计算结果为 FALSE 时返回另一个值。通过将 AND 函数用作 IF 函数的 logical_test 参数，可以检验多个不同的条件，而不仅仅是一个条件。

2.应用举例

假如某公司财务部的会计人员参加了业务测评考试,要求每样考试科目成绩必须达到60分以上才能考评为"合格",否则考评为"不合格",如图7-38所示。

	A	B	C	D	E	F	G	H
						=IF(AND(C2>=60,D2>=60,E2>=60),"合格","不合格")		
1	序号	姓名	会计	财务管理	经济法	考评结果		
2	1	彭怀文	91	88	81	合格		
3	2	赵小鹏	78	82	85	合格		
4	3	李迪	84	78	90	合格		
5	4	黄宇豪	69	79	60	合格		
6	5	彭靖雯	80	89	57	不合格		
7	6	万荣光	59	75	75	不合格		
8	7	罗蕾	90	79	82	合格		

图7-38　AND 函数配合 IF 函数使用示意图

考试有三个科目,而 IF 函数不能同时对三个条件进行判断,此时作为 IF 函数的好帮手就出现了,只需引用 AND 函数来判断三科成绩是否同时满足都大于或等于60分即可。因此,只需要在单元格 F2 输入函数公式:

=IF(AND(C2>=60,D2>=60,E2>=60),"合格","不合格")

然后,批量填充。

(二) OR 函数

1.语法

OR(logical1, [logical2], ...)

OR 函数语法具有下列参数。

logical1, [logical2], ... ——都是必需项,后继的逻辑值是可选项。这些是1到255个需要进行测试的条件,测试结果可以为 TRUE 或 FALSE。

说明: OR的中文含义是"或者",只要所有参数的计算结果有一个为 TRUE(正确)时,就返回 TRUE;只有全部参数的计算结果为 FALSE(错误),才返回 FALSE。

参数必须能计算为逻辑值,如 TRUE 或 FALSE,或者为包含逻辑值的数组或引用。

如果数组或引用参数中包含文本或空白单元格,则这些值将被忽略。

如果指定的区域中不包含逻辑值，函数 OR 返回错误值 #VALUE!。

可以使用 OR 数组公式来检验数组中是否包含特定的数值。要输入数组公式，请按快捷键【Ctrl+Shift+Enter】。

2.应用举例

我们还是以图7-38的案例举例。AND 函数强调的是三科成绩必须同时达到60分才为"合格"，而 OR 函数则是可判断只要有一个低于 60 分则为"不合格"，因此该问题也可以使用 OR 函数，如图7-39所示。

	A	B	C	D	E	F	G	H
F2				fx	=IF(OR(C2<60,D2<60,E2<60),"不合格","合格")			
1	序号	姓名	会计	财务管理	经济法	考评结果		
2	1	彭怀文	91	88	81	合格		
3	2	赵小鹏	78	82	85	合格		
4	3	李迪	84	78	90	合格		
5	4	黄宇豪	69	79	61	合格		
6	5	彭靖雯	80	89	57	不合格		
7	6	万荣光	59	75	75	不合格		
8	7	罗蕾	90	79	82	合格		

图7-39　OR 函数配合 IF 函数使用示意图

在单元格F2输入函数公式：

=IF(OR(C2<60,D2<60,E2<60),"不合格","合格")

然后，批量填充。

（三）NOT 函数

1.语法

NOT(logical)

NOT 函数语法具有参数：Logical——必需项。一个计算结果可以为 TRUE 或 FALSE 的值或表达式。

说明：如果逻辑值为 FALSE，函数 NOT 返回 TRUE；如果逻辑值为 TRUE，函数 NOT 返回 FALSE。这句话的含义就是：当逻辑值是"正确"的，NOT 函数返回"错误"；当逻辑值是"错误"的，NOT 函数返回"正确"。

2.应用举例

同样假设某公司财务部进行了业务技能考试，但是只考了会计一科，也是低于60分为"不合格"，使用 NOT 函数与 IF 函数结合判断，如图7-40所示。

D2		× ✓ fx	=IF(NOT(C2>=60),"不合格","合格")
	A	B	C	D
1	序号	姓名	会计	考评结果
2	1	彭怀文	91	合格
3	2	赵小鹏	78	合格
4	3	李迪	84	合格
5	4	黄宇豪	69	合格
6	5	彭靖雯	80	合格
7	6	万荣光	59	不合格
8	7	罗蕾	90	合格

图7-40　NOT 函数配合 IF 函数使用示意图

第四节　查找与引用函数

一、LOOKUP 函数、VLOOKUP 函数与 HLOOKUP 函数——查找"三剑客"

LOOKUP 的中文含义就是查找。LOOKUP 函数可以在单行或者单列中查找，而 VLOOKUP 函数则是多列查找，HLOOKUP 函数是多行查找。

（一）LOOKUP 函数——单行或单列中查找

1.语法

LOOKUP 函数可从单行或单列区域或者从一个数组返回值。LOOKUP 函数具有两种语法形式：向量形式和数组形式，见表7-7。

表7-7　LOOKUP 函数的语法形式分类

使用需求	语法形式	用　　法
在单行区域或单列区域（称为"向量"）中查找值，然后返回第二个单行区域或单列区域中相同位置的值	向量形式	当要查询的值列表较大或者值可能会随时间而改变时，使用该向量形式
在数组的第一行或第一列中查找指定的值，然后返回数组的最后一行或最后一列中相同位置的值	数组形式	当要查询的值列表较小或者值在一段时间内保持不变时，使用该数组形式

lookup_vector 的数值必须按升序排序：…, -2, -1, 0, 1, 2, …, A-Z, FALSE, TRUE；否则，函数 LOOKUP 不能返回正确的结果。文本不区分大小写。

（1）向量形式：公式为"= LOOKUP(查找值,查找范围,查找结果范围)"。

查找值 lookup_value——函数 LOOKUP 在第一个向量中所要查找的数值，它可以为数字、文本、逻辑值或包含数值的名称或引用；

查找范围 lookup_vector——只包含一行或一列的区域 lookup_vector 的数值可以为文本、数字或逻辑值；

查找结果范围 result_vector——只包含一行或一列的区域其大小必须与查找范围 lookup_vector 相同。

（2）数组形式：公式为"= LOOKUP(lookup_value,array) "。

array——包含文本、数字或逻辑值的单元格区域或数组，它的值用于与 lookup_value 进行比较。

例如：LOOKUP(5.2,{4.2,5,7,9,10})=5。

注意：array 的数值必须按升序排列，否则函数 LOOKUP 不能返回正确的结果。文本不区分大小写。如果函数 LOOKUP 找不到 lookup_value，则查找 array 中小于或等于 lookup_value 的最大数值。如果 lookup_value 小于 array 中的最小值，函数 LOOKUP 返回错误值 #N/A。

2.应用举例

（1）向量形式的应用。

我们还是用一个财务人员常会使用到的综合所得个人所得税问题进行举例。大家都知道综合所得的税率是超额累进税率，当应税所得上一个台阶，税率就会发生变化，下面看看如何使用 LOOKUP 函数为不同的应税所得找到对应的税率和速算扣除数，如图7-41所示。

在图中我们要找到对应的税率，可以在单元格C12输入函数公式：

=LOOKUP(B12,C$3:C$9,D$3:D$9)

此处使用绝对引用，是为了方便批量填充，因为需要查找的范围是固定不变的，在批量填充后也要保持查找的范围不变。对于适用的速算扣除数，也可以采用同样的方式查找速算扣除数，在单元格D12输入函数公式：

=LOOKUP(B12,C$3:C$9,E$3:E$9)

然后，同时选中单元格C12和D12向下批量复制填充，结果就如图7-41所示。

C12 =LOOKUP(B12,C$3:C$9,D$3:D$9) 函数公式

	A	B	C	D	E
1	个人所得税税率表一（综合所得适用）				
2	级数	全年应纳税所得额	税率临界点	税率	速算扣除数
3	1	不超过36000元的	0.00	3%	0.00
4	2	超过36000元至144000元的部分	36,000.00	10%	2,520.00
5	3	超过144000元至300000元的部分	144,000.00	20%	16,920.00
6	4	超过300000元至420000元的部分	300,000.00	25%	31,920.00
7	5	超过420000元至660000元的部分	420,000.00	30%	52,920.00
8	6	超过660000元至960000元的部分	660,000.00	35%	85,920.00
9	7	超过960000元的部分	960,000.00	45%	181,920.00
10					
11		全年累计应纳税所得额	税率	速算扣除数	累计应交税额
12		28,900.00	3%	0.00	867.00
13		38,280.00	10%	2,520.00	1,308.00
14		78,450.00	10%	2,520.00	5,325.00
15		398,642.00	25%	31,920.00	67,740.50
16		785,000.00	35%	85,920.00	188,830.00

图7-41 LOOKUP 函数在计算综合所得个税中向量形式应用示意图

（2）数组形式的应用。

案例图7-41中，需要把税率表列出来，在实务中有时并不实用，因为我们在制作工资表的时候，肯定不希望在上面显示一张税率表。如果采用数组的形式，把税率变化的临界点数字及对应的税率或速算扣除数直接写入函数公式中，就不需要税率表了，如图7-42所示。

C2 =LOOKUP(B2,{0,36000,144000,300000,420000,660000,960000},{0.03,0.1,0.2,0.25,0.3,0.35,0.45}) 函数公式

	A	B	C	D	E	G	H
1	序号	全年累计应纳税所得额	税率	速算扣除数	累计应交税额		
2	1	28,900.00	3%	0.00	867.00		
3	2	38,280.00	10%	2,520.00	1,308.00		
4	3	78,450.00	10%	2,520.00	5,325.00		
5	4	398,642.00	25%	31,920.00	67,740.50		
6	5	785,000.00	35%	85,920.00	188,830.00		

图7-42 LOOKUP 函数在计算综合所得个税中数组形式应用示意图

在数组形式下,需要把税率变化临界点数字以及对应的税率或速算扣除数直接写入函数公式中,因此,图7-42案例中对于单元格C2税率查找的函数公式是:

=LOOKUP(B2,{0,36000,144000,300000,420000,660000,960000},{0.03,0.1,0.2,0.25,0.3,0.35,0.45})

对于速算扣除数的函数公式类似,不再赘述。

(二)VLOOKUP 函数——纵向多列查找

VLOOKUP 函数是 Excel 中的一个纵向查找函数,它与 LOOKUP 函数和 HLOOKUP 函数属于一类函数,在工作中都有广泛应用。VLOOKUP 是按列查找,最终返回该列所需查询列序所对应的值;与之对应的 HLOOKUP 是按行查找的。

1.语法

VLOOKUP(lookup_value,table_array,col_index_num,range_lookup)

VLOOKUP 函数参数说明,详见表7-8。

表7-8　VLOOKUP 函数参数说明

参　　数	简单说明	输入数据类型
lookup_value	要查找的值	数值、引用或文本字符串
table_array	要查找的区域	数据表区域
col_index_num	返回数据在查找区域的第几列数	正整数
range_lookup	模糊匹配	TRUE(或不填)/FALSE

(1)lookup_value为要在表格或区域的第一列中搜索的值。lookup_value可以为数值、引用或文本字符串。当 VLOOKUP 函数第一参数省略查找值时,表示用0查找。

(2)table_array 为需要在其中查找数据的数据表。使用对区域或区域名称的引用。

(3)col_index_num为table_array中查找数据的数据列序号。col_index_num为1时,返回 table_array 第一列的数值,col_index_num为2时,返回 table_array 第二列的数值,以此类推。如果 col_index_num 小于1,函数 VLOOKUP

返回错误值 #VALUE!; 如果 col_index_num 大于 table_array 的列数，函数 VLOOKUP 返回错误值 #REF!。

（4）range_lookup 为一逻辑值，指明函数 VLOOKUP 查找时是精确匹配，还是近似匹配。如果为 FALSE 或0 ，则返回精确匹配，如果找不到，则返回错误值 #N/A。如果 range_lookup 为 TRUE 或1，函数 VLOOKUP 将查找近似匹配值，也就是说，如果找不到精确匹配值，则返回小于 lookup_value 的最大数值。如果 range_lookup 省略，则默认为近似匹配。

2.应用举例

（1）初级应用举例。

还是以个人所得税举例，可以与前面使用 LOOKUP 函数进行比较，提示重点看单元格C12在编辑栏的函数公式，如图7-43所示。

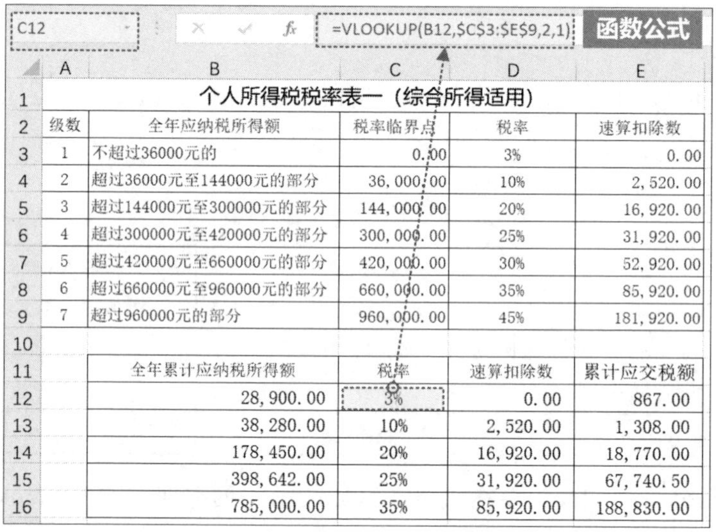

	A	B	C	D	E
1	个人所得税税率表一（综合所得适用）				
2	级数	全年应纳税所得额	税率临界点	税率	速算扣除数
3	1	不超过36000元的	0.00	3%	0.00
4	2	超过36000元至144000元的部分	36,000.00	10%	2,520.00
5	3	超过144000元至300000元的部分	144,000.00	20%	16,920.00
6	4	超过300000元至420000元的部分	300,000.00	25%	31,920.00
7	5	超过420000元至660000元的部分	420,000.00	30%	52,920.00
8	6	超过660000元至960000元的部分	660,000.00	35%	85,920.00
9	7	超过960000元的部分	960,000.00	45%	181,920.00
10					
11		全年累计应纳税所得额	税率	速算扣除数	累计应交税额
12		28,900.00	3%	0.00	867.00
13		38,280.00	10%	2,520.00	1,308.00
14		178,450.00	20%	16,920.00	18,770.00
15		398,642.00	25%	31,920.00	67,740.50
16		785,000.00	35%	85,920.00	188,830.00

图7-43　VLOOKUP 函数在个人所得税计算中的应用

图7-43中使用的 VLOOKUP 函数，因此税率所在单元格C12的函数公式是：=VLOOKUP(B12,$C$3:$E$9,2,1)；速算扣除数单元格D12的函数公式是：=VLOOKUP(B12,$C$3:$E$9,3,1)。

与使用 LOOKUP 函数相比，二者函数公式不同，结果一致。需要注意并掌握二者函数公式中的参数异同。

（2）高级应用举例——多条件查找与反向条件查找。

①多条件查找。VLOOKUP确实可以实现多条件查找与应用，如图7-44所示。

	A	B	C	D	E	F	G
1	品种	产地	销量				
2	苹果	进口	1800		品种	产地	销量
3	苹果	国产	1600		香蕉	国产	
4	菠萝	进口	1500		菠萝	国产	
5	菠萝	国产	1890		芒果	国产	
6	芒果	进口	2300		苹果	国产	
7	芒果	国产	1800				
8	香蕉	进口	3200				
9	香蕉	国产	2800				

图7-44　拟用 VLOOKUP 函数多条件查找的问题示意图

问题：需要从图7-44左边C列找到对应的数字填充到G列。

分析：现在的问题既要查找"品种"，又要查找"产地"，属于多条件查找。

方法一：多条件变单条件。

利用我们前面讲述过的添加辅助列的办法，可以把多条件变成单条件，可以使用 VLOOKUP 函数解决问题。因此只要在"销量"C列和"销量"G列前各添加一列辅助列，问题就变轻松了，如图7-45所示。

I3			fx	=VLOOKUP(H3, $C$2: $D$9, 2, 0)		函数公式		
	A	B	C	D	E	F	G	H	I
1	品种	产地	辅助列	销量					
2	苹果	进口	苹果进口	1800		品种	产地	辅助列	销量
3	苹果	国产	苹果国产	1600		香蕉	国产	香蕉国产	2800
4	菠萝	进口	菠萝进口	1500		菠萝	国产	菠萝国产	1890
5	菠萝	国产	菠萝国产	1890		芒果	国产	芒果国产	1800
6	芒果	进口	芒果进口	2300		苹果	国产	苹果国产	1600
7	芒果	国产	芒果国产	1800					
8	香蕉	进口	香蕉进口	3200					
9	香蕉	国产	香蕉国产	2800					

图7-45　多条件变单条件查找应用 VLOOKUP 函数示意图

图7-45中C列和H列是添加的辅助列。有人可能会说，把"品种"和"产地"组合在一起输入是不是很麻烦呢？其实，此处同样不是手工输入的，还是使用公式！我们只要在单元格C2输入公式"=A2&B2"，然后向下批量填充即可，H列也是同样办法。

接下来的问题就变得简单了，多条件变成了单条件。现在只需要在单元格I3中输入函数公式"=VLOOKUP(H3,$C$2:$D$9,2,0)"，然后向下批量填充，全部结果都出来了。

刚才这个案例是两个条件变成一个条件，现实中可能还有更多条件，假如我们把该案例中的水果换成汽车，除品牌外，也有产地，可能还有二级品牌、不同配置等。如果是类似问题，同样可以把多个条件变成一个条件来解决。

方法二：利用数组公式。

还是使用图7-44的问题，使用者不愿意加辅助列或其他不方便加辅助列的表格，我们也可以利用数组公式来解决，如图7-46所示。

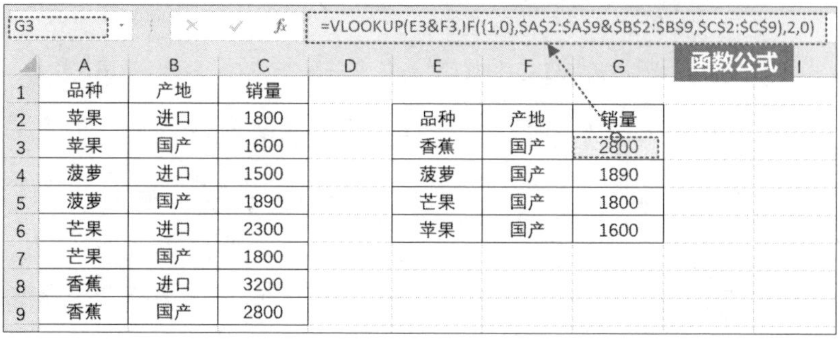

图7-46　VLOOKUP 函数结合数组公式进行多条件查找示意图

说明：由于 Excel 版本的不同，数组公式是有差异的。

图7-46是笔者在 Excel 365版下做的截图，在整个函数公式的前后都没有数组公式的标志（大括号），在 Excel 2016版与2019版亦是如此。

但是，对于 Excel 低版本，则需要按照如下步骤输入完整的数组公式，才能计算，否则会提示出错。

步骤一：在单元格G3中输入函数公式：

=VLOOKUP(E3&F3,IF({1,0},$A$2:$A$9&$B$2:$B$9,$C$2:$C$9),2,0)

步骤二：先用光标选中单元格G3，然后将光标移动至编辑栏并单击进入编辑状态，再按快捷键【Shift+Ctrl+Enter（回车键）】得到数组公式：

{=VLOOKUP(E3&F3,IF({1,0},$A$2:$A$9&$B$2:$B$9,$C$2:$C$9),2,0)}

步骤三：向下批量复制填充。

函数公式解释如下：

IF({1,0},$A$2:$A$9&$B$2:$B$9,$C$2:$C$9)是本公式中最重要的组成

部分。在 Excel 函数中使用数组公式时（前提是该函数的参数支持数组），返回的结果也会是一个数组。这里1和0不是实际意义上的数字，而是1相当于 TRUE （"正确"或"真"），0相当于 FALSE （"错误"或"假"）。当为1时，它会返回 IF 的第二个参数（B列），为0时返回第二个参数（C列）。根据数组运算返回数组，所以使用 IF 后的结果返回一个数组（非单元格区域）：{"苹果","进口";"苹果","国产";…"香蕉","进口";"香蕉","国产"}。

②反向查找与引用。VLOOKUP 函数只能从左向右进行查找与引用，如果有一个特别的要求把左右位置互换了，我们还能使用该函数查询吗? 问题还是图7-44的问题，只是把要查询的位置互换了，如图7-47所示。

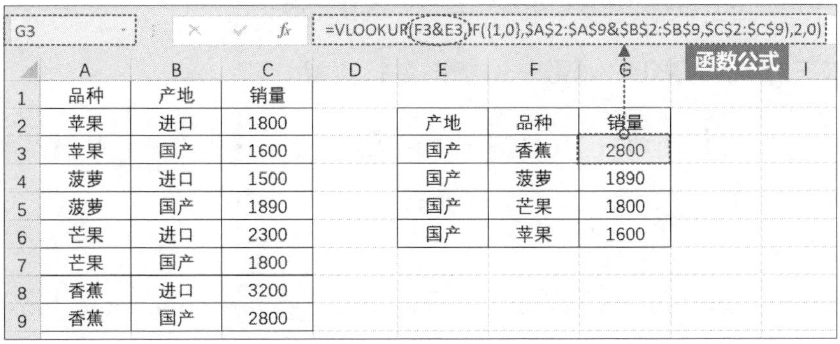

图7-47　VLOOKUP 函数用于反向查找示意图（一）

我们还是可以引用前面讲到的数组公式，只是需要一点小小变动就换成了，看看单元格G3最终的数组公式：

{=VLOOKUP(F3&E3,IF({1,0},\$A\$2:\$A\$9&\$B\$2:\$B\$9,\$C\$2:\$C\$9),2,0)}

说明: Excel高版本中可以没有整个前后，可以没有大括号。

看清函数公式与前面公式的差异了吗? 问题不是把位置互换了吗? 在这个公式中把位置又换了回来。图7-46中函数查找值是"E3&F3"，而本处函数查找值是"F3&E3"，是不是正好换了前后位置。

有人会觉得，你这个不算反向查找，查找时还是从左至右，那我们再来一个单条件查找的，如图7-48所示。

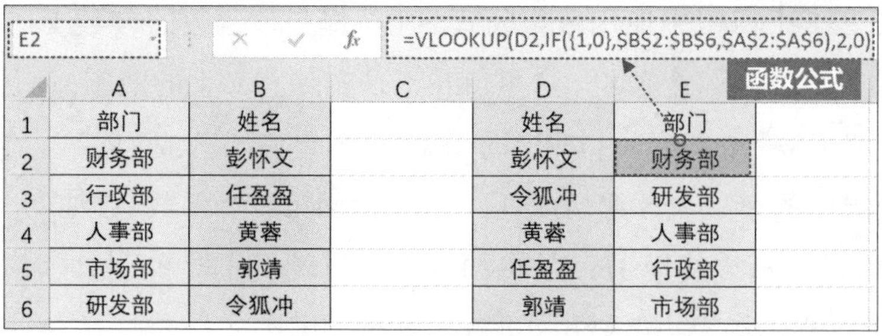

图7-48　VLOOKUP 函数用于反向查找示意图（二）

问题：在单元格E2位置用函数公式填充"彭怀文"的部门。

还是引用一个数组公式轻松解决：

=VLOOKUP(D2,IF({1,0},B2:B5,A2:A5),2,0)

（三）HLOOKUP 函数——横向多行查找

HLOOKUP 函数与 VLOOKUP 函数很相似，区别在于它是横向多行查找，而 VLOOKUP 函数是纵向多列查找。

1.语法

HLOOKUP(lookup_value,table_array,row_index_num,range_lookup)

HLOOKUP函数参数说明，详见表7-9。

表7-9　HLOOKUP 函数参数说明

参　　数	简单说明	输入数据类型
lookup_value	要查找的值	数值、引用或文本字符串
table_array	要查找的区域	数据表区域
row_index_num	返回数据在区域的第几行数	正整数
range_lookup	模糊匹配 / 精确匹配	TRUE /FALSE（或不填）

（1）lookup_value 为需要在数据表第一行中进行查找的数值。lookup_value 可以为数值、引用或文本字符串。

（2）table_array 为需要在其中查找数据的数据表。使用对区域或区域名称的引用。

（3）row_index_num 为 table_array 中待返回的匹配值的行序号。row_index_num 为1时，返回 table_array 第一行的数值，row_index_num 为2时，

返回 table_array 第二行的数值，以此类推。如果 row_index_num 小于1，函数 HLOOKUP 返回错误值 #VALUE!；如果 row_index_num 大于 table_array 的行数，函数 HLOOKUP 返回错误值 #REF!。

（4）range_lookup 为一逻辑值，指明函数 HLOOKUP 查找时是精确匹配，还是近似匹配。如果为 TURE 或者1，则返回近似匹配值。也就是说，如果找不到精确匹配值，则返回小于 lookup_value 的最大数值。如果 range_lookup 为 FALSE 或0，函数 HLOOKUP 将查找精确匹配值，如果找不到，则返回错误值 #N/A。如果 range_lookup 省略，则默认为近似匹配。

表格或数值数组的首行查找指定的数值，并在表格或数组中指定行的同一列中返回一个数值。当比较值位于数据表的首行，并且要查找下面给定行中的数据时，请使用函数 HLOOKUP。当比较值位于要查找的数据左边的一列时，请使用函数 VLOOKUP。 HLOOKUP 中的H代表“行”。

2.应用举例

财务人员参加了业务考试，成绩如图7-49所示。

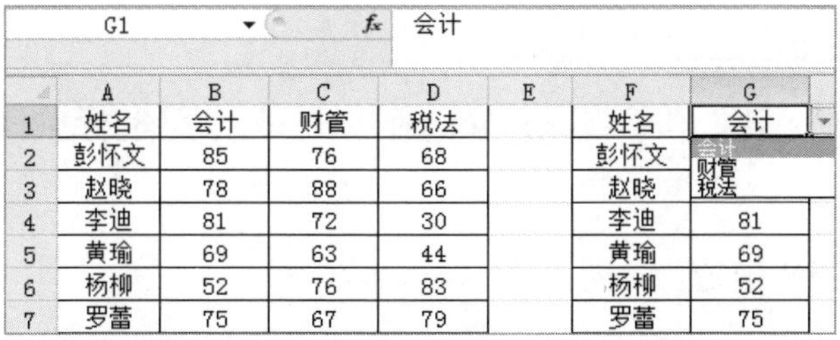

	A	B	C	D	E	F	G
1	姓名	会计	财管	税法		姓名	会计
2	彭怀文	85	76	68		彭怀文	
3	赵晓	78	88	66		赵晓	
4	李迪	81	72	30		李迪	81
5	黄瑜	69	63	44		黄瑜	69
6	杨柳	52	76	83		杨柳	52
7	罗蕾	75	67	79		罗蕾	75

图7-49　拟用 HLOOKUP 函数解决的问题示意图

问题：建立一个可以按科目进行查询的工具。

使用 HLOOKUP 函数实现查询功能的操作步骤介绍如下：

第一步：在G1单元格制作下拉选项，制作方法为，单击菜单栏选项【数据】→【有效性】→【设置】→【允许】→【序列】，在来源单击选择成绩表的科目名称或手动输入；在 Excel 高版本略有不同，单击【数据】→【数据工具】→【数据验证】→【允许】→【序列】，如图7-50所示。

图7-50　表头制作下拉选项设置示意图

第二步：选中G2单元格，输入公式："=HLOOKUP($G$1,$A$1:$D$7,ROW(A2),FALSE)"。

向下批量复制公式，可依次得到其他人员的成绩。

第三步：当需要查询其他科目成绩时，只需要在G1单元格中选择相应科目即可。

二、ROW 函数和 COLUMN 函数——行列坐标的"密探"

（一）ROW 函数

1.语法

ROW(reference)

reference 为需要得到其行号的单元格或单元格区域。

如果省略 reference，则假定是对函数 ROW 所在单元格的引用。

如果 reference 为一个单元格区域，并且函数 ROW 作为垂直数组输入，则函数 ROW 将 reference 的行号以垂直数组的形式返回。reference 不能引用多个区域。

2.应用举例

ROW()=公式所在行的行号，如图7-51所示。

A2 =ROW()

	A	B	C
1	结果	公式展示	
2	2	=ROW()	
3	3	=ROW()	
4	4	=ROW()	
5	5	=ROW()	
6	6	=ROW()	
7	7	=ROW()	

图7-51　ROW 函数应用示意图

（二）COLUMN 函数

1.语法

COLUMN(reference)

reference为需要得到其列标的单元格或单元格区域。

如果省略 reference，则假定为是对函数 COLUMN 所在单元格的引用。

如果 reference 为一个单元格区域，并且函数 COLUMN 作为水平数组输入，则函数 COLUMN 将 reference 中的列标以水平数组的形式返回。

2.应用举例。

COLUMN函数应用，如图7-52所示。

	A	B
1	公式	说明（结果）
2	=COLUMN()	公式所在的列(1)
3	=COLUMN(A6)	引用的列(1)
4	=COLUMN(C3：D10)	引用中的第一列的列号（3）

图7-52　COLUMN 函数应用示意图

三、INDEX 函数——可以与 VLOOKUP 函数媲美

有人说 VLOOKUP 是玩 Excel 函数人的“宠爱对象”，不懂 VLOOKUP 函数不叫会函数。INDEX 函数可以做到 VLOOKUP 函数能做到的一切，却没有 VLOOKUP 函数那么被人熟知。

INDEX 函数是返回表或区域中的值或对值的引用。函数 INDEX() 有两种形式：数组形式和引用形式。数组形式通常返回数值或数值数组；引用形式通常返回引用。

（一）INDEX 函数语法

INDEX(array, row_num, [column_num])

这个就好比去电影院看电影找座位一样, 首先必须知道在第几号大厅 (表格区域), 然后再去找第几排 (行坐标), 最后找第几号 (列坐标)。这是该函数的中文通俗描述, 正式的语法描述如下:

INDEX(array, row_num, column_num)返回数组中指定的单元格或单元格数组的数值。

INDEX(reference, row_num, column_num, area_num)返回引用中指定单元格或单元格区域的引用。

参数说明: array 为单元格区域或数组常数; row_num 为数组中某行的行序号, 函数从该行返回数值。如果省略 row_num (行序号), 则必须有 column_num (列序号); column_num 是数组中某列的列序号, 函数从该列返回数值。如果省略 column_num (列序号), 则必须有 row_num (行序号)。

reference 是对一个或多个单元格区域的引用, 如果为引用输入一个不连续的选定区域, 不连续的选定区域使用逗号连接, 最后还必须用括号把几个区域括起来。area_num 是选择引用中的一个区域, 并返回该区域中 row_num 和 column_num 的交叉区域。选中或输入的第一个区域序号为1, 第二个为2, 以此类推。如果省略 area_num, 则 INDEX 函数使用区域1。

（二）INDEX 函数应用举例

INDEX函数应用, 如图7-53所示。

	A	B	C	D	E
1	1	2			
2	a	d			
3	3	4			
4			5	6	
5			A	D	
6			7	8	
7	形式	结果	公式		
8	单区域	3	=INDEX(A1:B3, 3, 1)		
9	多区域	A	=INDEX((A1:B3, C4:D6), 2, 1, 2)		

图7-53　INDEX 函数应用示意图

公式解释如下：

单区域：在区域A1: B3中查找第三行第一列的值，结果是3。

多区域：在区域A1: B3和C4: C6中第二区域查找第二行第一列的值，结果是A。

INDEX 函数之所以说可以与 VLOOKUP 媲美，因为它也能实现 VLOOKUP 函数的功能，但是必须与 MATCH 函数结合使用，因此案例就放在接下来 MATCH 函数中，此处不赘述。

四、MATCH 函数——坐标的"定位仪"

（一）MATCH 函数语法

MATCH(lookup_value, lookup_array, [match_typle])

MATCH 函数语法具有下列参数。

lookup_value 参数可以为值（数字、文本或逻辑值）或对数字、文本或逻辑值的单元格引用。

lookup_array——必需项。要搜索的单元格区域。

match_typle——可选项。数字-1、0或1。"查找方式"参数指定如何在"查找的单元格区域"中查找"查找的值"的值。此参数的默认值为1。

表7-10介绍了该函数如何根据"查找方式"（match_type）参数的设置查找值。

表7-10　MATCH 函数查找参数对应的查找方式与注意事项

查找参数	查找方式与注意事项
1 或省略	模糊查找，会查找小于或等于"查找的值"的最大值。"查找的单元格区域"参数中的值必须按升序排列，例如：...,-2, -1, 0, 1, 2, ..., A-Z, FALSE, TRUE
0	精确查找，会查找等于"查找的值"的第一个值。"查找的单元格区域"参数中的值可以按任何顺序排列
-1	模糊查找，会查找大于或等于"查找的值"的最小值。"查找的单元格区域"参数中的值必须按降序排列，例如：TRUE, FALSE, Z-A, ...,2, 1, 0, -1, -2, ...

MATCH 函数会返回"查找的单元格区域"（lookup_array）中匹配值的

位置而不是匹配值本身。例如，MATCH("b",{"a","b","c"},0) 会返回2，即 "b" 在数组 {"a","b","c"} 中的相对位置。

查找文本值时，MATCH 函数不区分大小写字母。

如果 MATCH 函数查找匹配项不成功，它会返回错误值 #N/A。

如果"查找方式"（match_type）为0且"查找的值"（lookup_value）为文本字符串，可以在 lookup_value 参数中使用通配符（?和*）。问号匹配任意单个字符；星号匹配任意一串字符。如果要查找实际的问号或星号，请在该字符前键入波形符 (~)。

（二）MATCH 函数应用举例

（1）确定列表中某个值的位置，如图7-54所示。

	A	B	C	D	E
1	1	A	6	F	
2	2	B	5	E	
3	3	C	4	D	
4	4	D	3	C	
5	5	E	2	B	
6	6	F	1	A	
7	查找形式	结果	公式		解释
8	1	2	=MATCH(2,A1:A6,1)		在区域A1：A6中查找2返回其相对位置2
9	1	#N/A	=MATCH(5,C1:C6,1)		参数中的值未按升序排列，返回错误值 #N/A。
10	0	2	=MATCH("B",B1:B6,0)		在区域B1：B6中查找B返回其相对位置2
11	0	2	=MATCH(D2,D1:D6,0)		在区域D1：D6中查找D2(E)返回其相对位置2
12	-1	#N/A	=MATCH(2,A1:A6,-1)		参数中的值未按降序排列，返回错误值 #N/A。
13	-1	5	=MATCH(5,C1:C6,-1)		在区域C1：C6中查找5返回其相对位置5

图7-54　MATCH 函数用于确定列表中某个值的位置

（2）双重定位查找数据，如图7-55所示。

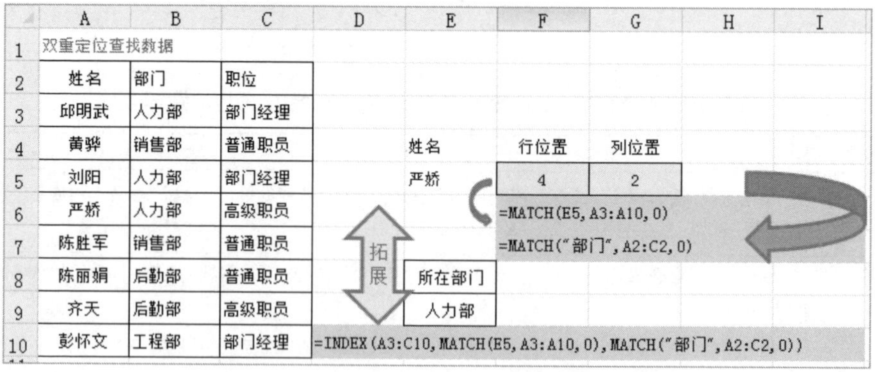

图7-55　MATCH 函数用于双重定位查找数据

此时，INDEX 函数和 MATCH 函数结合使用，就实现了 VLOOKUP

函数的功能。当然,二者结合使用也可以实现多条件查找,但是需要使用数组函数公式,在财务工作以最简单为使用原则,此处就不再阐述,有兴趣的读者可以进一步研究。

第五节　财务函数

财务函数,可以说是我们财务人员的专用函数。财务人员学习函数不是为了炫耀,而是为了解决实务工作并有效提高工作效率。可是,市面上很多关于 Excel 书籍对这部分函数却很少提及。我们在现实中,经常会遇到车贷、房贷的计算,也可能会遇到投资收益率的计算等,这些都需要我们更加熟悉使用此项技能,更好地服务于本职工作。

而以上这些,财务函数可以轻松解决!

一、NPV 函数和 XNPV 函数——专门计算净现值

学习过财务管理课程的都知道,凡是涉及项目投资判断是否合适时,经常需要计算项目投资的净现值。

净现值(NPV)是指一个项目预期实现的现金流入的现值与实施该项计划的现金支出的现值的差额。净现值为正值的项目可以为股东创造价值,净现值为负值的项目会损害价值。

如果按照财务管理教材给出的计算公式和计算办法,很多人想想都会头疼,更不用说运用到实务工作中去。

(一)NPV 函数

1.语法

NPV(rate, value1, value2, …)

rate——必需项。用于现金流的贴现率。

value1, value2, …——必需项,后续为可选项。现金流入以正数表示,现金流出以负数表示,最多可以有254个参数。

2.应用举例

【案例7-1】假如某债券，每张面值1000元，票面利率8%，期限三年，每年支付一次利率，最后一次利息和本金一次支付。现值按950元/张销售。假定贴现率10%。

问题：请计算该债券投资的净现值。

利用 NPV 函数计算净现值，计算过程如图7-56所示。

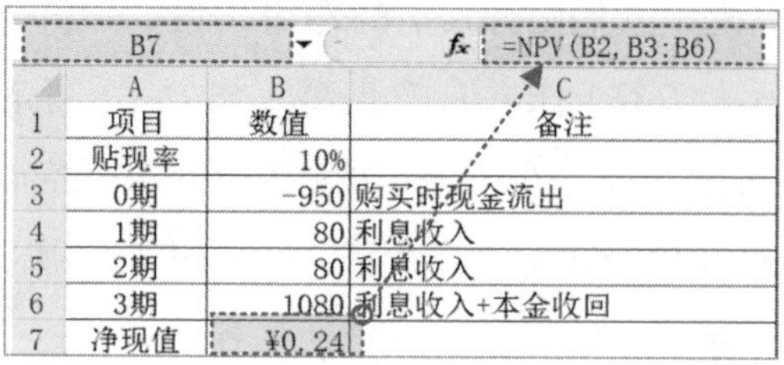
B7　fx =NPV(B2, B3:B6)

	A	B	C
1	项目	数值	备注
2	贴现率	10%	
3	0期	-950	购买时现金流出
4	1期	80	利息收入
5	2期	80	利息收入
6	3期	1080	利息收入+本金收回
7	净现值	¥0.24	

图7-56　利用 NPV 函数计算净现值示意图

针对该问题，我们可以做一个类似于图7-56的表格，分清现金流出与流入。然后利用 NPV 函数计算。因此，在图7-56中净现值单元格B7输入函数公式："=NPV(B2,B3:B6)"。

自然就得到了该项目的净现值。净现值计算在财务管理中的项目投资决策中非常重要，财务人员应熟练记住这个简单的函数。

（二）XNPV 函数

NPV 函数，对于现金流间隔要求是相等期限，对于发生的现金流间隔期限不一致的则需要调整到一致（无现金流的调整为0），比较麻烦。而 XNPV 函数则可以解决这个现金流间隔时间不一致的问题。

1.语法

XNPV(rate, values, dates)

XNPV 函数语法具有下列参数。

rate——必需项。应用于现金流的贴现率。

values——必需项。与 dates 中的支付时间相对应的一系列现金流。首期支付是可选的，并与投资开始时的成本或支付有关。如果第一个值是成本或支付，则它必须是负值。所有后续支付都基于365天/年贴现。数值系列必须至少要包含一个正数和一个负数。

dates——必需项。与现金流支付相对应的支付日期表。第一个支付日期代表支付表的开始日期。其他所有日期应迟于该日期，但可按任何顺序排列。

2.应用举例

【案例7-2】怀文公司2016年1月1日购入债券，债券面值1000元，票面利率8%，期限三年。债券约定第一年和第二年每半年支付一次利息，最后一年到期时本息一起支付。该债券售价950元/张。

假定：贴现率9%。请计算该债券的净现值。

利用 XNPV 函数计算净现值，计算过程如图7-57所示。

C6		f_x	=XNPV(C2,A2:A7,B2:B7)
	A	B	C	D
1	现金流	时间	贴现率	
2	-950	2016/1/1	9.000%	
3	40	2016/6/30		
4	40	2016/12/31		
5	40	2017/6/30	净现值	
6	40	2017/12/31	27.81	
7	1080	2018/12/31		

图7-57　利用 XNPV 函数计算净现值示意图

只需在单元格C6输入函数公式"=XNPV(C2,A2:A7,B2:B7)"即可。

对于该结果我们可以使用 NPV 函数来验证，只需要将2018年6月30日的现金流当成0，但是对于贴现率9%则不能直接使用，需要转换为半年的折现率（怎么转化，后面有专门的函数）。

二、IRR 函数和 XIRR 函数——计算内部收益率、实际利率、折现率

（一）IRR 函数

计算净现值时，一般会告诉一个贴现率，但是对于项目的实际收益率是多少无法回答。IRR 函数要解决的问题就是假设净现值为0时，其对应的内部收益率（实际利率、折现率）是多少的问题。

1.语法

IRR(values,guess)

values——为数组或单元格的引用，包含用来计算返回的内部收益率的数字。

values必须包含至少一个正值和一个负值，以计算返回的内部收益率。函数 IRR 根据数值的顺序来解释现金流的顺序。故应确定按需要的顺序输入支付和收入的数值。

如果数组或引用包含文本、逻辑值或空白单元格，这些数值将被忽略。

guess——为对函数 IRR 计算结果的估计值。

在大多数情况下，并不需要为函数 IRR 的计算提供 guess 值。如果省略guess，假设它为0.1（10%）。如果函数 IRR 返回错误值 #NUM!，或结果没有靠近期望值，可用另一个 guess 值再试一次。

2.应用举例

【案例7-3】假如某债券，每张面值1000元，票面利率8%，期限三年，每年支付一次利率，最后一次利息和本金一次支付。现值按950元/张销售。

问题：如果投资该债券，其实际收益率是多少？

利用 IRR 函数计算实际收益率，计算过程如图7-58所示。

D2　fx =IRR(B2:B5)

	A	B	C	D
1	期限	现金流	说明	实际收益率
2	0	-950	投资流出	10.011%
3	1	80	利息收入	
4	2	80	利息收入	
5	3	1080	利息收入+本金	

图7-58　利用 IRR 函数计算实际收益率示意图

此时，只需要在单元格D2输入函数公式“=IRR(B2:B5)”就可以得出结果。

在所有的教科书上，包括会计中级职称考试、注册会计师考试等教材，对于该类问题的计算都是使用内插法来计算，需要先不断地“试误”，同时也要不断地查表，过程非常复杂，而最终的结算结果却不精确。而使用 IRR 函数既快速高效又准确。

（二）XIRR 函数

与 NPV 函数一样，IRR 函数计算的内部收益率也是针对现金流量发生间隔是相等的一系列现金流，如果要计算现金流发生间隔不等，需要使用 XIRR 函数。

1.语法

XIRR(values, dates, [guess])

XIRR 函数语法具有以下参数。

values——必需项。与 dates 中的支付时间相对应的一系列现金流。首期支付是可选的，并与投资开始时的成本或支付有关。如果第一个值是成本或支付，则它必须是负值。所有后续支付都基于365天/年贴现。值系列中必须至少包含一个正值和一个负值。

dates——必需项。与现金流支付相对应的支付日期表。日期可按任何顺序排列。应使用 DATE 函数输入日期，或者将函数作为其他公式或函数的结果输入。例如，使用函数 DATE(2008,5,23) 输入2008年5月23日。如果日期以文本形式输入，则会出现问题。

guess——可选项。对函数 XIRR 计算结果的估计值。

2.应用举例

【案例7-4】怀文公司2016年1月1日购入债券，债券面值1000元，票面利率8%，期限三年。债券约定第一年和第二年每半年支付一次利息，最后一年到期时本息一起支付。

问题：该债券的实际收益率是多少？

利用 XIRR 函数计算实际收益率，计算过程如图7-59所示。

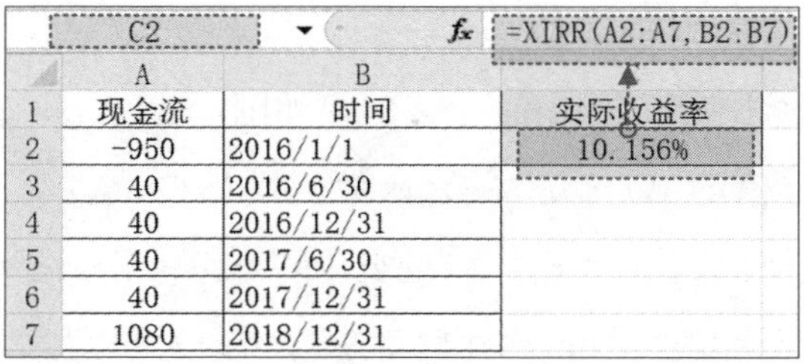
C2 =XIRR(A2:A7, B2:B7)

	A	B	C
1	现金流	时间	实际收益率
2	-950	2016/1/1	10.156%
3	40	2016/6/30	
4	40	2016/12/31	
5	40	2017/6/30	
6	40	2017/12/31	
7	1080	2018/12/31	

图7-59　利用 XIRR 函数计算实际收益率示意图

在计算实际收益率的单元格C2输入函数公式“=XIRR(A2:A7,B2:B7)”就得到了正确结果。

三、FV 函数——年金终值、复利终值的计算

FV 函数,基于固定利率和等额付款方式,计算某项投资的未来值。

(一)FV 函数语法

FV(rate,nper,pmt,[pv],[type])

FV 函数语法具有下列参数。

rate——必需项。各期利率。

nper——必需项。年金的付款总期数。

pmt——必需项。各期所应支付的金额,其数值在整个年金期间保持不变。通常,pmt 包括本金和利息,但不包括其他费用或税款。如果省略 pmt,则必须包括 pv 参数。

pv——可选项。现值,或一系列未来付款的当前值的累积和。如果省略 pv,则假设其值为 0(零),并且必须包括 pmt 参数。

type——可选项。数字0或1,用以指定各期的付款时间是在期初还是期末。如果省略 type,则假设其值为0。0代表期末,1代表期初。

(二)FV 函数应用举例

1.年金终值的计算

【案例7-5】彭怀文购买了一款投资型保险,每月需要支付保险费1000元,期限十年。假定保险的固定收益率为8%。

问题:保险到期后可领回多少钱?

利用 FV 函数计算年金终值,计算过程如图7-60所示。

在计算年金终值的单元格C2输入函数公式"=FV(A2/12,A3,A4,A5)"。

说明:由于给出的利率(收益率)是年利率,而付款则是按月支付,故函数公式中的利率需要除以12,同时"付款总期数"需要乘以12。

	A	B	C
	数据	说明	年金终值
1	8%	年利率	¥182,943.82
2	120	付款总期数	
3	-1000	每期付款金额	
4	1	期初付款	

C2 ▼ fx =FV(A2/12,A3,A4,A5)

图7-60　利用 FV 函数计算年金终值示意图

2.复利终值的计算

【案例7-6】彭怀文在银行存入了10000元,存款期限五年,利率为复利5%。

问题:存款到期后可取款多少?

利用 FV 函数计算复利终值,计算过程如图7-61所示。

C2		f_x =FV(A2,A3,A4,A5,A6)	
	A	B	C
1	数据	说明	复利终值
2	5%	年利率	¥12,762.82
3	5	存款期限	
4	0	每年利息收入	
5	-10000	期初存入金额	
6	1	期初存款	

图7-61　利用 FV 函数计算复利终值示意图

年金终值是每期都会发生等额的收入或支出,而复利终值只是在期初发生中途不再发生收入或支出。因此,计算复利现值是"每期付款金额"为0,pv(现值)为期初投入金额。因此,需要在单元格C2输入函数公式"=FV(A2,A3,A4,A5,A6)"就可以得出复利终值。

四、PV 函数——年金现值和复利现值的计算

返回投资的现值。现值为一系列未来付款的当前值的累积和。例如,借入方的借入款即为贷出方贷款的现值。

(一)PV 函数语法

PV(rate,nper,pmt,fv,type)

rate——为各期利率。例如,如果按12% 的年利率借入一笔贷款来购买汽车,并按月偿还贷款,则月利率为12%/12(即1%)。可以在公式中输入"12%/12""1%"或"0.01"作为 rate 的值。

nper——为总投资(或贷款)期,即该项投资(或贷款)的付款期总数。例如,对于一笔五年期按月偿还的汽车贷款,共有5×12(即60)个偿款期数。可以在公式中输入"60"作为 nper 的值。

pmt——为各期所应支付的金额，其数值在整个年金期间保持不变。通常pmt 包括本金和利息，但不包括其他费用及税款。例如，$10,000 的年利率为12% 的四年期汽车贷款的月偿还额为 $263.33。可以在公式中输入"-263.33"作为 pmt 的值。如果忽略 pmt，则必须包含 fv 参数。

fv——为未来值，或在最后一次支付后希望得到的现金余额，如果省略fv，则假设其值为零（一笔贷款的未来值即为零）。例如，如果需要在12年后支付¥60,000，则¥60,000就是未来值。可以根据保守估计的利率来决定每月的存款额。如果忽略 fv，则必须包含 pmt 参数。

type——数字0或1，用以指定各期的付款时间是在期初（1）还是期末（0）。

（二）PV 函数应用举例

1.年金现值的计算

【案例7-7】彭怀文购买了一款投资性保险产品，期限十年，年收益率8%，每月底需要支付1000元。

问题：请计算该年金现值。

利用 PV 函数计算年金现值，计算过程如图7-62所示。

	C2		f_x	=PV(A2/12,A3,A4,A5)	
	A	B		C	D
1	数据	说明		年金现值	
2	8%	年利率		¥82,421.48	
3	120	投资款投出次数			
4	-1000	每月底投出金额			
5	0	期末投出			

图7-62　利用 PV 函数计算年金现值示意图

需要在单元格C2中输入函数公式"=PV(A2/12,A3,A4,A5)"即可得到该年金现值。

2.复利现值的计算

【案例7-8】彭怀文现在筹集一笔子女教育基金50000元，五年后使用，某银行存款年利率8%（复利）。

问题：彭怀文现在需要存入多少资金？

利用 PV 函数计算复利现值，计算过程如图7-63所示。

C2 =PV(A2,A3,A4,A5,A6)

	A	B	C
1	数据	说明	复利现值
2	8%	年利率	¥-34,029.16
3	5	存款期限	
4	0	每月存入金额	
5	50000	未来值	
6	1	期初存款	

图7-63　利用 PV 函数计算复利现值示意图

在单元格C2输入函数公式“=PV(A2,A3,A4,A5,A6)”即可得到需要存入的金额–34029.16元，之所以为负数代表现金流出。

五、固定资产折旧：SYD 函数——年限总和法、DDB 函数——双倍余额递减法

在会计准则和企业所得税法允许我国使用的固定资产折旧方法中，年限总和法和双倍余额递减法计算最为复杂，使用 Excel 函数计算就变得简洁而高效。

（一）SYD 函数——年限总和法

1.语法

SYD(cost, salvage, life, period)

cost——指固定资产原值。

salvage——指固定资产预计净残值。

life——指定固定资产的预计使用年限。

period——指定计算资产折旧所用的那一期间。如果 life 用月份表示，则 period 也必须用月份表示。

2.应用举例

【案例7-9】某固定资产原值100000.00元，预计使用年限五年，预计净残值率5%。

问题：按照年限总和法计算五年的折旧额。

利用 SYD 函数计算固定资产折旧, 计算过程如图7-64所示。

	A	B	C	D
	B4	▼	f_x =SYD($A$2,$B$2,$C$2,A4)	
1	固定资产原值	预计残值	预计使用期限	
2	100000	5000	5	
3	使用期限	折旧额	备注	
4	1	31,666.67		
5	2	25,333.33		
6	3	19,000.00		
7	4	12,666.67		
8	5	6,333.33		

图7-64 利用 SYD 函数计算固定资产折旧(年限总和法)示意图

在单元格B4输入函数公式 "=SYD($A$2,$B$2,$C$2,A4)" 即可得出第一年的折旧额, 然后向下批量复制填充就可以得到全部五年的折旧额。

(二)DDB 函数——双倍余额递减法

DDB 函数, 是使用双倍余额递减法或其他指定方法, 用于计算一笔资产在给定期间内的折旧值。鉴于我国无论会计还是税务只认可双倍余额递减法, 故函数只讨论双倍余额递减, 其他指定倍数暂时不谈论。

1.语法

DDB(cost,salvage,life,period,factor)

cost——为固定资产原值。

salvage——为固定资产预计净残值。

life——为固定资产的使用期限。

period——为需要计算折旧值的期间。period 必须使用与 life 相同的单位。

factor——为余额递减速率。如果 factor 被省略, 则假设为 2(双倍余额递减法)。

2.应用举例

【案例7-10】某固定资产原值100000.00元, 预计使用年限五年, 预计净残值率5%。

问题: 按照年限总和法计算五年的折旧额。

利用 DDB 函数计算固定资产折旧, 计算过程如图7-65所示。

B4 fx =DDB($A$2, $B$2, $C$2, A4, 2)

	A	B	C	D
1	固定资产原值	预计残值	预计使用期限	
2	100000	5000	5	
3	使用期限	折旧额	余额	
4	1	40, 000. 00	60, 000. 00	
5	2	24, 000. 00	36, 000. 00	
6	3	14, 400. 00	21, 600. 00	
7	4	8, 300. 00	13, 300. 00	
8	5	8, 300. 00	5, 000. 00	

图7-65 利用 DDB 函数计算固定资产折旧（双倍余额递减法）示意图

在单元格B4输入函数公式“=DDB($A$2,$B$2,$C$2,A4,2)”，然后复制填充至单元格B5和单元格B6。由于我国会计准则规定，最后两年的折旧必须转为直线法折旧，故第四年和第五年不能继续使用该函数公式。因此，第四年的折旧额（单元格B7）输入公式“=($C$6-$B$2)/2”，然后复制填充至第五年的B8单元格。

六、EFFECT 函数——将名义利率转化为实际利率

在实务中，企业向银行贷款，贷款合同上虽然标注了贷款年利率，却要求按季度或月份归还利息。按照财务管理教科书的说法，贷款合同上标注的利率属于名义利率，因为资金是时间价值的，年度复利次数超过1次的利率就是名义利率。教科书上给出由名义利率计算实际利率的公式为：

$$\text{实际利率}=\left(1+\frac{i}{n}\right)^{n}-1$$

式中，i为名义利率；n为复利次数。

看看上面的公式是不是就觉得头大呢？但是如果使用 EFFECT 函数就变得非常简单了。

【案例7-11】怀文公司准备贷款1000万元，甲银行和乙银行的分别报出的利率及利息支付期限如下：

甲银行：利率5.80%，每季度支付一次利息。

乙银行：利率5.85%，每半年支付一次利息。

假定其他条件和要求都一样，请判定应选择哪家银行融资。

解析:在其他条件和要求都一样的情况下,应选择实际利率较低的银行融资,因此该问题实际是由名义计算实际利率。

我们将上述问题放到 Excel 中去计算,计算过程如图7-66所示。

B4		f_x	=EFFECT(B2,B3)
	A	B	C
1	项目	甲银行	乙银行
2	名义利率	5.80%	6%
3	复利次数	4	2
4	实际利率	5.9274%	5.9356%

图7-66 利用 EFFECT 函数将名义利率转化为实际利率示意图

单元格B4输入函数公式"=EFFECT(B2,B3)",然后复制填充到单元格C4,这样就得到两个银行贷款的实际利率了。

EFFECT 函数语法:

EFFECT(nominal_rate,npery)

EFFECT 函数语法具有下例参数。

nominal_rate——必需项。名义利率。

npery——必需项。年复利次数。

EFFECT 函数比较简单,就不再举例了。

第六节　日期与时间类函数

一、NOW 函数和 TODAY 函数——现在的时间

NOW 在英文中的含义就是"现在",TODAY 在英文中就是"今天"。因此,NOW 函数在 Excel 中,返回的永远是"现在"的日期和时间;而 TODAY 函数,返回的则永远是"今天"。二者相比,日期都是一样的,相差的只是一个有时间一个没有。

NOW 函数没有参数,它的函数公式就是"=NOW()",其结果就是系统当前的日期和时间,如"2021/04/29 22:55"。

TODAY 函数没有参数，它的函数公式就是"=TODAY ()"，其结果就是系统当前的日期，如"2021/04/29"。

NOW 函数和 TODAY 函数的结果仅在计算工作表或运行含有该函数的宏时才改变。它并不会持续更新。

NOW 函数和 TODAY 函数，特别适用于动态的 Excel 报表，只要每次重新打开工作表，都会自动更新。

二、YEAR 函数、MONTH 函数以及 DAY 函数——年月日的拆分器

YEAR 函数、MONTH 函数以及 DAY 函数就是取一个日期的年、月、日，就好比一个机器把一个整体的日期的年月日扯开分为三个不同的部件一样。

函数语法：

YEAR(serial_number)

MONTH(serial_number)

DAY(serial_number)

参数日期的类型可以为文本日期、单元格地址或日期型公式等。

假如单元格A1为日期：2021/04/29，则可以如图7-67所示进行拆分。

	A	B
1	2021/4/29	函数公式展示
2	2021	=YEAR(A1)
3	4	=MONTH(A1)
4	29	=DAY(A1)

图7-67　利用函数对日期进行拆分示意图

三、DATE 函数——标准时间装配器

DATE 函数可以通过对年、月、日三个参数进行装配成一个标准的日期。

函数语法：

DATE(year,month,day)

参数年、月、日可以为文本、数值、单元格地址或公式等。"月"和"日"可以为正整数或负整数。当参数"月"为负数时，则从指定年份的一月份开始递减"该月份数+1月"；当参数"日"为负数时，则从指定月份递减"该天数+1天"。

公式：=DATE(2021,8,29)，返回结果为：2021年8月29日。

公式：=DATE(2021,7+1,28+1)，返回结果为：2021年8月29日。

公式：=DATE(2021,-1,1)，返回结果为：2020年11月1日。

公式：=DATE(2021,8,-2)，返回结果为：2021年7月29日。

DATE 函数也可以嵌套其他函数，特别是其他的时间函数。上述公式的计算过程如图7-68所示。

	A	B	C
1	计算结果	函数公式展示	备注
2	2021年8月29日	=DATE(2021, 8, 29)	
3	2021年8月29日	=DATE(2021, 7+1, 28+1)	
4	2020年11月1日	= DATE(2021, -1, 1)	
5	2021年7月29日	=DATE(2021, 8, -2)	
6	2021年5月9日	=DATE(YEAR(NOW()),MONTH(NOW())+1,DAY(NOW())-2)	本表制表时间为2021-4-11，即公式中NOW()代表的日期。

图7-68　利用 DATE 函数对日期进行"组装"示意图

四、EOMONTH 函数——月末日期计算器

（一）EOMONTH 函数语法

EOMONTH(start_day, months)

EOMONTH 函数具有下例参数。

start_day——必需项。一个代表开始的日期。可使用文本型日期，或者将日期作为其他公式或函数的结果输入。

months——必需项。"日期"之前或之后的月份数。为正值将生成未来日期；为负值将生成过去日期。

（二）EOMONTH 函数应用举例

假如单元格A1的内容为"2021年1月1日"，则：

=EOMONTH(A1,1)，结果为：2021年2月28日。

=EOMONTH(A1,-1)，结果为：2020年12月31日。

=EOMONTH(A1,0)，结果为：2021年1月31日。

当然，EOMONTH 函数也可以嵌套时间函数，比如 NOW 函数、TODAY 函数等。

应用EOMONTH函数计算月末日期，计算如图7-69所示。

	A	B	C
1	2021年1月1日	函数公式展示	备注
2	2021年2月28日	=EOMONTH(A1,1)	
3	2020年12月31日	=EOMONTH(A1,-1)	
4	2021年1月31日	=EOMONTH(A1,0)	
5	2021年4月30日	=EOMONTH(NOW(),0)	本表制表时间为2021-4-11，即公式中NOW()代表的日期。

图7-69　利用 EOMONTH 函数计算月末日期示意图

五、DATEDIF函数——一个很有用的计算间隔时间却找不到的函数

DATEDIF 函数是 Excel 隐藏函数，在帮助和插入公式里面没有显示——找不到。该函数返回两个日期之间的年/月/日间隔数。常使用 DATEDIF 函数计算两日期之差。

因此，该函数只能手工输入，而不能使用插入公式输入。

（一）DATEDIF 函数语法

DATEDIF(start_date,end_date,unit)

start_date——一个日期，它代表时间段内的第一个日期或起始日期。

end_date——一个日期，它代表时间段内的最后一个日期或结束日期。

unit——所需信息的返回类型。

注：结束日期必须大于起始日期。

下面举个例子：在日常工作中非常实用。

假如A1单元格写的也是一个日期，那么下面的三个公式可以计算出A1单

元格的日期和今天的时间差，分别是年数差，月数差，天数差。注意下面公式中的符号都是在英文状态下输入的。

计算年数差：=DATEDIF(A1,TODAY(),"Y")

计算月数差：=DATEDIF(A1,TODAY(),"M")

计算天数差：=DATEDIF(A1,TODAY(),"D")

"Y"为时间段中的整年数。

"M"为时间段中的整月数。

"D"为时间段中的天数。

"MD"为start_date与end_date日期中天数的差。忽略日期中的月和年。

"YM"为start_date与end_date日期中月数的差。忽略日期中的年。

"YD"为start_date与end_date日期中天数的差。忽略日期中的年。

（二）DATEDIF 函数应用举例

假设某人的出生日期是1990年10月1日，现在我们分别计算不同情况间隔的时间。计算过程如图7-70所示。

	A	B	C	D
1	出生日期			
2	1990/10/1			
3				
4	计算内容	结算结果	函数公式展示	备注
5	年龄	30	=DATEDIF($A$2,NOW(),"Y")	
6	间隔月份	366	=DATEDIF($A$2,NOW(),"M")	
7	间隔天数1	11150	=DATEDIF($A$2,NOW(),"D")	
8	间隔天数2	192	=DATEDIF($A$2,NOW(),"YD")	忽略年
9	间隔天数3	10	=DATEDIF($A$2,NOW(),"MD")	忽略年月
10	间隔月份	6	=DATEDIF($A$2,NOW(),"YM")	忽略年
11	距离生日天数	173	=DATEDIF(TODAY(),DATE(YEAR(TODAY()),MONTH(A2),DAY(A2)),"YD")	
12	说明：NOW函数和TODAY函数获取的制表当前的系统日期，当前系统日期为2021-4-11。因此，您如果复制相同的函数公式与出生日期，计算结果会跟本表不一致。			

图7-70 利用 DATEDIF 函数计算间隔时间示意图

第七节　文本类函数

一、MID 函数——中途截取字符

（一）MID 函数语法

MID(text,start_num, num_chars)

（二）MID 函数应用举例

假如单元格A1的内容是"北京市海淀区"，则：

公式1：=MID(A1, 1, 3)，结果为：北京市。

公式2：=MID(A1, 3, 3)，结果为：海淀区。

公式3：=MID(A1, 2, 2)，结果为：京市。

上述公式计算过程如图7-71所示。

	A	B	C
1	北京市海淀区	函数公式展示	说明
2	北京市	=MID(A1, 1, 3)	从第1个字符开始共截取3个字符
3	市海淀	=MID(A1, 3, 3)	从第3个字符开始共截取3个字符
4	京市	=MID(A1, 2, 2)	从第2个字符开始共截取2个字符

图7-71　利用 MID 函数截取部分字符应用示意图

二、LEFT 函数和 RIGHT 函数——左和右的函数

LEFT 和 RIGHT 的英文含义就是"左"和"右"的意思。因此，LEFT 函数和 RIGHT 函数就是从左或从右取数的函数，就这么简单。

（一）LEFT 函数——从左取数函数

1.语法

LEFT(text,[num_chars])

LEFT函数语法具有下列参数。

text——必需项。包含要提取的字符的文本字符串。

num_chars——可选项。指定要由 LEFT 提取的字符的数量。如果忽略，则默认为1。

2.应用举例

如果单元格A1的内容是"成都市高新区天府大道北段"，则：

公式1：=LEFT(A1,2)，返回结果：成都。

公式2：=LEFT(A1,3)，返回结果：成都市。

公式3：=LEFT(A1,6)，返回结果：成都市高新区。

上述公式计算过程如图7-72所示。

	A	B	C
1	成都市高新区天府大道北段	函数公式展示	说明
2	成都	=LEFT(A1, 2)	从左边截取2个字符
3	成都市	=LEFT(A1, 3)	从左边截取3个字符
4	成都市高新区	=LEFT(A1, 6)	从左边截取6个字符

图7-72　利用 LEFT 函数从左边截取部分字符应用示意图

（二）RIGHT 函数——右边取数的函数

RIGHT 函数，专门从右边开始取数，与 LEFT 函数的功能基本一致。

1.语法

RIGHT(text, [num_chars])

RIGHT 函数语法具有下列参数。

text——必需项。包含要提取的字符的文本字符串。

num_chars——可选项。指定要由 RIGHT 提取的字符的数量。如果忽略，则默认为1。

2.应用举例

如果单元格A1的内容是"成都市高新区天府大道北段"，则：

公式1：=RIGHT(A1,2)，返回结果：北段。

公式2：=RIGHT(A1,4)，返回结果：大道北段。

公式3：=RIGHT(A1,6)，返回结果：天府大道北段。

上述公式计算过程如图7-73所示。

	A	B	C
1	成都市高新区天府大道北段	函数公式展示	说明
2	北段	=RIGHT (A1,2)	从右边截取2个字符
3	大道北段	=RIGHT (A1,4)	从右边截取4个字符
4	天府大道北段	=RIGHT (A1,6)	从右边截取6个字符

图7-73　利用 LEFT 函数从右边截取部分字符应用示意图

三、LEN 函数——帮你数号码的位数

身份证号码和手机号码等，都有固定的位数，如果录入粗心就可能出现或多或少的情况，量少可以手工检查，大批量的则可以借助 LEN 函数来帮忙。

LEN 函数语法：

LEN(text)

需要说明的是，如果单元格中有空格的话，一个空格也要计算为一个字符。

应用举例：

对A列中内容统计字符数，如图7-74所示。

	A	B	C
1	内容	字符数	公式
2	中国人民万岁	6	=LEN(A2)
3	1234567890	10	=LEN(A3)
4	您好！	3	=LEN(A4)
5	你若安好 便是晴天	9	=LEN(A5)

图7-74　利用 LEN 函数计算单元格的字符数量示意图

说明：单元格A5中有一个空格，也被计算为一个字符，故结果是9。

四、EXACT 函数——比对能手

EXACT 函数用于比较两个字符串：如果它们完全相同，则返回 TRUE；否则，返回FALSE。函数 EXACT 区分大小写，但忽略格式上的差异。利用 EXACT 函数可以测试在文档内输入的文本。

（一）EXACT 函数语法

EXACT(text1,text2)

既然是比对，两个文本是必须的。

（二）EXACT 函数应用举例

对"内容1"和"内容2"进行比对，如图7-75所示。

	A	B	C	D
1	内容1	内容2	比对结果	公式
2	中国人民万岁	中国人民万岁	TRUE	=EXACT(A2,B2)
3	您好！	你好！	FALSE	=EXACT(A3,B3)
4	你若安好 便是晴天	你若安好便是晴天	FALSE	=EXACT(A4,B4)

图7-75　利用 EXACT 函数对单元格内容进行比对示意图

说明：空格也被当成一个字符在处理，所以便有单元格A4和B4比对的结果是 FALSE。

连文本都能比对，在财务中经常需要对账等工作，应用该函数就非常的轻松。

五、CONCAT 函数——Excel 2019版新增文本组合函数

CONCAT 函数将多个区域和/或字符串的文本组合起来，但不提供分隔符或 IgnoreEmpty 参数。

语法：

CONCAT(text1, [text2],…)

参数说明：text1——必需项。要联接的文本项。字符串或字符串数组，如单元格区域。

[text2,…]——可选项。要联接的其他文本项。文本项最多可以有253个文本参数。每个参数可以是一个字符串或字符串数组，如单元格区域。

利用函数 CONCAT 进行文本组合，如图7-76所示。

说明：单元格B6的函数公式中，增加在英文输入法下用引号包裹的空格键，所以呈现的结果就有空格。

	A	B	C
1	文本内容	组合结果	函数公式展示
2	你若安好	你若安好便是晴天	=CONCAT(A2:A3)
3	便是晴天	中国共产党万岁	=CONCAT(A4,A5,A7)
4	中国	中国共产党2021年百年华诞	=CONCAT(A4,A5,A8,A9)
5	共产党	中国人民万岁	=CONCAT(A4,A6,A7)
6	人民	你若安好　便是晴天	=CONCAT(A2," ",A3)
7	万岁		
8	2021年		
9	百年华诞		

图7-76　利用 CONCAT 函数进行文本组合示意图

第八节　统计类函数

一、MAX 函数与 MIN 函数——最大和最小的函数

MAX 函数和 MIN 函数,就是从一系列数字中找出最大值或最小值。

(一)MAX 函数——找出最大值

1.语法

MAX(number1,number2,…)

number1是必需项,后续数值是可选项。这些是要从中找出最大值的1到255个数字参数。

参数可以是数字或者是包含数字的名称、数组或引用。

逻辑值和直接键入到参数列表中代表数字的文本被计算在内。

如果参数为数组或引用,则只使用该数组或引用中的数字。数组或引用中的空白单元格、逻辑值或文本将被忽略。

如果参数不包含数字,函数 MAX 返回0(零)。

如果参数为错误值或为不能转换为数字的文本,将会导致错误。

如果要使计算包括引用中的逻辑值和代表数字的文本,请使用 MAXA 函数。

2.应用举例

（1）基本应用，如图7-77所示。

	A	B	C	D	E	F	G
1	1	2	3	4	5	6	7
2	求上面数字中的最大值					7	
3	公式					=MAX(A1:G1)	

图7-77　利用 MAX 函数求最大值应用示意图

（2）中级应用，如图7-78所示。

D2		▼	f_x	=MAX(C2-B2,0)	
	A	B	C	D	E
1	姓名	销售任务	实际完成	超额部分（MAX）	超额部分（IF）
2	彭怀文	5000	5500	500	500
3	赵晓东	4500	4600	100	100
4	李迪	4000	3800	0	0
5	黄浩然	3500	3550	50	50
6	万荣飞	3000	2800	0	0

图7-78　利用 MAX 函数和 IF 函数计算差额的对比应用示意图

我们要计算超额部分，需要用实际完成数减去销售任务，但是有可能没有完成任务则结果就是负数，此时只要与0比大小，取最大值自然就得到了结果。因此，在单元格D2中输入函数公式"=MAX(C2-B2,0)"，然后向下批量复制填充。

对于该问题，同样可以使用 IF 函数解决，在单元格E2中输入函数公式"=IF(C2-B2<0,0,C2-B2)"，然后向下批量复制填充。

可以发现两种函数的计算结果是一样的，但是可以看出 MAX 函数的公式相对要简单一些。

（3）高级应用。MAX 函数还可以用于个人所得税的计算，如图7-79所示。

函数公式解释：利用 MAX 函数计算个人所得税，使用了数组函数公式。应纳税所得额乘以大括号内的所有税率，然后再分别减去所有的速算扣除数，得到的是一个数组，最后利用 MAX 函数从中找出一个最大的数字，就是我们希望计算的应纳税额。

	个人所得税税率表一（综合所得适用）				
级数	全年应纳税所得额			税率（%）	速算扣除数
1	不超过36000元的			3	0
2	超过36000元至144000元的部分			10	2,520.00
3	超过144000元至300000元的部分			20	16,920.00
4	超过300000元至420000元的部分			25	31,920.00
5	超过420000元至660000元的部分			30	52,920.00
6	超过660000元至960000元的部分			35	85,920.00
7	超过960000元的部分			45	181,920.00
应纳税所得额	应纳税额	函数公式展示			
32,500.00	975.00	=ROUND(MAX(A12*{0.03,0.1,0.2,0.25,0.3,0.35,0.45}-{0,2520,16920,31920,52920,85920,181920},0),2)			
120,900.00	9,570.00	=ROUND(MAX(A13*{0.03,0.1,0.2,0.25,0.3,0.35,0.45}-{0,2520,16920,31920,52920,85920,181920},0),2)			
289,000.00	40,880.00	=ROUND(MAX(A14*{0.03,0.1,0.2,0.25,0.3,0.35,0.45}-{0,2520,16920,31920,52920,85920,181920},0),2)			
412,000.00	71,080.00	=ROUND(MAX(A15*{0.03,0.1,0.2,0.25,0.3,0.35,0.45}-{0,2520,16920,31920,52920,85920,181920},0),2)			
888,888.00	225,190.80	=ROUND(MAX(A16*{0.03,0.1,0.2,0.25,0.3,0.35,0.45}-{0,2520,16920,31920,52920,85920,181920},0),2)			
999,999.00	268,079.55	=ROUND(MAX(A17*{0.03,0.1,0.2,0.25,0.3,0.35,0.45}-{0,2520,16920,31920,52920,85920,181920},0),2)			

图7-79　MAX 函数用于个人所得税计算示意图

（二）MIN 函数——求最小值

MIN 函数用于求最小值，功能和用法与 MAX 函数基本一致，只是结果相反，因此不再赘述，参看 MAX 函数即可。

二、COUNT 函数——数字计数的函数

COUNT 函数计算包含数字的单元格以及参数列表中数字的个数。

（一）COUNT 函数语法

COUNT(value1, [value2], ...)

COUNT 函数语法具有下列参数。

value1——必需项。要计算其中数字的个数的第一个项、单元格引用或区域。

value2,…——可选项。要计算其中数字的个数的其他项、单元格引用或区域，最多可包含255个。

说明：这些参数可以包含或引用各种类型的数据，但只有数字类型的数据才被计算在内。

（二）COUNT 函数应用举例

利用 COUNT 函数统计单元格数字，如图7-80所示。

	A	B	C
1	2021/4/11 17:10	1	
2	中国万岁		
3	2021	10	100
4	4		
5	15		
6	函数公式展示	计算结果	说明
7	=COUNT(A1:A5,C1:C5)	5	不连续区域A1:A5与C1:C5中包含数字的单元格的个数(B3为文本格式，没有统计在内)
8	=COUNT(A1:C5)	6	连续区域A1:C5中包含数字的单元格的个数
9	=COUNT(A1:A5)	4	连续区域A1:A5中包含数字的单元格的个数
10	=COUNT(B1:B5)	1	连续区域B1:B5中包含数字的单元格的个数(B3为文本格式，没有统计在内)

图7-80　利用 COUNT 函数统计单元格区域数字类型示意图

三、RANK 函数——自动实现排名

业绩考核或考试结果出来后，有时会根据成绩进行排名。利用RANK函数可以自动得出排名的名次。

（一）RANK 函数语法

RANK(number,ref,[order])

RANK 函数语法具有下列参数。

number——必需项。需要找到排位的数字。

ref——必需项。数字列表数组或对数字列表的引用。ref 中非数值型的值将被忽略。

order——可选项。一数字，指明数字排位的方式。如果 order 为0或省略，Excel 对数字的排位是基于 ref 为按照降序排列的列表。如果 order 不为

0，Excel 对数字的排位是基于 ref 为按照升序排列的列表。

（二）RANK 函数应用举例

财务部几个同事进行了业务技能测试，成绩如图7-81所示，利用 RANK 函数对总成绩按降序进行排名。

	A	B	C	D	E	F
	姓名	会计	财管	税法	合计	排名
1						
2	赵晓东	82	89	71	242	2
3	李迪	86	72	79	237	3
4	黄宇	70	68	74	212	4
5	王荣飞	59	65	64	188	6
6	邱敏	62	70	76	208	5
7	彭怀文	90	86	85	261	1

F2 ▼ fx =RANK(E2,$E$2:$E$7)

图7-81　利用 RANK 函数对总成绩按降序进行排名示意图

需要在单元格F2输入函数公式"=RANK(E2,$E$2:$E$7)"，然后向下批量复制填充。

四、COUNTA 函数与 COUNTBLANK 函数——非空单元格与空单元格计数器

（一）COUNTA 函数——统计不为空的单元格个数

COUNTA 函数计算区域中不为空的单元格的个数。

1.语法

COUNTA (value1,[value2],...)

COUNTA 函数语法具有下列参数。

value1——必需项。表示要计数的值的第一个参数。

value2,...——可选项。表示要计数的值的其他参数，最多可包含255个参数。

说明：COUNTA 函数可对包含任何类型信息的单元格进行计数，这些信息包括错误值和空文本 (")。例如，如果区域包含一个返回空字符串的公式，则 COUNTA 函数会将该值计算在内。COUNTA 函数不会对空单元格进行计数。

2.应用举例

利用 COUNTA 函数对非空单元格进行计数,如图7-82所示。

	A	B	C	D	E
1	会计	财管	统计结果	公式	说明
2	82	89	4	=COUNTA(A2:A7)	统计区域A2:A7非空单元格个数
3			5	=COUNTA(B2:B7)	统计区域B2:B7非空单元格个数,但B3单元格敲了一下空格键。
4					
5	59	65			
6	62	70			
7	90	86			

图7-82　利用 COUNTA 函数对非空单元格进行计数示意图

由于B3单元格敲了一下空格键,被视为非空文本,所以也被计数了。

(二)COUNTBLANK 函数——统计为空的单元格个数

COUNTBLANK 函数与 COUNTA 函数用法基本一致,结果相反,只是统计的空单元格的个数,因此语法就不再赘述。

下面看看两个函数具体应用以及对比,如图7-83所示。

	A	B	C	D	E
1	会计	财管	统计结果	公式	说明
2	82	89	4	=COUNTA(A2:A7)	统计区域A2:A7非空单元格个数
3			5	=COUNTA(B2:B7)	统计区域B2:B7非空单元格个数,但B3单元格敲了一下空格键。
4			2	=COUNTBLANK(A2:A7)	统计区域A2:A7空单元格个数
5	59	65	1	=COUNTBLANK(B2:B7)	统计区域B2:B7空单元格个数,但B3单元格敲了一下空格键。
6	62	70			
7	90	86			

图7-83　COUNTBLANK 函数与 COUNTA 函数应用对比示意图

说明:由于B3单元格敲了一下空格键,被视为非空文本,所以不能被计入空单元格。

五、COUNTIF 函数和 COUNTIFS 函数——根据条件进行计数

COUNTIF 函数对区域中满足单个指定条件的单元格进行计数,COUNTIFS

函数根据多个条件对单元格进行计数。

（一）COUNTIF 函数——单条件计数

1.语法

COUNTIF(range,criteria)

range——必需项。要对其进行计数的一个或多个单元格，其中包括数字或名称、数组或包含数字的引用。空值和文本值将被忽略。

criteria——必需项。用于定义将对哪些单元格进行计数的数字、表达式、单元格引用或文本字符串。例如，条件可以表示为 32、">32"、B4、"苹果"或"32"。

2.应用举例

利用 COUNTIF 函数进行单条件计数，如图7-84所示。

	A	B	C	D	E
1	会计	财管	统计结果	公式	说明
2	82	89	2	=COUNTIF(A2:A7,">=80")	统计会计分数大于等于80的个数
3	75	80	2	=COUNTIF(A2:A7,"<60")	统计会计分数低于60的个数
4	58	67	3	=COUNTIF(B2:B7,">=80")	统计财管分数大于等于80的个数
5	59	65	0	=COUNTIF(B2:B7,"<60")	统计会计分数低于60的个数
6	62	70			
7	90	86			

图7-84　利用 COUNTIF 函数进行单条件计数示意图

（二）COUNTIF 函数——多条件计数

1.语法

COUNTIFS(criteria_range1,criteria1,[criteria_range2,criteria2], ...)

criteria_range1——必需项。要对其进行计数的一个或多个单元格，其中包括数字或名称、数组或包含数字的引用。空值和文本值将被忽略。

criteria1——必需项。用于定义将对哪些单元格进行计数的数字、表达式、单元格引用或文本字符串。例如，条件可以表示为 32、">32" 、B4、"苹果"或 "32"。

criteria_range2,criteria2,...——可选项。附加的区域及其关联条件。最多允许 127 个区域/条件对。但是每一个附加的区域都必须与参数criteria_range1具有相同的行数和列数。这些区域无须彼此相邻。

2.应用举例

利用 COUNTIFS 函数进行多条件计数，如图7-85所示。

	A	B	C	D	E	F	G
1	姓名	会计	财管	税法	统计结果	公式	说明
2	赵晓东	82	89	77	2	=COUNTIFS(B2:D2,">=80")	统计赵晓东成绩超80分的
3	李迪	75	80	75	0	=COUNTIFS(B2:B7,"<60",D2:D7,"<60")	统计会计和税法都低于60分的人数
4	王荣飞	58	67	72	1	=COUNTIFS(B2:B7,">=80",D2:D7,">=80")	统计会计和税法都高于80分的人数
5	贾文静	59	65	79			
6	邱敏	62	70	59			
7	彭怀文	90	86	85			

图7-85 利用 COUNTIFS 函数进行多条件计数示意图

六、Excel 2019版新增函数——MAXIFS 函数和 MINIFS 函数

（一）MAXIFS 函数——按条件求最大值

MAXIFS 函数返回一组给定条件或标准指定的单元格中的最大值。

1.语法

MAXIFS(max_range, criteria_range1, criteria1, [criteria_range2, criteria2], ...)

参数说明：max_range——必需项。要从中找出最大值的一组数据。

criteria_range——必需项。第一个判断条件区域。

criteria1——必需项。第一个判断条件。

criteria_range2, criteria2, ... ——可选项。后续的判断条件区域和条件对，最多可输入126对。

2.应用举例

MAXIFS函数应用，如图7-86所示。

	A	B	C	D	E	F
1	时间	项目	金额（万元）		最大预算数	函数公式展示
2	1季度	预算数	2,000.00		2,500.00	=MAXIFS(C2:C9,B2:B9,B2)
3		实际数	1,890.00			
4	2季度	预算数	1,800.00		最大实际数	
5		实际数	1,810.00		2,480.00	=MAXIFS(C2:C9,B2:B9,B3)
6	3季度	预算数	2,400.00			
7		实际数	2,480.00			
8	4季度	预算数	2,500.00			
9		实际数	2,420.00			

图7-86　MAXIFS 函数应用示意图

（二）MINIFS 函数——按条件求最小值

MINIFS 函数用于按条件求最小值，功能和用法与 MAXIFS 函数基本一致，只是结果相反，因此不再赘述，参看 MAXIFS 函数即可。

第三部分 实战案例篇

第八章 利用 Excel 计算个人所得税

作为财务人员，必须要会计算各种税金。如果一个企业规模较大、人数较多的话，每月需要计算的个人所得税比较多，不借助 Excel 作为工具，将会增加很大的工作量。下面我们主要以工资薪金所得、全年一次性奖金以及劳务报酬所得计算个人所得税为例来进行说明，其他项目的个人所得税相对于工资薪金所得的计算要简单，因此本文不予探讨。

第一节 工资薪金所得预缴个人所得税计算

根据2018年度新修订的个人所得税法及其实施条例，国家税务总局发布了《个人所得税扣缴申报管理办法（试行）》（国家税务总局公告2018年第61号发布，以下简称61号公告），对工资薪金所得的个人所得税扣缴计算做出了规定。

其中，对于居民个人支付工资、薪金所得时，应当按照累计预扣法计算预扣税款，并按月办理扣缴申报。本节内容主要讲述居民个人工资薪金所得的个人所得税预缴计算。

一、熟悉税率表以及个人所得税计算公式

我们在利用 Excel 表格以及函数进行任何计算，实际上就是利用已知数据

和公式，在 Excel 表格中通过函数公式把已知数据联系起来，实现自动计算。

在61号公告中，税务总局已经给出了个人所得税具体的计算公式以及税率表，因此我们需要做的是把公告中的文字公式变换为可以自动计算的函数公式。在写函数公式前，我们需要先熟悉税率表以及个人所得税的计算公式。

扣缴义务人向居民个人支付工资、薪金所得时，应当按照累计预扣法计算预扣税款，并按月办理全员全额扣缴申报。具体计算公式如下：

本期应预扣预缴税额=（累计预扣预缴应纳税所得额×预扣率-速算扣除数）-累计减免税额-累计已预扣预缴税额

累计预扣预缴应纳税所得额=累计收入-累计免税收入-累计减除费用-累计专项扣除-累计专项附加扣除-累计依法确定的其他扣除

其中：累计减除费用，按照5000元/月乘以纳税人当年截至本月在本单位的任职受雇月份数计算。

上述公式中，计算居民个人工资、薪金所得预扣预缴税额的预扣率、速算扣除数，按"个人所得税预扣率表一"执行，详见表8-1。

表8-1　居民个人工资薪金所得预扣预缴税率表

个人所得税预扣率表一			
（居民个人工资、薪金所得预扣预缴适用）			
级数	累计预扣预缴应纳税所得额	预扣率（%）	速算扣除数
1	不超过 36000 元的	3	—
2	超过 36000 元至 144000 元的部分	10	2 520.00
3	超过 144000 元至 300000 元的部分	20	16 920.00
4	超过 300000 元至 420000 元的部分	25	31 920.00
5	超过 420000 元至 660000 元的部分	30	52 920.00
6	超过 660000 元至 960000 元的部分	35	85 920.00
7	超过 960000 元的部分	45	181 920.00

对于上述税率表，在使用 Excel 函数时，根据具体使用函数的不同，可以进行适当的变形处理。

二、1月份预缴个人所得税计算

与旧版的个人所得税相比，从2019年开始，居民个人工资薪金所得个人所得税累计预扣法，比原来的单月计算就显得复杂很多。

由于1月份的预缴计算，可以不用考虑累计的情形，相对比较简单，我们就从简单的地方开始，从中找到方法，复杂的问题也就可以拆解为多个简单的问题。

对于个人所得税计算，可以使用多个不同函数，下面分别举例说明，实务中读者可以根据喜好选择。

（一）利用 IF 函数计算

在计算个人所得税时，可以扣除基本费用和社会保险个人应承担部分、合理范围内住房公积金个人部分以及专项附加费用等。1月份工资表如图8-1所示。

序号	姓名	基本工资	奖金	扣		应发工资	税前扣除			应纳税所得额	个人所得税	实发工资
				社保	公积金		基本费用	专项附加	其他扣除			
1	郭靖	8000	2068	800	480	8788	5000	1000	500	2288	68.64	8,719.36
2	杨康	12000	6909	1200	720	16989	5000	1500		10489	314.67	16,674.33
3	黄蓉	10000	880	1000	600	9280	5000	1000		3280	98.40	9,181.60
4	穆念慈	5000	4592	500	300	8792	5000	1500		2292	68.76	8,723.24
5	李莫愁	6000	4192	600	360	9232	5000	1000	500	2732	81.96	9,150.04
6	梅超风	6500	6211	650	390	11671	5000	1500		5171	155.13	11,515.87
7	柯镇恶	7000	3871	700	420	9751	5000	1000		3751	112.53	9,638.47
8	周伯通	4500	3107	450	270	6887	5000	1500	1000	0	0.00	6,887.00

图8-1　1月份工资表计算个人所得税示意图

上图中的"税前扣除""应纳税所得额"是为简化后面的函数公式而设置的辅助列，在打印时可以通过隐藏功能将其隐藏而不可见。

在"应纳税所得额"列的单元格L3输入函数公式："＝ＭＡＸ（Ｈ３-SUM(I3:K3),0)"，然后向下批量复制。

在"个人所得税"列的单元格M3输入函数公式：

=L3*IF(L3<36000,3%,IF(L3<144000,10%,IF(L3<300000,20%,IF(L3<420000,25%,IF(L3<660000,30%,IF(L3<960000,35%,45%))))))-IF(L3<36000,0,IF(L3<144000,2520,IF(L3<300000,16920,IF(L3<420000,31920,IF(L3<660000,52920,IF(L3<960000,85920,181920))))))

同样，向下批量复制至全部员工。

说明：为保证计算结果都是保留两位小数，可在 IF 函数前嵌套四舍五入的函数 ROUND，以下同样原因，不再重复说明。

（二）利用 IFS 函数计算

我们在前面讲述过，当使用 IF 函数嵌套过多，可以使用 IFS 函数来减少嵌套。

同样是图8-1，在"个人所得税"列的单元格M3输入函数公式：

=L3*IFS(L3<36000,3%,L3<144000,10%,L3<300000,20%,L3<420000, 25%,L3<660000,30%,L3<960000,35%,L3>=960000,45%)-IFS(L3<36000, 0,L3<144000,2520,L3<300000,16920,L3<420000,31920,L3<660000,52920, L3<960000,85920,L3>=960000,181920)

同样，向下批量复制至全部员工。

（三）利用 MAX 函数计算

如果仍然是图8-1，则可以在"个人所得税"列的单元格M3输入函数公式：

=ROUND(MAX(L3*{0.03,0.1,0.2,0.25,0.3,0.35,0.45}-{0,2520,16920, 31920,52920,85920,181920},0),2)

（四）利用 LOOKUP 函数计算个人所得税

在利用 LOOKUP 函数计算个人所得税时，需要对个人所得税的税率表做个简单变形处理，见表8-2。

表8-2　变形处理后个人所得税税率表（居民个人工资薪金所得使用）

应纳税所得额	税率（%）	速算扣除数	备　　注
0	3	0	代表应税所得区间：0 ～ 36000
36000	10	2520	代表应税所得区间：36000 ～ 14400
144000	20	16920	代表应税所得区间：144000 ～ 300000
300000	25	31920	代表应税所得区间：300000 ～ 420000
420000	30	52920	代表应税所得区间：420000 ～ 660000
660000	35	85920	代表应税所得区间：660000 ～ 960000
960000	45	181920	代表应税所得区间：960000 以上

对于上述表，应在 Excel 中单独做一份工作表"税率"。

那么，对于图8-1工资表的个人所得税计算，我们可以在"个人所得税"单元格M3输入如下函数公式：

=ROUND(L3*LOOKUP(L3,税率!$A$2:$A$8,税率!$B$2:$B$8))/100-LOOKUP(L3,税率!$A$2:$A$8,税率!$C$2:$C$8),2)

然后向下进行批量复制填充。

（五）利用 VLOOKUP 函数计算个人所得税

在利用 VLOOKUP 函数计算个人所得税时，也需要对个人所得税的税率表做个简单变形处理，见表8-2，此处不重复。

那么，对于图8-1工资表的个人所得税计算，我们可以在"个人所得税"单元格M3输入如下函数公式：

=ROUND(L3*VLOOKUP(L3,税率!$A$2:$C$8,2)/100-VLOOKUP(L3,税率!$A$2:$C$8,3),2)

总结：对于月度工薪所得的个人所得税，我们共用了5种不同函数进行计算，各有利弊。财务人员可以结合企业的具体情况和自己对函数掌握的熟练情况，选择自己熟练掌握的一种函数计算即可。

三、2月至12月预缴个人所得税计算

个人所得税法修订后，工资薪金所得预扣预缴从第2个月开始就要累计计算，当月的预扣税金需要以累计应交税金扣减以前月度已经累计预缴税金得来。

因此，从2月至12月份，我们在计算当月预扣税金的时候，首先需要计算累计的收入、基本费用、扣除项目，以及累计的已预缴税金等。

对于上述累计数的计算，就变成了2月至12月工资薪金所得计算个人所得税的关键。

（一）员工人数较少的个人所得税计算

对于单位员工人数较少且相对比较稳定的，可以为每一个员工建立一张年度分月工资表，并在该表中设函数公式实现自动累计，以及设函数公式实现

税金等自动计算。

步骤1：先按员工姓名建立工作表。

除了需要建立类似于图8-1的反映当月数据的单元格外，还需要增加反映累计数据的单元格，如图8-2所示。

月份	姓名	身份证号码	基本工资	奖金	扣		应发工资	税前扣除			累计数						当月应扣税金	实发工资
					社保	公积金		基本费用	专项附加	其他扣除	应发工资	基本费用	专项附加	其他扣除	应税所得	税金		
1	郭靖		8000	4620	800	480	11340	5000	1000	500	11340	5000	1000	500	4840	145.20	145.20	11,194.80
2	郭靖		8000	3917	800	480	10637	5000	1500		21977	10000	2500	500	8977	269.31	124.11	10,512.89
3	郭靖		8000	2469	800	480	9189	5000	1500		31166	15000	3500	500	12166	364.98	95.67	9,093.33
4	郭靖		8000	7149	800	480	13869	5000	1500		45035	20000	5000	500	19535	586.05	221.07	13,647.93
5	郭靖		8000	3123	800	480	9843	5000	1500	500	54878	25000	6000	1000	22878	686.34	100.29	9,742.71
6	郭靖		8000	2468	800	480	9188	5000	1500		64066	30000	7500	1000	25566	766.98	80.64	9,107.36
7	郭靖		8000	5310	800	480	12030	5000	1500		76096	35000	8500	1000	31596	947.88	180.90	11,849.10
8	郭靖		8000	7908	800	480	14628	5000	1500	1000	90724	40000	10000	2000	38724	1352.40	404.52	14,223.48
9	郭靖		8000	6425	800	480	13145	5000	1500	2000	103869	45000	11500	4000	43369	1816.90	464.50	12,680.50
10	郭靖		8000	1720	800	480	8440	5000	1500	1000	112309	50000	13000	5000	44309	1910.90	94.00	8,346.00
11	郭靖		8000	6424	800	480	13144	5000	1500	1000	125453	55000	14500	6000	49953	2475.30	564.40	12,579.60
12	郭靖		8000	3732	800	480	10452	5000	1500	1000	135905	60000	16000	7000	52905	2770.50	295.20	10,156.80

图8-2　按员工姓名建立工资表示意图

此表的重点在于计算"累计数"，因此对"累计数"函数公式说明如下。

（1）1月份的累计数，就是当月的实际数据。

（2）从2月份开始的累计数（以图8-2为例）。

"应发工资"在单元格L4输入函数公式："=L3+H4"。

"基本费用"在单元格M4输入函数公式："=M3+I4"。

"专项附加"在单元格N4输入函数公式："=N3+J4"。

"其他扣除"在单元格O4输入函数公式："=O3+K4"。

"应税所得"在单元格P4输入函数公式："=L4-SUM(M4:O4)"。

"税金"在单元格Q4输入函数公式：

=ROUND(MAX(P4*{0.03,0.1,0.2,0.25,0.3,0.35,0.45}-{0,2520,16920,31920,52920,85920,181920},0),2)

然后，向下批量复制填充至12月。

（3）"当月应扣税金"的计算。

从2月份开始在单元格R4输入函数公式："=MAX(Q4-Q3,0)"。

然后，向下批量填充至12月份。

步骤2：建立公司的汇总与分月份查询工资表。

由于按照步骤1建立的工资表是按照员工个人建立的，虽然每一位员工的工资信息以及扣税计算是很完善的，但是不利于看单位的整体，因此还需要建立一份公司整体的分月份工资表。对于分月份的工资表，可以利用查找函数把分个人计算的工资自动汇总到一张工资表上，如图8-3所示。

（1）在单元格F3输入需要查询或打印的月份数字，比如图8-3中输入的是3，代表查询或需要打印的月份为3月份。

（2）在单元格D3输入函数公式：“=LOOKUP($F$1,郭靖!$A:$A,郭靖!D:D)”。

（3）然后，批量填充即可。

先用光标选中单元格D3，向右拖动填充，最后修改I列和J列查找对应的范围，如单元格I3函数公式修改为：“=LOOKUP($F$1,郭靖!$A:$A,郭靖!R:R)”。

再用光标拖动选中单元格D3:J3的区域，然后向下拖动填充。在刚批量填充后，查找对应的工资表都还是一样“郭靖！”，这时还需要对每个人对应的公式进行修改，手工修改每个函数公式很慢且容易出错，此时可以利用【查找与替换】的快捷键。

	A	B	C	D	E	F	G	H	I	J
1		需要显示或打印的工资表月份				3				
2					XXXX有限公司工资表					
3					所属月份：	2020年	3月			
4	序号	姓名	身份证号码	基本工资	奖金	扣		应发工资	当月应扣税金	本月实发金额
5						社保	公积金			
6	1	郭靖		8,000.00	4,255.00	800.00	480.00	10,975.00	149.25	10,825.75
7	2	杨康		12,000.00	10,180.00	1,200.00	720.00	20,260.00	427.80	19,832.20
8	3	黄蓉		10,000.00	6,649.00	1,000.00	600.00	15,049.00	271.47	14,777.53
9	4	穆念慈		5,000.00	4,351.00	500.00	300.00	8,551.00	44.25	8,506.75
10	5	李莫愁		6,000.00	1,885.00	600.00	360.00	6,925.00	27.75	6,897.25
11	6	梅超风		6,500.00	4,211.00	650.00	390.00	9,671.00	110.13	9,560.87
12	7	柯镇恶		7,000.00	1,772.00	700.00	420.00	7,652.00	49.56	7,602.44
13	8	周伯通		4,500.00	3,799.00	450.00	270.00	7,579.00	42.48	7,536.52

图8-3　公司的汇总与分月份查询工资表示意图

此时，我们需要使用对指定区域的单元格内容进行替换。比如，替换“杨康”对应的公式内容：先用光标拖动选中区域D7:J7，然后使用快捷键【Ctrl+H】，弹出替换对话框，然后按照图8-4所示进行替换。

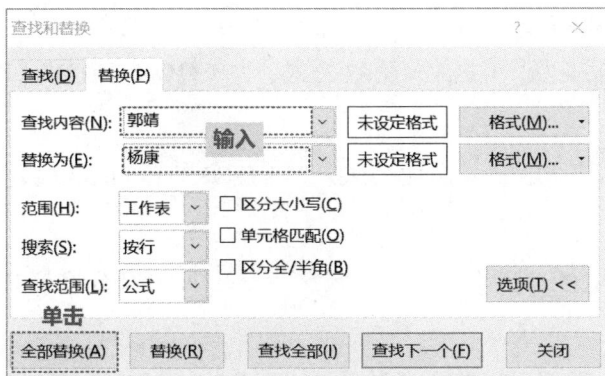

图8-4 指定区域单元格函数公式的批量修改示意图

（二）员工人数较多的个人所得税计算

对于前述人数较少的计算办法，显然不适合人数较多的情况。因此，我们必须要改变思路。由于现在的工资薪金个人所得税计算是按照累计计算的，其难点也在于收入与扣除项目的累计额计算。

因此，从2月份开始在计算个人所得税前，先需要计算收入与扣除项的累计数。假如在图8-1工资表的基础上通过插入新的工作表新建2~12月份的工资表，如图8-5所示。

图8-5 在同一工作簿内分别建12个月的工资表

从2月份的工资表开始，需要在1月份工资表的基础上插入相关累计数的栏次，如图8-6所示（因页面显示原因，不能全面显示，隐藏了C列至K列）。

| 序号 | 姓名 | 累计数 | | | | | | 应税所得 | 应扣税金 | 已扣税金 | 本月应扣个税 | 实发工资 |
		应发工资	社保	公积金	基本费用	专项附加	其他扣除					
1	郭靖	24759	1600	960	10000	2000	1000	9199	275.97	147.36	128.61	13,218.39
2	杨康	23108	1900	1200	10000	2500	500	7008	210.24	159.24	51.00	11,749.00
3	黄蓉	26125	1800	1080	10000	2000	500	10745	322.35	147.36	174.99	14,538.01
4	穆念慈	17587	1200	780	10000	2500	500	2607	78.21	159.24	0.00	6,279.00
5	李莫愁	21576	1400	840	10000	2000	1000	6336	190.08	147.36	42.72	10,121.28
6	梅超风	19302	1300	870	10000	2500	500	4132	123.96	84.87	39.09	9,933.91
7	柯镇恶	22510	1500	900	10000	2000	500	7610	228.3	147.36	80.94	11,017.06
8	周伯通	10400	900	750	10000	2500	1500	0	0	0	0.00	4,406.00

图8-6 插入累计数的2月份工资表示意图

2月份需要计算当月应扣税金，首先需要计算"累计数"：2月份的累计数=1月份数据+2月份数据。比如应发工资，就是两个月份的数据相加。所以，

图8-6"累计数"的计算公式如下：

（1）"应发工资"L3输入函数公式："=LOOKUP(B3,"1月"!B:B,"1月"!H:H)+H3"。

（2）"社保"M3输入函数公式："=LOOKUP($B$3,"1月"!$B:$B,"1月"!F:F)+F3"。

（3）"公积金"N3输入函数公式："=LOOKUP($B$3,"1月"!$B:$B,"1月"!G:G)+G3"。

（4）"基本费用"O3输入函数公式："=LOOKUP($B$3,"1月"!$B:$B,"1月"!I:I)+I3"。

（5）"专项附加"P3输入函数公式："=LOOKUP($B$3,"1月"!$B:$B,"1月"!J:J)+J3"。

（6）"其他扣除"Q3输入函数公式："=LOOKUP($B$3,"1月"!$B:$B,"1月"!K:K)+K3"。

（7）"应税所得"R3输入函数公式："=MAX(L3-SUM(M3:Q3),0)"。

（8）"应扣税金"S3输入函数公式："=ROUND(MAX(R3*{0.03,0.1,0.2,0.25,0.3,0.35,0.45}- 0,2520,16920,31920,52920,85920,181920},0),2)"。

（9）"已扣税金"T3输入函数公式："=LOOKUP(B3,"1月"!B:B,"1月"!M:M)"。

对上述9项累计数的函数公式全部输入后，然后用光标全部选中单元格L3:T3向下拖动，进行批量复制填充即可。

完成上述累计数的计算后，对"本月应扣个税"的函数公式也需要进行修改，需要在单元格U3输入函数公式："=MAX(S3-T3,0)"。然后，同样向下批量复制填充公式。

2月份的工资表完成了个人所得税的计算，以后的3月份至12月份亦是如此，只需要将"累计数"的函数公式稍加修改，在上一个月的基础上加上本月数就可以得出。因此，不再赘述。

注意：如果2月份至12月份有新入职的员工，由于在入职上一个月计算工资时没有累计数，因此在计算累计数的时候将公式修改为直接取当月数据或直接手工输入数据。

如果企业员工较多，容易出现同名同姓的情况，对于在使用查找函数时，就不要再使用员工姓名作为查找关键词，而应使用员工的身份证号码作为查找的关键词，就可避免同名同姓的错误。

四、工资薪金所得个人所得税计算的注意事项

（一）上年度收入低于6万元的情形

根据《国家税务总局关于进一步简便优化部分纳税人个人所得税预扣预缴方法的公告》（国家税务总局公告2020年第19号）规定："对上一完整纳税年度内每月均在同一单位预扣预缴工资、薪金所得个人所得税且全年工资、薪金收入不超过6万元的居民个人，扣缴义务人在预扣预缴本年度工资、薪金所得个人所得税时，累计减除费用自1月份起直接按照全年6万元计算扣除。即，在纳税人累计收入不超过6万元的月份，暂不预扣预缴个人所得税；在其累计收入超过6万元的当月及年内后续月份，再预扣预缴个人所得税。"

因此，对于满足上述条件的员工，直接在1月份计算个人所得税时，直接在工资表的"基本费用"栏目中输入60000元，然后2月份至12月份的"基本费用"全部输入0元。

（二）首次取得工资薪金的情形

根据《国家税务总局关于完善调整部分纳税人个人所得税预扣预缴方法的公告》（国家税务总局公告2020年第13号）第一条规定："对一个纳税年度内首次取得工资、薪金所得的居民个人，扣缴义务人在预扣预缴个人所得税时，可按照5000元/月乘以纳税人当年截至本月月份数计算累计减除费用。"

因此，对于满足上述条件的新员工，在计算第一个月工资时，可按照5000元/月乘以纳税人当年截至本月月份数计算累计减除费用。比如，公司7月招收了一批刚毕业的大学生，都是首次参加工作在当年也是首次取得工资收入，因此公司在计算第一个工资（7月份工资）时，可以直接在工资表的"基本费用"栏目

中输入35000元。

（三）注意工资对应月份与税务申报月份的差异

个人所得税的申报是按照"收付实现制"原则进行的，比如在3月15日前申报的个人所得税，按照税法规定就应该是上一个月（2月）实际发放的工资。

实务中，有的企业是先做事，后发工资，比如1月份的工资推迟到2月份实际发放；也有先发工资后做事的，比如当月10日前发放当月的工资。

因此，前述的个人所得税计算月份数，实际上是指个人所得税的纳税义务的月份数，跟我们实际工作对应工资的月份可能存在差异。比如目前主流的"先做事，后发工资"，2月份发1月份的工资，3月15日申报。我们在计算1月份的工资与税金的时候，就不能直接按照前述1月份计算方法来计算，而是需要当成2月份的工资计算税金，即需要按照实际发放的月份数来计算税金。

只有"先发工资后做事的"，由于实际发放工资的月份数与工资对应月份数一致，才不会出现上述的1月份工资计算税金需要推迟为2月份的情况。

实务中，有的单位还有一种个人所得税申报情况：当月15日前发上一个月工资，并在当月就申报当月发放工资的个人所得税。在这样的情况下，虽然工资发放推迟了，但是由于申报提前，月份数也就保持一致了。

综上所述，由于各单位发放工资与申报个人所得税的情况不一样，大家在计算个人所得税时一定要搞清楚情况，然后适用不同的函数公式进行计算。

第二节　年终奖缴税计算和税务策划

人们常说的"年终奖"，按照税法的准确说法叫作"全年一次性奖金"。由于国家有特殊的优惠政策，其个人所得税计算也有一定特殊性。

一、年终奖的计税方式与计算

《财政部　税务总局关于个人所得税法修改后有关优惠政策衔接问题的通知》（财税〔2018〕164号）规定：

居民个人取得全年一次性奖金，符合《国家税务总局关于调整个人取得全年一次性奖金等计算征收个人所得税方法问题的通知》（国税发〔2005〕9号）规定的，在2021年12月31日前，不并入当年综合所得，以全年一次性奖金收入除以12个月得到的数额，按照本通知所附按月换算后的综合所得税率表（以下简称月度税率表），确定适用税率和速算扣除数，单独计算纳税。计算公式为：

应纳税额=全年一次性奖金收入×适用税率-速算扣除数

居民个人取得全年一次性奖金，也可以选择并入当年综合所得计算纳税。

自2022年1月1日起，居民个人取得全年一次性奖金，应并入当年综合所得计算缴纳个人所得税。

因此，对于年终奖（全年一次性奖金）有两种计税方式，并入综合所得的计税方法即本章第一节的内容，此处不再赘述，此处只讲述单独计税的方式。

在对年终奖单独计税的情况下，使用的是月度税率表，与年度税率表在速算扣除数存在差异，在计算时需要特别注意。见表8-3。

表8-3　居民个人年终奖单独计税税率表

个人所得税税率表三 （居民个人年终奖不并入综合所得适用）			
级数	全月应纳税所得额	税率（%）	速算扣除数
1	不超过 3000 元的	3	0
2	超过 3000 元至 12000 元的部分	10	210
3	超过 12000 元至 25000 元的部分	20	1410
4	超过 25000 元至 35000 元的部分	25	2660
5	超过 35000 元至 55000 元的部分	30	4410
6	超过 55000 元至 80000 元的部分	35	7160
7	超过 80000 元的部分	45	15160

由于是单独计税，除了在查找税率前需要用奖金数额除以12和速算扣除数外，其他计税方法与计算1月份工资应预扣税金的方法是一样，所以在使用Excel 函数公式计算年终奖税金的时候，可以采用本章第一节有关1月份工资计税的方法，也就是说可以采用多种函数进行计算。实务中读者可以根据个人对函数的熟悉程度随便选择一个自己熟悉的函数就行，但是经过笔者测试使用 MAX 函数计算会出错，因此不能再单独使用 MAX 函数计算。

下面我们就以读者最为熟悉的 IF 函数来举例说明计算过程，如图8-7所示。

	A	B	C	D	E	F	G	H
1	序号	姓名	身份证号码	奖金	税率	速算扣除数	应扣税金	税后奖金
2	1	郭靖		123,448.00	10%	210	12,134.80	111,313.20
3	2	杨康		47,175.00	10%	210	4,507.50	42,667.50
4	3	黄蓉		331,665.00	25%	2660	80,256.25	251,408.75
5	4	穆念慈		22,437.00	3%	0	673.11	21,763.89
6	5	李莫愁		421,705.00	30%	4410	122,101.50	299,603.50
7	6	梅超风		19,734.00	3%	0	592.02	19,141.98
8	7	柯镇恶		21,624.00	3%	0	648.72	20,975.28
9	8	周伯通		518,975.00	30%	4410	151,282.50	367,692.50

图8-7　利用IF函数计算年终奖应扣税金示意图

（1）在"税率"单元格E2输入函数公式："=IF(D2/12<3000,3%,IF(D2/12<12000,10%,IF(D2/12<25000,20%,IF(D2/12<35000,25%,IF(D2/12<55000,30%,IF(D2/12<80000,35%,45%))))))"。

（2）在"速算扣除数"单元格F2输入函数公式："=IF(D2/12<3000,0,IF(D2/12<12000,210,IF(D2/12<25000,1410,IF(D2/12<35000,2660,IF(D2/12<55000,4410,IF(D2/12<80000,7160,15160))))))"。

（3）在"应扣税金"单元格G2输入函数公式："=ROUND(D2*E2-F2,2)"。

（4）在"税后奖金"单元格H2输入计算公式："=D2-G2"。

然后，用光标同时选中单元格E2:H2区域，拖动向下批量复制填充，或光标移动至选中区域单元格的右下角变成十字符号时，双击进行批量填充。

二、通过 Excel 可以轻松为年终奖个人所得税"减负"

每到年终奖发放前，经常会遇到领导、同行和领年终奖的朋友咨询：媒体上说"多发1元年终奖会多缴上千元的个人所得税"，是真的吗？为什么会存在这样的问题呢？如何为其"减负"呢？

其实面对这个问题，我们可以利用 Excel 就能非常轻松地办到！

计算年终奖个人所得税"负担"的步骤：

第一步：找税率。

用"年终奖/12"的结果在表8-3中找到适用的税率与速算扣除数。

第二步：计算各档税率计算的年终奖（税前）的下限和上限。

比如：3%的税率的上限=3000×12=36000元。

　　　10%的税率的下限=3000×12=36000元。

　　　10%的税率的上限=12000×12=144000元。

　　　…………

其余以此类推计算，最后会发现年终奖（税前）下限和上限，其实就是综合所得年度税率表中的上限与下限。因此，将综合所得与全年一次性奖金税率合并在一起对比，见表8-4。

表8-4　综合所得和全年一次性奖金税率表对比

级数	全年应纳税所得额 全年一次性奖金	税率 （%）	综合所得 速算扣除数	全年一次性奖金 速算扣除数
	个人所得税预扣率表一 （综合所得和全年一次性奖金适用）			
1	不超过36000元的	3	0.00	0.00
2	超过36000元至144000元的部分	10	2,520.00	210.00
3	超过144000元至300000元的部分	20	16,920.00	1,410.00
4	超过300000元至420000元的部分	25	31,920.00	2,660.00
5	超过420000元至660000元的部分	30	52,920.00	4,410.00
6	超过660000元至960000元的部分	35	85,920.00	7,160.00
7	超过960000元的部分	45	181,920.00	15,160.00

第三步：计算按各档税率计算的年终奖（税后）的下限和上限。

3%税率计算的年终奖（税后）上限=36000-（36000×3%-0）=34920元。

10%税率计算的年终奖（税后）下限=36000-（36000×10%-210）=32610元。

10%税率计算的年终奖（税后）上限=144000-（300000×10%-210）=129810元。

其余以此类推计算。

上述计算在 Excel 表中是很简单的，计算结果如图8-8所示。

级数	年终奖/12的数额	税率(%)	速算扣除数	年终奖（税前）		年终奖（税后）		平衡点（税前）	年终奖（税前）陷阱	
				下限	上限	下限	上限		下限	上限
1	不超过3000元的	3	0	0.00	36,000.00	0.00	34,920.00			
2	超过3000元至12000元的部分	10	210	36,000.00	144,000.00	32,610.00	129,810.00	38,566.67	36,000.00	38,566.67
3	超过12000元至25000元的部分	20	1410	144,000.00	300,000.00	116,610.00	241,410.00	160,500.00	144,000.00	160,500.00
4	超过25000元至35000元的部分	25	2660	300,000.00	420,000.00	227,660.00	317,660.00	318,333.33	300,000.00	318,333.33
5	超过35000元至55000元的部分	30	4410	420,000.00	660,000.00	298,410.00	466,410.00	447,500.00	420,000.00	447,500.00
6	超过55000元至80000元的部分	35	7160	660,000.00	960,000.00	436,160.00	631,160.00	706,538.46	660,000.00	706,538.46
7	超过80000元的部分	45	15160	960,000.00		543,160.00		1,120,000.00	960,000.00	1,120,000.00

图8-8　居民个人年终奖"减负"区域计算

提示：在 Excel 表中的G4栏中输入"=ROUND(E4-(E4*$C4/100-$D4),2)"，然后批量填充到G列的G10栏；复制填充至H4，再向下填充至H9栏中。这样就全部完成。

第四步：计算平衡点（税前）。

平衡点（税前）是指：在高档税率情况下，年终奖扣除个人所得税后实际收入（年终奖税后收入）与低一档税率计算的实际收入相等。

根据这个原理，我们可以设平衡点（税前）为X，这样有方程式如下：

X-（X×高档税率-高档税率速算扣除数）=低档税率计算的年终奖（税后）上限

解方程，可以得到：

X=（低档税率计算的年终奖（税后）上限-高档税率速算扣除数）/（1-高档税率）

根据方程计算结果，我们可以在 Excel 表中I5栏输入"=ROUND((H4-D5)/(1-C5/100),2)"，然后批量复制填充至I10栏中，所有的平衡点就全部计算出来了。

第五步：标示出年终奖（税前）的"负担"。

通过第三步的计算，我们可以看出所谓年终奖（税前）的"负担"就是适用税率对应的年终奖（税前）下限至平衡点（税前）的区域。

如图8-8中，在 Excel 表中J5栏输入"=E5"，K5栏输入"=I5"，然后向下批量复制到第七档税率栏。

通过上述五步就计算出年终奖个人所得税的"负担"，我们以上述计算的

Excel 表作为一个工具表格存放在电脑中以备使用查找。

三、年终奖是否并入综合所得的选择

对于全年一次性奖金（年终奖）是否并入综合所得的选择看似非常的简单，因为从个人利益的角度出发肯定会选择少缴税的方式。但是，真正面临选择时并不简单，不但需要复杂的计算而且还要考虑很多与之相关的问题。

1.测算全年一次性年终奖是否并入的模板一

笔者为了准确地计算出两种不同选择方式下，全年一次性奖金各自需要缴纳的个人所得税，专门在 Excel 中建立了一个模板，读者可以按照以下方式自己在电脑中制作一个以备使用（也可按照本书序言中提供的渠道向笔者索取，下同）。Excel 模板格式一见表8-5。

表8-5　年终奖是否并入综合所得测试模板一

	A	B	C	D	E	F
1	级数	月所得区间	年所得区间	税率（%）	月速算扣除数	年速算扣除数
2	1	0.00	0.00	3	0.00	0.00
3	2	3000.00	36000.00	10	210.00	2520.00
4	3	12000.00	144000.00	20	1410.00	16920.00
5	4	25000.00	300000.00	25	2660.00	31920.00
6	5	35000.00	420000.00	30	4410.00	52920.00
7	6	55000.00	660000.00	35	7160.00	85920.00
8	7	80000.00	960000.00	45	15160.00	181920.00
9		并入综合所得应补缴的税额			不并入综合所得应交的税额	
10	行次	一、收入项目		164,000.00		
11	1		工资、薪金	132,000.00		
12	2		劳务报酬			
13	3		稿酬			
14	4		特许权使用费			
15	5		一次性奖金	32,000.00	一次性奖金	32,000.00
16	6		二、扣除项目	132,000.00		
17	7		减除费用	60,000.00		
18	8		专项扣除	12,000.00		
19	9		专项附加扣除	48,000.00		
20	10		其他扣除额	12,000.00		

		A	B	C	D	E	F
21	11		三、全年应纳税所得额		32,000.00	除以 12 后的数额	2,666.67
22	12		四、全年应适用税率		3%	应适用的税率	3%
23	13		五、全年应适用速算扣除数		—	应适用的月速算扣	
24	14		六、全年应缴税额		960.00	除数	—
25	15		七、全年已预缴税额		—	全年一次性奖金应	
26	16		八、全年应补缴税额		960.00	交税额	960.00
27	17		结论			都一样!	

模板一使用说明如下：

（1）上半部分就是将综合所得的月度税率表和年度税率表稍加变形处理后给糅合在一起的，"月所得区间"就是"全月应纳税所得额"，只是把文字表述内容变成了税率表中最低额的数值。"年所得区间"也是同样如此，税率、月速算扣除数、年速算扣除数完全照搬税率表。

（2）下半部就是分别对全年一次性奖金分为选择是否并入综合所得计算出应交税额或补缴税额。

上表中的数值是笔者测试时，随手填写上去的，下面分别详细说明各单元格的公式或如何填写。

（3）模板项目填报说明。

①"一、收入项目"。

左边"并入综合所得应补缴的税额"中的"一、收入项目"需要分明细据实填写，不能有错误，所有的收入项目均是指全年一次性奖金实际取得年度的实际收入，如2019年12月收到的奖金，其他的收入项目也必须是2019年的。如果2020年2月份才收到2019年度的奖金，如果又想测算是否并入综合所得的话，其他收入项目只能纳税人自己去预测一个比较靠谱的数据。

需要注意的是，劳务报酬所得、特许权使用费所得以原收入乘以80%为收入额，稿酬所得是以原收入乘以56%为收入额（80%×70%）。

"一、收入项目"单元格D10需要输入一个函数公式"=SUM(D11:D15)"。

②"二、扣除项目"。

与"收入项目"一样，均是如实填写依法可以税前扣除的项目金额。单元格D16输入函数公式"=SUM(D17:D20)"。

③"三、全年应纳税所得额"。

单元格D21输入函数公式"=IF(D10-D16<0,0,D10-D16)"。

④"四、全年应适用税率"。

单元格D22输入函数公式"=LOOKUP(D21,C2:C8,D2:D8)/100"。

⑤"五、全年应适用速算扣除数"。

单元格D23输入函数公式"=LOOKUP(D21,C2:C8,F2:F8)"。

⑥"六、全年应缴税额"。

单元格D23输入函数公式"=D21*D22-D23"。

⑦"七、全年已预缴税额"。

填写纳税人实际已经预缴或者应该预缴的税额。

⑧"八、全年应补缴税额"。

单元格D23输入函数公式"=D24-D25"。

⑨右边"不并入综合所得应交的税额"方的"一次性奖金"。

单元格F15输入函数公式"=D15",确保两方的金额一致并减少输入。

⑩"除以12后的数额"。

单元格F21输入函数公式"=ROUND(F15/12,12)"。

⑪"应适用的月税率"。

单元格F22输入函数公式"=LOOKUP(F21-0.000833,B2:B8,D2:D8)/100"。

⑫"应适用的月速算扣除数"。

单元格F23输入函数公式"=LOOKUP(F21-0.000833,B2:B8,E2:E8)"。

⑬"全年一次性奖金应交税额"。

单元格F25输入函数公式"=F15*F22-F23"。

⑭"结论":单元格F27输入函数公式"=IF(D26=F25,"都一样!",IF(D26>F25,"不并入!","并入!"))"。

(4)数据的获取。为了计算准确,对于工资薪金等收入金额和扣除项目金额,建议根据年底电子税务局提供的纳税记录金额为准。

2.测算全年一次性奖金是否并入综合所得的模板二

上述模板一，显得似乎有点不方便。为此，笔者又专门设计了模板二，利用税务局纳税记录可以提供的预缴税金金额来测算，尤其是扣除充分的情况下会更加的快捷，见表8-6。

表8-6　年终奖是否并入综合所得测试模板二

	A	C	D	E	F	G	H	I	J
1		个人所得税预扣率表							
2		（综合所得适用）							
3	级数	年度税率表	应纳税所得额		税率 (%)	月度	年度	应纳税额	
4		全年应纳税所得额	下限	上限		速算扣除数	速算扣除数	下限	上限
5	1	不超过 36000 元的	0	36000	3	0	0	0	1080
6	2	超过 36000 元至 144000 元的部分	36000	144000	10	210	2520	1080	11880
7	3	超过 144000 元至 300000 元的部分	144000	300000	20	1410	16920	11880	43080
8	4	超过 300000 元至 420000 元的部分	300000	420000	25	2660	31920	43080	73080
9	5	超过 420000 元至 660000 元的部分	420000	660000	30	4410	52920	73080	145080
10	6	超过 660000 元至 960000 元的部分	660000	960000	35	7160	85920	145080	250080
11	7	超过 960000 元的部分	960000		45	15160	181920	250080	
12		只需要在阴影单元格输入数字即可得出结论							
13	不并入年终奖前已预缴税额		10000	年终奖金额				10000	
14	不并入年终奖前预缴适用的税率		10%	年度汇算除年终奖还要并入的综合所得收入额				10000	
15	不并入年终奖前预缴适用的速算扣除数		2520	选择并入年终奖应补缴税额（负数为退税）				-7000	
16	不并入年终奖前预缴的应纳税所得额		125200	选择不并入年终奖应纳税额				300	
17	年度汇算还可以扣除的金额		80000	结论				可并入	

模板二使用说明如下：

（1）上半部完全是综合所得税率表的变形，读者只要稍微思考一下就会明白，此处不多做解释。

（2）下半部就是模板，只要在阴影单元格根据实际情况输入数字就可得出结论。

单元格D14输入函数公式："=IF(D13>0,LOOKUP($D$13,$I$5:$I$11,$H$5:$H$11),0)"。

单元格D15输入函数公式："=IF(D13>0,LOOKUP($D$13,$I$5:$I$11,$H$5:$H$11),0)"。

单元格D16输入函数公式："=IF(D13>0,(D13+D15)/D14,0)"。

单元格I15输入函数公式："=(D16+I13-D17)*LOOKUP($D$16+$I$13,$D$5:$D$11,$F$5:$F$11)/100-LOOKUP($D$16+$I$13,$D$5:$D$11,$H$5:$H$11)-D13"。

单元格I16输入函数公式："=I13*LOOKUP(I13,D5:D11,F5:F11)/100-LOOKUP(I13,D5:D11,G5:G11)"。

四、年终奖发放时的税务策划

通过前面的年终奖是否并入综合所得计税的计算，可以看出有时并入对个人有利，有时则又并非如此。

如果单位愿意配合员工对年终奖做一些简单策划的话，可以在综合所得与年终奖之间找到一个平衡点，使综合所得税（工资等）和年终奖所缴纳的税金合计数为最小，即税负最低。

对于具体的拆分工作，完全是利用 Excel 函数计算，在很多个组合中选择最终税负最小的结果。经过笔者测试，年终奖可以按照见表8-7所示进行拆分。

表8-7 年终奖策划拆分表

序号	全年应纳税所得额范围	年终奖	综合所得
1	(36000,203100)	36000	
2	203100	36000 或 144000	
3	(203100,672000)	144000	
4	672000	144000 或 300000	
5	(672000,1277500)	300000	剩余部分作为"工资薪金所得"申报
6	1277500	300000 或 420000	
7	(1277500,1452500)	420000	
8	1452500	420000 或 660000	
9	(1452500,＋∞)	660000	

拆分步骤如下:

(1)先估算"全年应纳税所得额",将个人全年度全部的工资薪金所得、劳务报酬所得、稿酬所得、特许权使用费所得等合计,然后减除扣除项目:基本费用6万元、社保和住房公积金个人部分、专项附加扣除等。

(2)如果经过计算,"全年应纳税所得额"大于36000元则可以考虑通过拆分组合达到税负最低的策划,低于36000元时年终奖则全部按照"工资薪金所得"申报。

第九章　使用 Excel 轻松玩转项目申报与投资决策分析

由于各级政府对于企业的技术改造、技术创新等给予一定财政补贴支持，很多企业都可能向相关政府部门进行申请。在申请时，一般都会要求编制各种不同版本的项目申报书，虽然各种项目申报书内容有所不同，但是其对项目的财务评价内容基本一致，一般会包括项目的现金流量预测和项目的净现值、内含报酬率、投资回收期等。

同时，企业进行各种项目投资时，企业内部管理也需要计算项目投资的净现值、内含报酬率、投资回收期等。

通常，企业一旦遇到这样的计算工作，很多都会不约而同地想到财务部以及财务人员。如果按照一般财务管理教科书计算办法，会非常烦琐，但是只要我们借助 Excel 就变得轻松自如。

第一节　资本预算常用财务指标计算

投资项目评价使用的基本方法是现金流量折现法，主要有净现值法和内含报酬率法。此外，还有投资回收期法等辅助方法。

一、净现值的计算

净现值是指特定项目未来现金流入的现值与未来现金流出的现值之间的差额，它是评价项目是否可行的最重要指标之一。

因此，所有未来的现金流入与流出都要用资本成本折算现值，然后用流入的现值减去流出的现值得到净现值。净现值为正数，项目可以采纳；净现值为负数，项目应放弃。

根据前期对各投资项目现金流量的估算，可以按照各项目的净收益、折旧、现金流量等制作一份表，如图9-1所示。

对于净现值的计算，财务管理教科书中的净现值计算公式如下：

$$净现值(NPV) = \sum_{k=0}^{n} \frac{I_k}{(1+i)^k} - \sum_{k=0}^{n} \frac{O_k}{(1+i)^k}$$

式中：n为项目期限；i为项目资金成本（折现率）；I_k为第k年现金流入量；O_k为第k年现金流出量。

这种公式计算法是正规财务管理学教材上传授的办法，这种办法不但计算量大，而且容易出错。

在 Excel 表格中要计算净现值就易如反掌，根本不需要查系数表，仅仅需要在单元格D11处输入函数公式"=NPV($B$10,D3:D8)"，这样就可以得到A项目的净现值。

同样，将函数公式复制粘贴到B项目和C项目，也就可以轻松得到该项目的净现值。因此，只要掌握了 NPV 函数就可以轻松计算项目申报过程中遇到的需要计算的净现值了。

当需要测试不同折现率（资金成本）的情况时，只需要在图9-1中把折现率（资金成本）改变即可得到新结果。

D11		✕ ✓ fx	=NPV($B$10,D3:D8)		=NPV($B$10,G3:G8)			=NPV($B$10,J3:J8)	
	A	B	C	D	E	F	G	H	I	J
1	年份	A项目			B项目			C项目		
2		净收益	折旧	现金流量	净收益	折旧	现金流量	净收益	折旧	现金流量
3	0			-20000			-9000			-15000
4	1	1800	4000	5800	-2000	1800	-200	1500	3000	4500
5	2	2700	4000	6700	1800	1800	3600	2000	3000	5000
6	3	4050	4000	8050	2700	1800	4500	2800	3000	5800
7	4	2700	4000	6700	3600	1800	5400	2600	3000	5600
8	5	1800	4000	5800	1800	1800	3600	2400	3000	5400
9	合计	13050	20000	13050	7900	9000	7900	11300	15000	11300
10	折现率					10%				
11	净值			¥4,577.76			¥2,816.27			¥4,326.02

图9-1　三个项目的现金流数据及净现值计算示意图

二、现值指数的计算

所谓现值指数,是指特定投资项目未来现金流入现值与现金流出现值的比率,又称为现值比率或获利指数。

传统的财务管理教科书上介绍的计算方法仍是使用公式法,公式只是在净现值计算公式的基础上进行了简单变形,把计算净现值公式中的减号变成除号。

$$现值指数(获利指数) = \sum_{k=0}^{n} \frac{I_k}{(1+i)^k} - \sum_{k=0}^{n} \frac{O_k}{(1+i)^k}$$

与净现值计算一样,如果在实务工作中使用公式法计算的话,工作效率会非常低。但是,Excel 函数中没有专门计算现值指数的函数。不过,我们可以利用公式结合其他函数来快速计算。

仍以图9-1中A项目为例说明现值指数的 Excel 计算办法。

第一步:需要分别计算出各年的现金流量的现值,可以使用 PV 函数。

第二步:需要分别计算出现金流入和现金流出的现值之和,可以利用条件求和函数 SUMIF。

第三步:再将现金流入现值之和与现金流出之和进行相除。

基于上述解决思路,我们可以在图9-1的基础上增加一个辅助列"现金流量现值",如图9-2所示。

E12			f_x =SUMIF(E3:E8,">0")/SUMIF(E3:E8,"<0")		
	A	B	C	D	E	F
1	年份			A项目		
2		净收益	折旧	现金流量	现金流量现值	净收益
3	0			-20000	-20,000.00	
4	1	1800	4000	5800	5,272.73	-2000
5	2	2700	4000	6700	5,537.19	1800
6	3	4050	4000	8050	6,048.08	2700
7	4	2700	4000	6700	4,576.19	3600
8	5	1800	4000	5800	3,601.34	1800
9	合计	13050	20000	13050		7900
10	折现率	10%				
11	净现值			¥4,577.76		
12	现值指数				125.18%	

图9-2　现值指数的计算示意图

(1)现金流量现值的计算。

在单元格E3输入函数公式"=-PV($B$10,$A3,0,D3)",然后向下批量复制填充至单元格E8为止。

（2）现值指数的计算。

在单元格E12输入函数公式"=-SUMIF(E3:E8,">0")/SUMIF(E3:E8,"<0")"。

对于剩下的B项目和C项目的现值指数计算，余下的操作就是简单地添加辅助列和复制粘贴了，不再赘述。

同样，如果需要计算在不同折现率（资金成本）下各项目的现值指数，只需要对表中的折现率进行修改就可得到新的折现率（资金成本）下的现值指数。

三、项目内含报酬率

内含报酬率，是指能够使未来现金流入量现值等于现金流出量现值的折现率，或者说是项目净现值为零的折现率。

财务教科书采用"逐步测试法"：首先估计一个折现率，用它来计算项目的净现值；如果净现值为正数，说明项目本身的折现率超过估计的折现率，反之亦然；经过多次测试，寻找出使净现值接近于零的折现率，即为该项目的内含报酬率。

上述计算过程多且复杂，计算精度不高。在强大的 Excel 功能中，只需要一个函数 IRR 即可，如图9-3所示。

D10			f_x	=IRR(D3:D8)			=IRR(G3:G8)		=IRR(J3:J8)	
	A	B	C	D	E	F	G	H	I	J
1	年份		A项目			B项目			C项目	
2		净收益	折旧	现金流量	净收益	折旧	现金流量	净收益	折旧	现金流量
3	0			-20000			-9000			-15000
4	1	1800	4000	5800	-2000	1800	-200	1500	3000	4500
5	2	2700	4000	6700	1800	1800	3600	2000	3000	5000
6	3	4050	4000	8050	2700	1800	4500	2800	3000	5800
7	4	2700	4000	6700	3600	1800	5400	2600	3000	5600
8	5	1800	4000	5800	1800	1800	3600	2400	3000	5400
9	合计	13050	20000	13050	7900	9000	7900	11300	15000	11300
10	内含报酬率			19.34%			19.95%			21.30%

图9-3　项目内含报酬率计算示意图

我们只需要在A项目的单元格D10输入函数公式"=IRR(D3:D8)"，瞬间就能得出项目的内含报酬率为19.34%。同样，把函数公式复制粘贴到B项目和C

项目，即可瞬间得到其对应的内含报酬率。

四、投资回收期的计算

投资回收期，是指投资引起的现金流入累计到与投资额度相等所需的时间。投资回收期根据是否考虑资金时间价值，可分为静态投资回收期和动态投资回收期。

（一）静态投资回收期的计算

静态投资回收期是在不考虑资金时间价值的条件下，以项目的净收益回收其全部投资额所需的时间。投资回收期可以自项目建设开始年度算起，也可以自项目投产年度开始算起，但应予以注明。

在 Excel 中没有专门用于计算投资回收期的函数，但我们可以转换一下思维，计算过程如图9-4所示。

	A	B	C	D	E	F
			fx	=IF(C3<0,"",IF(C2<0,-C3/$C$2+A3,""))		
1	年份	现金流量	累计现金流量	投资回收期		
2	0	-20000	-20000			
3	1	5800	-14200			
4	2	6700	-7500			
5	3	8050	550	3.0275		
6	4	6700	7250			
7	5	5800	13050			
8	合计	13050				

图9-4 静态投资回收期计算示意图

通过观察，可以看出该项目的投资回收期在第3年，但是如何计算呢？

根据投资回收期的定义可知：当累计现金流量是负数时，尚未完成投资回收；当累计现金流量首次出现正数的年份就是投资回收期的年份。因此，根据这个规则，我们对于图9-4中的投资回收期计算，可以在单元格D3中输入函数公式："=IF(C3<0,"",IF(C2<0,-C3/$C$2+A3,""))"，然后将该公式向下复制填充至单元格D7。

说明：利用该公式计算出的投资回收期是从项目投资建设年份开始计算

的，如果需要从建成投产年份开始计算，则需要减去建设所用年份。

（二）动态投资回收期的计算

动态投资回收期是把投资项目各年的净现金流量按基准收益率折算成现值之后，再来计算投资回收期，这就是它与静态投资回收期的根本区别。动态投资回收期就是净现金流量累计现值等于零的年份。求出的动态投资回收期也要与行业标准动态投资回收期或行业平均动态投资回收期进行比较，低于相应的标准，则认为该项目可行。

动态投资回收期的计算与静态投资回收期的计算，区别在于动态投资回收期需要先计算各期现金流量的现值。因此，我们需要对静态投资回收期的计算表格做调整，如图9-5所示。

	A	B	C	D	E
			fx	=-PV($B$9,A2,0,B2,0)	
1	年份	现金流量	现金流量现值	累计现金流量现值	动态投资回收期
2	0	-20000	-20,000.00	-20000	
3	1	5800	5,272.73	-14,727.27	
4	2	6700	5,537.19	-9,190.08	
5	3	8050	6,048.08	-3,142.00	
6	4	6700	4,576.19	1,434.19	4.07
7	5	5800	3,601.34	5,035.54	
8	合计	13050		=IF(D3<0,"",IF(D2<0,-D3/$D$2+A3,""))	
9	基准收益率	10%			

图9-5　动态投资回收期计算示意图

在静态投资回收期的计算表格上先插入一列"现金流量现值"，然后利用计算资金现值的 PV 函数来计算现值。

在单元格C2中输入函数公式"=-PV($B$9,A2,0,B2,0)"。

公式中绝对引用的单元格B9是基准收益率（折现率），可以根据实际情况进行变更。

然后将单元格C2的函数公式向下复制填充至单元格C7，这样就可以得到整个项目期间1至5年的现金流量现值。

"累计现金流量现值"和"动态投资回收期"与静态投资回收期一样，其中的公式无须更改，就可以得到动态投资回收期的数字。

五、会计报酬率的计算

会计报酬率,又称为会计收益率,是使用会计报表数据和会计收益与成本理论计算投资回报率的方法,常用于投资项目评估。

计算方法通常有两种。

方法一:会计报酬率(会计收益率) = 年平均收益/原始投资额。

方法二:会计报酬率(会计收益率) = 平均年利润/平均资本。

会计上计算投资回报率的方法,计算时使用会计报表数据及会计收益和成本观念,不考虑资金时间价值,也是一种非贴现项目评估方法。会计收益率法由于计算简便,运用范围广,常在项目评估过程中的初步评估时使用。

在 Excel 表格中,可以根据计算公式转变为函数公式,轻松得出计算结果,如图9-6所示。

B11		▾	⋮	✕	✓	fx	=-B10/D3		
	A	B	C	D	E	F	G	H	I	J
1	年份	A项目			B项目			C项目		
2		净收益	折旧	现金流量	净收益	折旧	现金流量	净收益	折旧	现金流量
3	0			-20000			-9000			-15000
4	1	1800	4000	5800	-2000	1800	-200	1500	3000	4500
5	2	2700	4000	6700	1800	1800	3600	2000	3000	5000
6	3	4050	4000	8050	2700	1800	4500	2800	3000	5800
7	4	2700	4000	6700	3600	1800	5400	2600	3000	5600
8	5	1800	4000	5800	1800	1800	3600	2400	3000	5400
9	合计	13050	20000	13050	7900	9000	7900	11300	15000	11300
10	平均收益	2610			1580			2260		
11	会计收益率	13.05%			17.56%			15.07%		

图9-6　会计收益率计算示意图

第二节　项目投资的敏感性分析

敏感性分析是投资项目评价中常用的一种研究不确定性的方法,是指从众多不确定性因素中找出对投资项目经济效益指标有重要影响的敏感性因素,并分析、测算其对项目效益指标的影响程度和敏感性程度,进而判断项目承受风险能力的一种不确定性分析能力。

敏感性因素一般可选择主要参数(如销售收入、经营成本、生产能力、初始投资、寿命期、达产期)进行分析。若某参数的小幅度变化能导致经济效果指标的较大变化，则称此参数为敏感性因素，反之称其为非敏感性因素。

投资项目的敏感性分析，通常是在假定其他变量不变的情况下，测试某一个变量发生的特定变化时对净现值（或内含报酬率）的影响。敏感性分析主要包括最大最小法和敏感度法两种方法。

一、最大最小法分析

【案例9-1】甲公司拟投资一条新生产线，预期每年增加税后营业现金流入1000万元，增加税后营业现金流出690万元；预计初始投资900万元，项目寿命期5年；公司所得税税率25%。

分析：由于各变量具有不确定性，据此计算的净现值也具有不确定性。假设主要的不确定性来自营业现金流，因此只分析营业流入和流出变动对净现值的影响。按两种情况分析影响。

（1）令净现值为零，其他因素不变，求此时的税后营业现金流入。

（2）令净现值为零，其他因素不变，求此时的税后营业现金流出。

因此，根据给出的条件及分析，可以在 Excel 中设置一张表格，如图9-7所示。

年份	预期值				税后营业流入最小值				税后营业流入最大值			
	营业流入	营业流出	折旧抵税	现金流量	营业流入	营业流出	折旧抵税	现金流量	营业流入	营业流出	折旧抵税	现金流量
0				-900				-900				-900
1	1000	690	45	355	882.42	690	45	237.42	1000	807.58	45	237.42
2	1000	690	45	355	882.42	690	45	237.42	1000	807.58	45	237.42
3	1000	690	45	355	882.42	690	45	237.42	1000	807.58	45	237.42
4	1000	690	45	355	882.42	690	45	237.42	1000	807.58	45	237.42
5	1000	690	45	355	882.42	690	45	237.42	1000	807.58	45	237.42
净现值	（折现率）	10%		405.21				0.00				0.00

图9-7　净现值的最大最小测试敏感性分析示意图

在单元格I4输入函数公式"=ROUND($I$3/PV($C$9,$A$8,1),2)"，然后向下复制填充至单元格I8；在单元格F4输入公式"=G4+I4-H4"。

将单元格I4公式复制至单元格区域M4:M8，在单元格K4输入公式"=J4+L4-M4"，然后向下复制填充至单元格K8。

最大最小法还可以用同样的办法分析最初投资额、项目期限等临界值，或者进一步分析营业现金流量的驱动因素,如销量最小值、单价最小值、单位成本变动最大值。

二、敏感度法分析

敏感系数=目标值变动百分比/选定变量变动百分比

继续沿用【案例9-1】的数据,只是将项目期限调整为4年,然后进行分析(在进行敏感性分析时一般在基准情况的基础上下浮或上浮5%、10%进行分析)。

(一)每年税后营业现金流入变化的敏感性分析

根据案例给出的数据,我们设置一张表,如图9-8所示。

	A	B	C	D	E	F	G	H
1	变动百分比			-10%	-5%	基准情况	5%	10%
2	每年税后营业现金流入			900	950	1000	1050	1100
3	每年税后营业现金流出			690	690	690	690	690
4	每年折旧抵税（25%）			45	45	45	45	45
5	每年税后营业现金净流量			255	305	355	405	455
6	年金现值系数	利率	10%	3.1699	3.1699	3.1699	3.1699	3.1699
7		年限	4					
8	现金流入总现值			808.32	966.82	1125.31	1283.81	1442.3
9	初始投资			900	900	900	900	900
10	净现值			-91.68	66.82	225.31	383.81	542.3
11	营业现金流入的敏感程度			14.07				

图9-8 每年税后营业现金流入变化的敏感度分析示意图

在图9-8中先输入"基准情况"的已知数据,其余未知数据尽可能使用函数或公式自动计算得出结果,以便将该表保存为模板使用。如年金现值系数,使用年金现值的函数公式,在单元格F6输入公式"=-PV($C$6,$C$7,1)"。

复制单元格F2、F10,然后粘贴至单元格D2、H10;将单元格D2修改为公式"=$F$2*(1+D1)",然后复制粘贴至单元格E2和G2、H2。最后在单元格D11输入公式"=(H10-F10)/F10/10%"。

(二)每年税后营业现金流出变化的敏感性分析

关于营业现金流出变化的敏感性分析,我们可以在图9-8的基础上稍加改变即可实现。第一步是先复制表到新的工作表中;第二步更改第2行"现金流入"和第3行"现金流出"的数据；第三步更改第11行的文字，修改后表格如图9-9所示。

	A	B	C	D	E	F	G	H
1	变动百分比			-10%	-5%	基准情况	5%	10%
2	每年税后营业现金流入			1000	1000	1000	1000	1000
3	每年税后营业现金流出			621	655.5	690	724.5	759
4	每年折旧抵税（25%）			45	45	45	45	45
5	每年税后营业现金净流量			424	389.5	355	320.5	286
6	年金现值系数	利率	10%	3.1699	3.1699	3.1699	3.1699	3.1699
7		年限	4					
8	现金流入总现值			1344.02	1234.68	1125.3	1015.94	906.58
9	初始投资			900	900	900	900	900
10	净现值			444.02	334.68	225.3	115.94	6.58
11	营业现金流出的敏感程度					-9.71		

图9-9　每年税后营业现金流出变化的敏感度分析示意图

（三）初始投资变化的敏感性分析

与每年税后营业现金流出变化的敏感性分析一样，我们只需继续复制粘贴出一张新的表格，然后稍加修改，就可以进行初始投资变化的敏感分析，因此只需修改初始投资额和最后敏感系数的前缀文字即可。修改好后结果如图9-10所示。

	A	B	C	D	E	F	G	H
1	变动百分比			-10%	-5%	基准情况	5%	10%
2	每年税后营业现金流入			1000	1000	1000	1000	1000
3	每年税后营业现金流出			690	690	690	690	690
4	每年折旧抵税（25%）			40.5	42.75	45	47.25	49.5
5	每年税后营业现金净流量			350.5	352.75	355	357.25	359.5
6	年金现值系数	利率	10%	3.1699	3.1699	3.1699	3.1699	3.1699
7		年限	4					
8	现金流入总现值			1111.04	1118.17	1125.3	1132.43	1139.57
9	初始投资			810	855	900	945	990
10	净现值			301.04	263.17	225.3	187.43	149.57
11	初始投资变化的敏感系数					-3.36		

图9-10　初始投资变化的敏感系数分析示意图

通过三个变量变化的敏感系数的计算，我们可以看出在 Excel 中可以非常便捷地进行计算，且不同变量之间的模板可以复制粘贴使用，并且把各种变量变化敏感系数计算的模板保存之后，只要对相关数据按照需要修改即可得到需要的结果。

第十章　Excel 在产品核算中的应用

制造型企业在进行产品成本核算时，除了按照产品核算制度进行归集外，还需要对发生的生产成本按照一定规则在众多产品之间进行分配。一般来说，产品成本分配计算量是比较大的，而且有时一些财务软件宝库 ERP 软件都不能很好解决，但是每月计算的过程及方法基本一致。因此，对企业产品成本核算可以建立 Excel 的产品核算模板。

第一节　Excel 在品种法成本核算的应用

一、品种法成本核算的基础知识

品种法是以产品品种作为成本计算对象的一种成本计算方法。

实际工作中，可以将"品种法"之下的成本对象变通应用为产品类别、产品品种、产品规格。品种法在实际工作中的应用要点以"品种"为对象开设生产成本明细账、成本计算单；成本计算期一般采用"会计期间"；以"品种"为对象归集和分配费用；以"品种"为主要对象进行成本分析。

品种法适合于大批大量、单步骤生产的企业。如发电、采掘业、管理上只要求考核最终产品的企业。

下面以案例进行说明。

【案例10-1】怀文粮油食品有限公司是一家专门从事稻谷和油菜籽加工的企业。原材料是稻谷和油菜籽。稻谷加工过程中无在产品。

根据会计准则和产品成本核算制度的规定，在会计核算时，首先会按照稻谷和油菜籽分别进行成本归集，然后成本在各自产品分配。因此，在"生产成本"下会按照"稻谷加工"和"油菜籽加工"设立二级明细科目,在二级科目之下设置"直接材料""直接人工""燃料与动力""制造费用"。

二、基础数据表格的建立

通过会计核算,成本项目的分类与归集,以及当月产品的产量在月底成本计算前都是属于已知数,在成本计算中属于基础数据。因此,在 Excel 中建立的基础数据表格就是记录或录入这些基础数据的。以案例10-1稻谷加工为例说明。

(一)建立一张"成本项目"表

建立基础数据"成本项目"表,如图10-1所示。

	A	B
1	生产成本——稻米加工	
2	成本项目	金额
3	直接材料	
4	直接人工	
5	燃料与动力	
6	制造费用	
7	合计	—

图10-1 成本项目示意表

该表的数据取自会计账簿"生产成本——稻米加工",如果是财务软件可以导出数据复制粘贴即可。

(二)建立一张"产量"表

建立"产量"表,如图10-2所示。

	A	B	C	D
1	产品名称	产量/Kg	售价	产值
2	一级大米			
3	二级大米			
4	碎米			
5	一级米糠			
6	二级米糠			
7	合计	0		—

图10-2 产量表示意图

因篇幅所限,图10-2比较简单,实务中根据实际情况,可以对产量表增添内容,比如行可以增加产品的规格、编码等,列可以根据产品的数量继续向下增加。

特别说明，品种法核算涉及成本分配办法不同，需要一些不同的数据。在本案例中对产品成本分配拟采用以售价为基础的产值作为分配基础，故添加了"售价"和"产值"。售价根据企业具体情况确定，产值等于产量乘以售价。所以本表中B列和C列需要手工输入相关数据，D列需要输入公式。合计行需要使用 SUM 函数进行求和。

三、成本分配表的建立

成本分配表也就是成本计算单，是我们本次 Excel 应用的目标表格，如图10-3所示。

	A	B	C	D	E	F	G	H	I
1	怀文粮油食品有限公司稻米加工成本分配表								
2	产品名称	产量	产值	直接材料	直接人工	燃料与动力	制造费用	总成本	单位成本
3									
4									
5									
6									
7									
8								−	

图10-3　成本分配表示意图

我们第一次建立表格时需要输入这些内容，表格中的空白单元格全部需要设置公式，从基础表格取数或自动计算。

产品名称：在单元格A3输入公式"=产量表!A2"，然后向下批量复制填充。

产量：在单元格B3输入公式"=产量表!B2"，然后向下批量复制填充。

产值：在单元格C3输入公式"=产量表!C2"，然后向下批量复制填充。该列是为了成本分配使用，在打印时可以不显示，因此当公式设置好以后，可以将该列全部隐藏。

直接材料：在单元格D3输入公式"=ROUND(C3*$D$8/$C$8,2)"，然后向下批量复制填充至单元格D7；在单元格D8输入公式"=成本项目!B3"。

直接人工：在单元格E3输入公式"=ROUND(C3*$E$8/$C$8,2)"，然后向下批量复制填充至单元格E7；在单元格E8输入公式"=成本项目!B4"。

燃料与动力: 在单元格F3输入公式 "=ROUND(C3*$F$8/$C$8,2)", 然后向下批量复制填充至单元格F7; 在单元格F8输入公式 "=成本项目!B5"。

制造费用: 在单元格G3输入公式 "=ROUND(C3*$G$8/$C$8,2)", 然后向下批量复制填充至单元格G7; 在单元格G8输入公式 "=成本项目!B6"。

总成本: 在单元格H3输入公式 "=SUM(D3:G3)", 然后向下批量复制填充。

单位成本: 在单元格I3输入公式 "=ROUND(H3/B3,2)", 然后向下批量复制填充。

通过上述公式设置, "成本分配表" 就可以自动计算了, 只要我们在 "成本项目" 表和 "产量" 表输入相关数据, 结果就自动生成。由于 "成本分配表" 后期使用时不用手工输入数据, 为避免误操作, 可以对该表进行单元格锁定保护。

四、成本核算模板的建立与使用

当我们按照前述的办法将相关表格建立好以后, 就可以把该工作簿作为模板保存, 工作簿命名为 "稻谷成本核算", 然后存放在一个单独的文件夹内, 比如 "成本核算–稻谷–2016年" 文件夹。当我们需要使用模板进行核算时, 先打开模板, "另存" 为 "稻谷成本核算–××月", 然后在基础表格中录入相关数据。这样整个一年的成本核算的资料全部保存在一个文件内, 方便后期的成本分析使用。

在成品成本核算中, 还有一种方法叫定额法, 也可采用类似的办法进行核算。

第二节　逐步结转分步法成本结转与还原的应用

在企业产品成本核算中, 对于多步骤复杂生产的大批量生产企业可以运用逐步结转分步法。继续以案例10-1为例, 假设该粮油企业的稻谷加工成一级大米、二级大米和碎米等, 本来都是可以直接对外销售的, 但是一级大米如果以散装或50kg装的形式销售价格会较低等因素, 决定对一级大米包装成5kg装、10kg装, 对二级大米和碎米继续深加工为米线和蒸肉米粉等。

下面以逐步综合结转法为例来说明 Excel 的应用。

一、根据多步骤的生产程序建立基础表格

品种法是最基本的成本核算办法，逐步结转分步法因为生产步骤多，其成本核算办法就是在单步骤上的叠加而已。因此，我们在使用 Excel 进行逐步结转分步法进行成本结转计算时，就像品种法一样要建立一些基础表格，只是需要根据生产步骤的多寡进行建立，有多少生产步骤就需要建立多少表格。

因此，以案例10-1为例继续深加工的话，需要在本章第一节品种法核算的基础上再建立生产第二步骤环节的基础表格。假如我们将生产第一步和第二步的基础表格分别命名为"成本项目1""产量表1""成本项目2""产量表2"，如图10-4所示。

▶ 成本项目1 产量表1 成本分配表1 成本项目2 产量表2 成本分配表2 ◀

图10-4 基础表格命名示意图

第一步的基础表格的内容在本章第一节已经讲过，不再重复，只介绍第二步的基础表格内容。

（一）"成本项目2"基础表格的建立

根据会计核算分类，"袋装大米""米线""粉蒸肉米粉"的生产类别分别建立成本核算明细科目，因此在建立 Excel 表格时也应按照会计核算的不同明细科目分别建立。

"生产成本——袋装大米"成本项目表，如图10-5所示。

	A	B	C	D	E
1	生产成本——袋装大米				
2	成本项目		数量Kg	单位成本	金额
3	领用上一步半成品	一级大米		4.75	－
4					－
5	本步骤直接费用	直接材料	－	－	
6		直接人工	－	－	
7		燃料与动力	－	－	
8		制造费用	－	－	
9	合计				－

图10-5 "生产成本——袋装大米"的成本项目表示意图

"生产成本——米线"成本项目表，如图10-6所示。

	A	B	C	D	E
11	生产成本——米线				
12	成本项目		数量Kg	单位成本	金额
13	领用上一步半成品	一级大米		4.75	
14		二级大米		3.96	
15		碎米		2.38	
16	本步骤直接费用	直接材料	－	－	
17		直接人工	－	－	
18		燃料与动力	－	－	
19		制造费用	－	－	
20	合计				－

图10-6 "生产成本——米线"的成本项目表示意图

"生产成本——粉蒸肉米粉"成本项目表，如图10-7所示。

	A	B	C	D	E
22	生产成本——粉蒸肉米粉				
23	成本项目		数量Kg	单位成本	金额
24	领用上一步半成品	二级大米		3.96	
25		碎米		2.38	
26	本步骤直接费用	直接材料	－	－	
27		直接人工	－	－	
28		燃料与动力	－	－	
29		制造费用	－	－	
30	合计				－

图10-7 "生产成本——粉蒸肉米粉"的成本项目表示意图

上述三张表可以设置在一张工作表上，其内容只是比第一步骤多了"领用上一步半成品"。

对于领用的上一步半成品的，需要手工在该表输入数量，对于单位成本可以使用函数公式自动获取。比如对"生产成本——袋装大米"中"一级大米"的单位成本的获取，可以在单元格D3输入函数公式：

=VLOOKUP(B3,成本分配表1!$A$3:$I$7,9,0)

然后对单元格D3进行复制后粘贴至其他几个需要获取半成品单位成本的单元格，如D13、D14等。

（二）"产量表2"基础表格建立

与"成本项目2"表格建立基本类似，建立一张产量表，以便用于输入本生产步骤的产量。表格的具体内容可以根据企业实际情况做适当的修改，以满足核算和生产经营管理需要。下面假设该粮油加工企业在第二步生产环节的产量表，如图10-8所示。

	A	B	C	D	F
1	产品名称	规格	单位	数量	重量kg
2	10kg袋装大米	10kg	袋		
3	5kg袋装大米	5kg	袋		
4	1000g袋装米线	1000g	袋		
5	500g袋装米线	500g	袋		
6	麻辣粉蒸肉米粉	250g	袋		
7	五香味粉蒸肉米粉	250g	袋		

图10-8　产品产量表示意图

说明：如果在该环节生产的产品种类较少的话，可以不建立单独的产量表，可以把产量表与分配表合并在一起。

二、根据多步骤的生产程序建立成本分配表

由于第二步的生产成本是分开核算的，故需要根据不同生产项目进行成本分配，分别建立"袋装大米生产成本分配表""米线成本分配表""粉蒸肉米粉成本分配表"，如图10-9所示。

A	B	C	D	E	F	G	H	I	J	K	L
1					怀文粮油食品有限公司袋装大米成本分配表						
2 产品名称	规格	单位	数量	重量kg	直接材料	直接人工	燃料与动力	制造费用	总成本	单位成本/袋	单位成本/kg
3 10kg袋装大米	10kg	袋	19980	199800	950,621.67	25,000.00	10,000.00	5,000.00	990,621.67	49.58	4.96
4 5kg袋装大米	5kg	袋	39960	199800	950,621.66	25,000.00	10,000.00	5,000.00	990,621.66	24.79	4.96
5											
6 合计				399600	1,901,243.33	50,000.00	20,000.00	10,000.00	1,981,243.33		

图10-9　成本分配表示意图

"米线成本分配表""粉蒸肉米粉成本分配表"与图10-9格式一致，就不再重复展示了。

上表中只需要输入产品名称，其余的单元格内容可以用函数及公式从基础表格中取得或计算所得。举例说明如下单元格的函数公式：

B3=VLOOKUP($A3,产量表2!$A$2:$F$7,2,FALSE)

C3=VLOOKUP($A3,产量表2!$A$2:$F$7,3,FALSE)

F3=ROUND($E$3*$F$6/$E$6,2)

F6=SUM(成本项目2!E3:E4)

其余就不再一一列举了，都是比较简单的函数或公式。

三、成本还原表的建立

所谓成本还原，就是将产成品耗用各步骤半成品的综合成本，逐步分解还原为原来的成本项目。成本还原的方法是从最后步骤开始，将其耗用上步骤半成品的综合成本逐步分解，还原为原来的成本项目。

之所以要进行成本还原，是因为经过逐步结转后，在第二步开始"直接材料"成本项目中领用前一工序的半成品就包含有直接人工、燃料与动力等，需要将其所有的直接人工、燃料与动力等归入一类就必须进行成本还原。

此处仍然以案例10-1为例来进行说明，我们在前面已经计算了第一步和第二步的生产成本，而该企业生产步骤只有两道工序，因此只需要进行一次还原即可。具体步骤如下：

（1）添加一张空白工作表"成本还原表"。

（2）将"成本分配表2"用【Ctrl+A】→【Ctrl+C】→【Ctrl+V】组合键转至"成本还原表"。

（3）再使用【查找与替换】功能，将"成本分配表"替换为"成本还原表"。

（4）在表中标题行下插入一行"成本还原分配率"。

（5）在表中"直接材料"前插入两列，命名为"半成品"和"本步直接材料"。

最后形成如下一份表格，如图10-10所示。

	产品名称	规格	单位	数量	重量kg	半成品	本步直接材料	直接材料	直接人工	燃料与动力	制造费用	总成本	单位成本/袋	单位成本/kg

怀文粮油食品有限公司袋装大米成本还原表

	产品名称	规格	单位	数量	重量kg	半成品	本步直接材料	直接材料	直接人工	燃料与动力	制造费用	总成本	单位成本/袋	单位成本/kg
成本还原分配率								89.69%	4.48%	3.59%	2.24%			
10kg袋装大米	10kg	袋	19980	199800	950,621.67	30,000.00	882,575.49	67,628.77	11,076.23	24,788.69	986,069.18	49.35	4.94	
5kg袋装大米	5kg	袋	39960	199800	950,621.66	30,000.00	882,575.48	67,628.77	11,076.23	24,788.69	986,069.17	24.68	4.94	
合计				399600	1,901,243.33	60,000.00	1,765,150.97	135,257.54	22,152.46	49,577.38	1,972,138.35			

图10-10　成本还原表示意图

图10-10中灰色部分就是插入的行和列，如果需要打印，可以将插入部分隐藏。

上表中公式说明如下：

H3 "=成本分配表1!D8/成本分配表1!$H$8"，然后复制填充至I3、J3、K3。

H4 "=ROUND(G4+F4*$H$3,2)"，复制填充至H5。

I3 "=ROUND(成本分配表2!G3+成本还原表!F4*成本还原表!I$3,2)"，然后复制填充单元格I4、J3、J4、K3、K4。

表中的"合计"和"总成本"就是一个简单的求和，使用 SUM 函数即可。

剩下的米线、米粉的成本还原方法一致，不再赘述。如果遇到的生产步骤多于两步，就再重复上述过程，道理是一样，只是步骤相对多一些而已。

逐步结转分步法是成本会计中最难部分，也是实务工作中工作量最大和最烦琐的，也许你会觉得案例与实务相比太简单了，其实笔者是想向大家传递一种思路而已，因此读者对于案例中的表格结构和公式（函数）等不一定需要生搬硬套，一定需要结合实际进行设计和优化。

第三节　平行结转分步法成本结转与还原的应用

一、平行结转分步法的特点

平行结转分步法的最大特点是，并不结转出各步骤半成品的成本，成本并不随实物的转移而转移，须要等到所有工序完工以后才从各步骤中将分成本项目结转至最终完工产成品，如图10-11所示。

	A	B	C	D	E	F	G	H
1	第一步			第二步			最终产品	
2	成本项目	金额		成本项目	金额		成本项目	金额
3	直接材料		⟹	直接材料		⟹	直接材料	
4	直接人工		⟹	直接人工		⟹	直接人工	
5	燃料动力		⟹	燃料动力		⟹	燃料动力	
6	制造费用		⟹	制造费用		⟹	制造费用	

图10-11 平行结转分步法成本结转示意图

如果在生产工序中有未完工的产品,则其成本继续保留在各工序"生产成本",也不结转至"半成品"。

二、建立基础数据表格

第一步还是要建立一张成本项目表,分步骤建立,内容与结构如图10-12所示。

	A	B	C	D	E	F	G	H	I	J	K	L	M	N
1	第一步					第二步					第三步			
2	成本项目	月初在产品	本月金额	合计		成本项目	月初在产品	本月金额	合计		成本项目	月初在产品	本月金额	合计
3	直接材料			0		直接材料			0		直接材料			0
4	直接人工			0		直接人工			0		直接人工			0
5	燃料动力			0		燃料动力			0		燃料动力			0
6	制造费用			0		制造费用			0		制造费用			0
7	合计	0	0	0		合计	0	0	0		合计	0	0	0

图10-12 平行结转分步法成本项目表示意图

由于平行分布结转法对于各步骤的在产品不结转成本,故各步骤期初在产品仍然还是在各成本项目中。

第二步需要分步骤建立产量表。以约当产量计算在产品成本为例,如图10-13所示。

	A	B	C	D	E	F	G	H	I	J	K
1	第一步				第二步				第三步(完工)		
2	类别	数量	完工程度		类别	数量	完工程度		类别	数量	完工程度
3	完工产品		100%		完工产品		100%		完工产品		100%
4	在产品				在产品				在产品		
5	约当产量	0			约当产量				约当产量		
6	最终完工产品领用该步骤数量				最终完工产品领用该步骤数量				最终完工产品领用该步骤数量		

图10-13 约当产量计算表示意图

图10-13中的"完工产品"是指该步骤的完工产品，如站在整体角度看除最后一步外，其余步骤的"完工成品"还是整个生产步骤的"半成品"。

各步骤约当产量的计算：B5"=B3+B4*C4"。其他步骤类似。

在产量表中对于完工产品和在产品成本分配选择比较常用的约当产量法。企业如果是其他办法，可以根据实际情况进行调整。

三、建立完工产品成本表

平行结转分步法在结转最终产品成本时，需要按照各步骤将其所有成本项目一一进行结转。因此，需要建立一张类似图10-14所示的表格。

	A	B	C	D	E	F	G	H
1	平行结转分步法成本结转表							
2	生产步骤	单位	产量	直接材料	直接人工	燃料与动力	制造费用	总成本
3	第一步		0					
4	第二步		0					
5	第三步		0					
6	合计							

图10-14　平行结转分步法成本结转表示意图

图10-14中各步骤的"产量"等于产量表中的"最终完工产品领用该步骤数量"，因此单元格C3"=产量表!B6"，其他以此类推。

直接材料，单元格D3"=成本项目!D3*产量表!B6/产量表!B5"，其他以此类推。

直接人工，单元格E3"=成本项目!D4*产量表!B6/产量表!B5"，其他以此类推。

燃料与动力、制造费用也类似，就不再赘述。

Excel在成本核算中的应用，相对来讲比较简单，用到的函数公式也是比较简单。但是，在实务工作中还是有很多人不知道从何下手，主要原因在于对成本核算的原理没有搞清楚，其次在应用Excel时不知道区分基础表格、目标表格，很多相互混淆。如果是后者的原因，建议看看本书的第三章内容。

第十一章　利用 Excel 批量打印和群发邮件工资条

每月工资计算完毕后，一般都要打印工资条或给员工发电子邮件，以供员工确认工资是否正确无误。如能批量打印工资条或群发邮件，无疑能提高工作效率。

第一节　利用函数法将工资表转换为工资条

当每月把工资表做好以后，可能根据企业管理需要制作打印工资条，以便员工核对并签字确认。工资条必须包含标题行和工资核算的相关数据，也就是说最少有两行，其中一行的标题行是每张工资条都一样。

下面就分步骤进行讲解。

步骤1：将工资表复制到一个新建的工作簿"工资条"，并将所在工作表改名为"工资表"，将另外一张空白工作表改名为"工资条"，如图11-1所示。

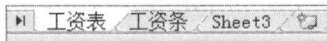

图11-1　单独建立"工资条"工作表示意图

在工作中要养成一个好习惯，就是对源数据最好单独保存，避免在操作中失误造成数据丢失。

步骤2：对"工资表"的标题行进行整理。有些人在做工资表时，喜欢合并单元格。但是由于使用函数法时会对单元格进行引用，函数本身不具有合并单元格的功能，函数引用时可能出现错误。因此，对标题行需要整理成单标题行，不能出现合并单元格。

步骤3：对"工资表"的数据进行复制并选择性粘贴（数值），并对可以不出现在"工资条"上的内容进行删除，对工资表中的"小计""合计"等不需要进行删除。

步骤4：设置函数公式。这一步是本办法中最难也是最关键的步骤。

工资表经过整理后样式如图11-2所示。

	A	B	C	D	E	F	G	H	I	J	K	L
1	序号	姓名	基本工资	岗位津贴	岗位津贴	计薪天数	应发工资	加班工资	社保代扣	应税所得	个税代扣	实付工资
2	1	张1	6000	0	1500	21.00	7500.00	-	440.00	7060.00	251.00	6809.00
3	2	张2	6000	0	1500	21.00	7500.00	-	440.00	7060.00	251.00	6809.00
4	4	张3	6000	0	1500	21.00	7500.00	-	440.00	7060.00	251.00	6809.00

图11-2 工资表经过清理后示意图

而我们希望得到的工资条样式如图11-3所示。

	A	B	C	D	E	F	G	H	I	J	K	L
1	序号	姓名	基本工资	岗位津贴	岗位津贴	计薪天数	应发工资	加班工资	社保代扣	应税所得	个税代扣	实付工资
2	1	张1	6000	0	1500	21.00	7500.00	-	440.00	7060.00	251.00	6809.00
3												
4	序号	姓名	基本工资	岗位津贴	岗位津贴	计薪天数	应发工资	加班工资	社保代扣	应税所得	个税代扣	实付工资
5	2	张2	6000	0	1500	21.00	7500.00	-	440.00	7060.00	251.00	6809.00

图11-3 希望的"工资条"示意图

也就是说"工资条"工作表，是希望在"工资表"的基础上增加空白行和标题行，空白行主要用于打印后进行裁剪。

经过观察，我们可以发现："工资条"的标题行始终是绝对引用"工资表"标题行，且在"工资条"表上的行序列号为1、4、7等；"工资条"上有数字行序列号为2、5、8等；空白行序列号为3、6、9等。

经过上述观察，可以发现这些行序列号是非常有规律的：如果用这些行序列号除以3的话，标题行的余数是1，数字行是2，空白行是0。所以，可以在"工资条"的A1单元格输入如下函数公式：

=IF(MOD(ROW(),3)=1,工资表!A$1,IF(MOD(ROW(),3)=2,VLOOKUP((ROW()+1)/3,工资表!$A:$L,COLUMN(),0),""))

然后将"工资条"单元格A1向右批量复制至单元格L1（根据实际情况确定），同时选中单元格A1至L1向下拖动光标复制函数公式。

公式看起来有点复杂，其实就是 IF 函数嵌套了两层而已。分别解释一下。

第一层：如果单元格行序列号除以3余数是1，则返回"工资表! A1"。

第二层：如果单元格行序列号除以3余数是2，则返回查找引用：查找值是（行序列号+1）/3，返回引用的是"工资表！"相同列序列号对应的值。如果不满足条件，则返回空文本。

特别提醒：工资表上的序号必须按照从1开始的整数，中间不能断号，因为笔者在函数公式中借用了该序号作为查找引用的查找值，否则就会出错。序号在此还有计数的功能，当我们向下拖动光标复制公式时，可以从序号中看出是否已经把工资表上所有人的工资都已经转化为工资条了。

第二节 利用排序功能制作工资条（不用函数）

第一节讲了使用函数法将工资表转化为工资条，有人可能会说自己的函数学得不好，有没有不使用函数的方法呢？

Excel 强大的功能一定能做到，现在就给大家介绍不用函数的办法，而是使用复制、粘贴和排序等功能就可以实现将工资表转化为工资条。

对工资表的复制粘贴以及整理就不再重复，具体参看第一节内容。直接进入操作。

步骤1：在工资表的最右边加一列，随便命名，比如"序号1"。

步骤2：在"序号1"下从第一条数据单元格开始向下填充123···至最后一条工资数据对应的单元格。

步骤3：复制"序号1"列的序数，向下粘贴两次，如图11-4所示。

	A	B	C	D	E	F	G	H	I	J	K	L
1	序号	姓名	基本工资	岗位津贴	计薪天数	应发工资	加班工资	社保代扣	应税所得	个税代扣	实付工资	序号1
2	1	张1	6000	1500	21.00	7500.00	–	440.00	7060.00	251.00	6809.00	1
3	2	张2	6000	1500	21.00	7500.00	–	440.00	7060.00	251.00	6809.00	2
4	3	张3	6000	1500	21.00	7500.00	–	440.00	7060.00	251.00	6809.00	3
5	4	张4	6000	3000	20.00	8571.43	–	440.00	8131.43	371.29	7760.14	4
6	5	张5	5000	2400	20.00	7047.62	–	440.00	6607.62	205.76	6401.86	5
7	6	张6	5000	2400	21.00	7400.00	–	440.00	6960.00	241.00	6719.00	6
8												1
9												2
10												3
11												4
12												5
13												6
14												1
15												2
16												3
17												4
18												5
19												6

图11-4 工资表添加"序号1"示意图

步骤4：复制标题行（不要复制"序号1"），然后从最后一条工资数据下面开始粘贴至"序号1"的第二段序数，如图11-5所示。

步骤5：删除图11-5中红框的单元格（即将"序号1"第二段序数1对应的单元格全部删除）。

步骤6：以"序号1"为主要关键词进行排序，结果如图11-6所示。

	A	B	C	D	E	F	G	H	I	J	K	L
1	序号	姓名	基本工资	岗位津贴	计薪天数	应发工资	加班工资	社保代扣	应税所得	个税代扣	实付工资	序号1
2	1	张1	6000	1500	21.00	7500.00	-	440.00	7060.00	251.00	6809.00	1
3	2	张2	6000	1500	21.00	7500.00	-	440.00	7060.00	251.00	6809.00	2
4	3	张3	6000	1500	21.00	7500.00	-	440.00	7060.00	251.00	6809.00	3
5	4	张4	6000	3000	20.00	8571.43	-	440.00	8131.43	371.29	7760.14	4
6	5	张5	5000	2400	20.00	7047.62	-	440.00	6607.62	205.76	6401.86	5
7	6	张6	5000	2400	21.00	7400.00	-	440.00	6960.00	241.00	6719.00	6
8	序号	姓名	基本工资	岗位津贴	计薪天数	应发工资	加班工资	社保代扣	应税所得	个税代扣	实付工资	1
9	序号	姓名	基本工资	岗位津贴	计薪天数	应发工资	加班工资	社保代扣	应税所得	个税代扣	实付工资	2
10	序号	姓名	基本工资	岗位津贴	计薪天数	应发工资	加班工资	社保代扣	应税所得	个税代扣	实付工资	3
11	序号	姓名	基本工资	岗位津贴	计薪天数	应发工资	加班工资	社保代扣	应税所得	个税代扣	实付工资	4
12	序号	姓名	基本工资	岗位津贴	计薪天数	应发工资	加班工资	社保代扣	应税所得	个税代扣	实付工资	5
13	序号	姓名	基本工资	岗位津贴	计薪天数	应发工资	加班工资	社保代扣	应税所得	个税代扣	实付工资	6
14												1
15												2
16												3
17												4
18												5
19												6

图11-5　工资表复制粘贴标题行示意图

	A	B	C	D	E	F	G	H	I	J	K	L
1	序号	姓名	基本工资	岗位津贴	计薪天数	应发工资	加班工资	社保代扣	应税所得	个税代扣	实付工资	序号1
2	1	张1	6000	1500	21.00	7500.00	-	440.00	7060.00	251.00	6809.00	1
3												1
4	2	张2	6000	1500	21.00	7500.00	-	440.00	7060.00	251.00	6809.00	2
5	序号	姓名	基本工资	岗位津贴	计薪天数	应发工资	加班工资	社保代扣	应税所得	个税代扣	实付工资	2
6												2
7	3	张3	6000	1500	21.00	7500.00	-	440.00	7060.00	251.00	6809.00	3
8	序号	姓名	基本工资	岗位津贴	计薪天数	应发工资	加班工资	社保代扣	应税所得	个税代扣	实付工资	3
9												3
10	4	张4	6000	3000	20.00	8571.43	-	440.00	8131.43	371.29	7760.14	4
11	序号	姓名	基本工资	岗位津贴	计薪天数	应发工资	加班工资	社保代扣	应税所得	个税代扣	实付工资	4
12												4
13	5	张5	5000	2400	20.00	7047.62	-	440.00	6607.62	205.76	6401.86	5
14	序号	姓名	基本工资	岗位津贴	计薪天数	应发工资	加班工资	社保代扣	应税所得	个税代扣	实付工资	5
15												5
16	6	张6	5000	2400	21.00	7400.00	-	440.00	6960.00	241.00	6719.00	6
17	序号	姓名	基本工资	岗位津贴	计薪天数	应发工资	加班工资	社保代扣	应税所得	个税代扣	实付工资	6
18												6

图11-6　以"序号1"为主要关键词进行排序结果示意图

最后删除添加"序号1"列即可。

第三节　利用页面布局设置制作工资条（不用函数）

第一节和第二节分别介绍了使用函数或排序的办法，将工资表转化为工资条，但是美中不足的是标题行只能是单标题行，对于多标题行或者含有合并单元格的标题行没有办法解决。

下面介绍一种利用 Excel 页面布局设置的功能来解决该问题。

一、使用该办法的前提条件

（一）该办法生成的工资条是用平推式针式打印机打印

平推式针式打印机一般企业都有，因为开具机打的增值税专用发票和普通发票都必须使用该打印机。

（二）工资条打印使用 241 的打印纸

什么是241的打印纸呢？就是常见的两边带孔的打印纸，类似于增值税专用发票那种，纸的宽度是24.10cm，现在很多企业财务电算化后都是使用的241-1/2规格的打印纸作为会计凭证打印纸。

（三）需要先设置电脑中"打印机"的纸张规格

为什么要进行这个设置呢？因为有可能我们需要的纸张规格在电脑系统里没有自带的，需要手动新增。

步骤1：点击【开始】→【控制面板】→【打印机和传真】→对准空白处右击，会出现以下菜单，如图11-7中①图所示。

步骤2：单击菜单中的【服务器属性】，进入图11-7中②图所示。

步骤3：将上图中的【创建新格式】前的复选框勾选中，选中后"表格名"将由灰色的不可更改变成可以更改，你就可以录入自己喜欢的名称，比如"工资条"，如图11-7中③图所示。

步骤4：接着更改下面的【格式描述（尺寸）】。这里如果不知道纸张的尺寸是多少，可以先用直尺量一下。图11-7中④图就是241-1/6规格的尺寸。

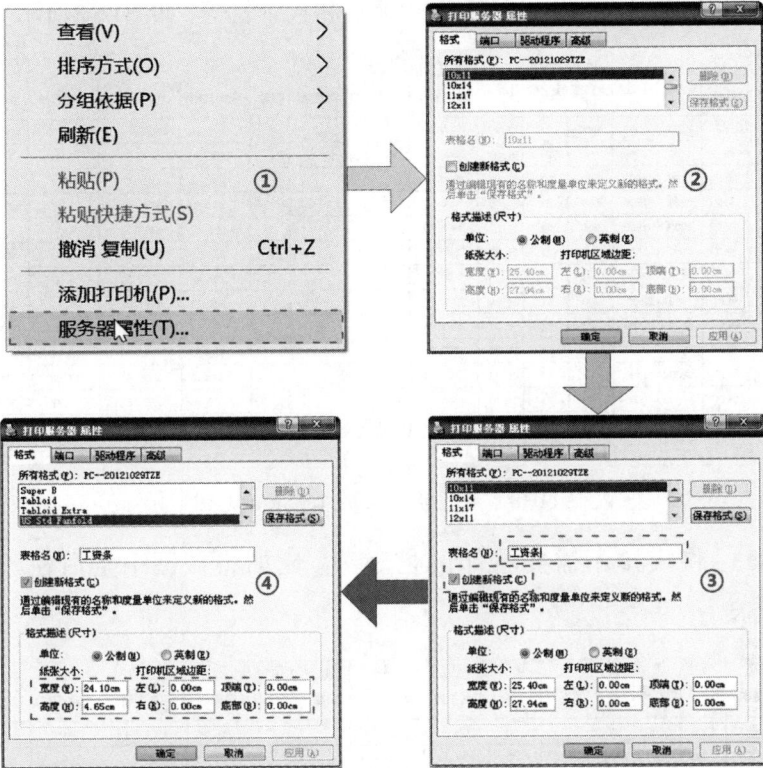

图11-7　通过设置打印机的【服务器属性】设置工资条纸张示意图

　　我们选择的工资条尺寸为241打印纸的6等分。为什么这样选择呢？因为市面上有241-1/3打印纸的出售，相当于是把这种现成的3等分再从中间一分为二，为后面裁切工资条变得更快更好打下基础。

　　此时，单击【确定】即可。以上对电脑的设置只需要设置一次，不需要以后生成工资条的时候再设置，因此对上述步骤看不懂或对电脑不熟悉的，可以请人代为设置。

二、利用页面设置将工资表转化为工资条的步骤

　　下面将介绍如何快速将工资表转换为工资条的步骤。

　　步骤1：将需要转换的工资表【另存】或【复制粘贴】为新的文件，比如"××月工资条"等。之所以这样，是为了保护原工资表不被破坏。

步骤2：去掉工资表中纵排中原来标题和合计栏等，如图11-8所示。

	A	B	E	F	G	H	I	J	K	L	M	P	Q	R	S
1	序号	姓名	基本工资	岗位津贴	全勤薪资	应出勤天数	计薪天数	应发工资	加班工资	提成	罚款	社保代扣	应税工资	个税代扣	实付工资
2	1	张3	2300	3000	1000	21	21.00	6300.00				231.46	6068.54	151.85	5916.69
3	2	张4	1800	1500	500	21	21.00	3800.00				202.18	3597.82	2.93	3594.89
4	3	张5	2000	1900	600	21	21.00	4500.00				231.46	4268.54	23.06	4245.48
5	4	张6	2000	1500	500	21	21.00	4000.00				202.18	3797.82	8.93	3788.89
6	5	张7	1800	1500	500	21	21.00	3800.00				231.46	3568.54	2.06	3566.48
7	6	张8	1800	500	200	21	21.00	2500.00				202.18	2297.82	0.00	2297.82
8	7	张9	1800	500	200	21	21.00	2500.00				231.46	2268.54	0.00	2268.54
9	8	张10	1800	400	200	21	21.00	2400.00				202.18	2197.82	0.00	2197.82
10	9	张11	1800	1500	300	21	21.00	3600.00				202.18	3397.82	0.00	3397.82
11	10	张12	1800	2000	1000	21	21.00	4800.00				330.00	4470.00	29.10	4440.90
12	11	张13	1800	1800	500	21	21.00	4100.00				202.18	3897.82	11.93	3885.89
13	12	张14	1800	1600	400	21	21.00	3800.00				202.18	3597.82	2.93	3594.89
14	13	张15	1800	1600	400	21	21.00	3800.00				202.18	3597.82	2.93	3594.89
15															
16															

图11-8　经过清理后的工资表示意图

步骤3：将横排不需要打印的栏隐藏。比如将截图中空白栏隐藏，如图11-9所示。

A	B	E	F	G	H	I	J	K	L	M	P	Q	R	S
序号	姓名	基本工资	岗位津贴	全勤薪资	应出勤天数	计薪天数	应发工资	加班工资	提成	罚款	社保代扣	应税工资	个税代扣	实付工资
1	张3	2300	3000	1000	21	21.00	6300.00				231.46	6068.54	151.85	5916.69
2	张4	1800	1500	500	21	21.00	3800.00				202.18	3597.82	2.93	3594.89
3	张5	2000	1900	600	21	21.00	4500.00				231.46	4268.54	23.06	4245.48
4	张6	2000	1500	500	21	21.00	4000.00				202.18	3797.82	8.93	3788.89
5	张7	1800	1500	500	21	21.00	3800.00							3566.48
6	张8	1800	500	200	21	21.00	2500.00							2297.82
7	张9	1800	500	200	21	21.00	2500.00				231.46	2268.54	0.00	2268.54
8	张10	1800	400	200	21	21.00	2400.00						0.00	2197.82
9	张11	1800	1500	300	21	21.00	3600.00						0.00	3397.82
10	张12	1800	2000	1000	21	21.00	4800.00						29.10	4440.90
11	张13	1800	1800	500	21	21.00	4100.00						11.93	3885.89
12	张14	1800	1600	400	21	21.00	3800.00						2.93	3594.89
13	张15	1800	1600	400	21	21.00	3800.00						2.93	3594.89

（右键菜单：剪切(T)、复制(C)、粘贴选项：、选择性粘贴(S)…、插入(I)、删除(D)、清除内容(N)、设置单元格格式(F)…、列宽(C)…、隐藏(H)、取消隐藏(U)）

图11-9　隐藏工资表中不需要打印列示意图

选中不需要打印的栏直接单击【隐藏】即可。

步骤4：在【页面布局】中设置【纸张大小】与【纸张方向】，如图11-10所示。

252

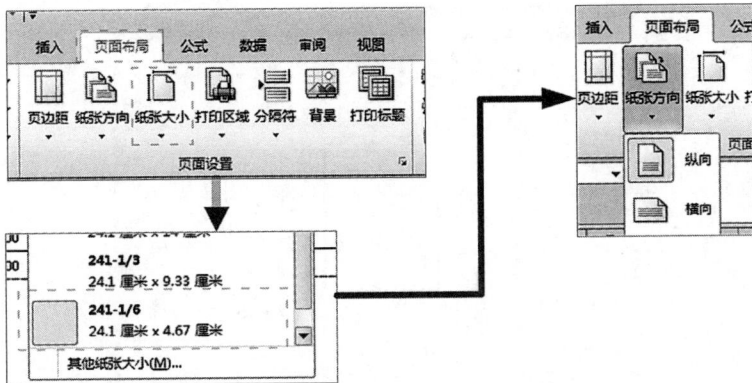

图11-10　进行【纸张大小】的选择与设置示意图

步骤5：在【页面布局】中设置【打印标题】，如图11-11所示。

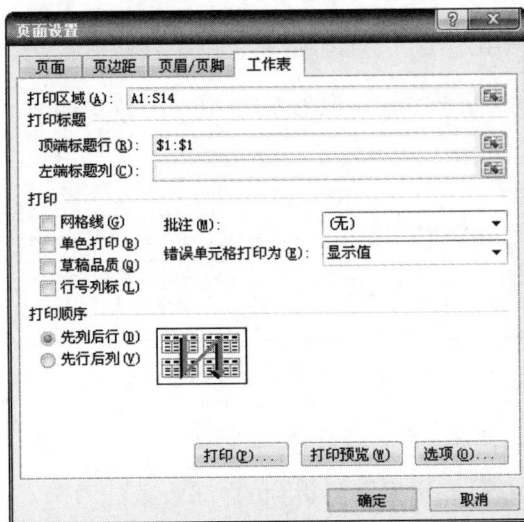

图11-11　在【页面布局】中设置【打印标题】示意图

上图的【顶端标题行】："$1:$1"，既可手工输入也可单击右边的红色箭头选中第一行即可。然后单击【确定】。

步骤6：进行【页边距】和【页眉/页脚】的设置，如图11-12所示。

通过调整"页边距"和"页眉/页脚"数字的大小，达到工资条全部显示以及美观。

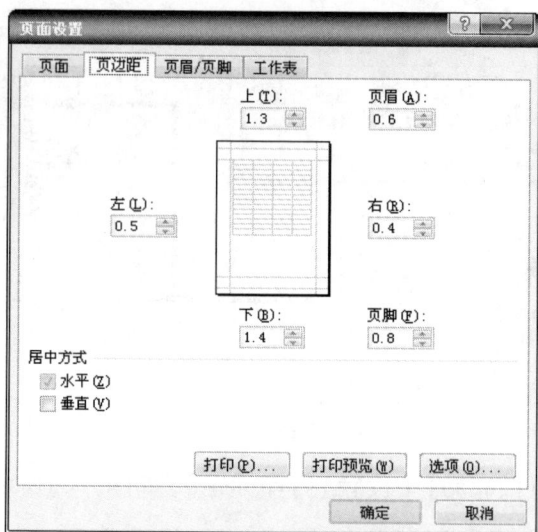

图11-12　进行【页边距】和【页眉/页脚】设置示意图

步骤7：调整表格的"行高"，确保预览出来的效果如图11-13所示。

图11-13　经过设置后预览的工资条示意图

这一步没有什么诀窍，多试几次就可以。

现在看到的就是打印出来即将得到的"工资条"。

这样的工资条是不是比用函数做成的工资条大方美观得多！以上步骤看似麻烦，其实熟练的话，几分钟就能搞定。

第四节　利用邮件合并群发工资条

前面几节讲述了如何将 Excel 制作的工资表转换为工资条的办法，但是这些工资条只是适合纸质打印。在提倡环保以及大家都有智能手机的时代，无纸化的工资条就更能与时代合拍。因此，可以要求员工都提供一个电子邮箱，然后把无纸化的电子工资条直接发给员工。

当然，为减少工作量，能够群发是最好的。

工资条这种每个人都不一样，为了保密，当然不能群发一样的内容，必须是每人只能看到自己的。下面将详细介绍利用 Excel 和 Word 的邮件合并功能给员工发放工资条邮件的办法。当然，该办法还可以用于工作通知等邮件群发，都非常实用。

邮件合并的前提：须使用微软 Outlook 软件。其他的如 Foxmail 是不能实现该功能的。

操作步骤如下：

第一步：准备好数据源。建立 Excel 版的工资表，对其审核确认无误，如图11-14所示。

	A	B	C	D	E	F	G	H	J	K	L
1	序号	姓名	电子邮箱	出勤	基本工资	奖金	扣社保	扣公积金	应发工资	个税	实发工资
2	1	郭靖	10xxxx@qq.com	22	8000	4692	800	480	11412	147.36	11264.64
3	2	杨康	11xxxx@qq.com	22	12000	1392	1200	720	11472	149.16	11322.84
4	3	黄蓉	12xxxx@qq.com	22	10000	3204	1000	600	11604	168.12	11435.88
5	4	穆念慈	13xxxx@qq.com	22	5000	2948	500	300	7148	19.44	7128.56
6	5	李莫愁	14xxxx@qq.com	22	6000	3416	600	360	8456	58.68	8397.32
7	6	梅超风	15xxxx@qq.com	22	6500	3869	650	390	9329	84.87	9244.13
8	7	柯镇恶	16xxxx@qq.com	22	7000	5428	700	420	11308	159.24	11148.76
9	8	周伯通	17xxxx@qq.com	22	4500	2214	450	270	5994	0	5994.00

图11-14　经清理后准备群发的工资表示意图

注意：每个人都要有电子邮箱，千万别记错，否则就发给别人了！

计算工资的 Excel 表格中通常包含有函数公式等，在准备群发前最好复制粘贴为数字，避免后续出现不可预知的错误。

清理后的工资表，其中包含着必须向员工告知的字段和记录内容，不必告知的可以删除。数据源表格可以是 Excel 表格，也可以是 Word 表格。

第二步：建立群发工资条邮件模板。

建立一个 Word 文件，文件内容就是以后计划发给员工的电子邮件内容，如图11-15所示。

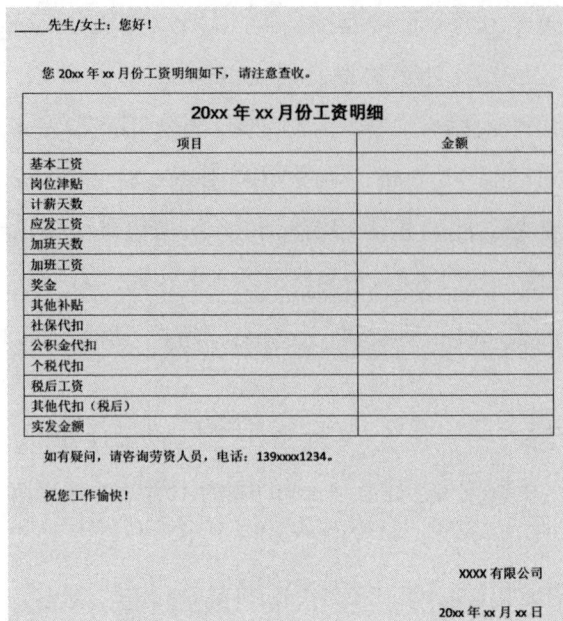

图11-15 群发工资条的电子邮件内容 Word 模板示意图

注意：这个文件就是以后每月发给每位员工的邮件内容，由于人不同，所以详细的数据也不同，这些不同的地方请全部空出来，接下来的步骤就要解决数据填充的问题。

第三步：邮件合并。请保持第二步和第三步的文件是打开状态，然后执行以下步骤。

（1）在 Word 文件上选择并单击【邮件】→【开始邮件合并】→【邮件合并分步向导】，如图11-16中①图所示。

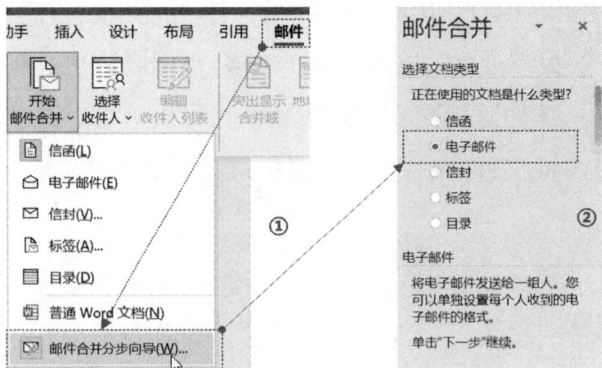

图11-16 在 Word 文档中进行【邮件合并】操作示意图（一）

（2）在显示屏右侧上部【邮件合并】中，选中【电子邮件】单选按钮，如图11-16中②图所示。

（3）在左侧最上部选中并单击【→下一步：开始文档】，如图11-17中①图所示。

（4）在右侧上部【想要如何设置信函？】中选择【使用当前文档】，如图11-17中②图所示。

（5）在右侧下部选择【→下一步：选择收件人】，如图11-17中③图所示。

（6）在左侧中部【选择收件人】中选择【使用现有列表】单选按钮，如图11-17中④图所示。

（7）在左侧下部选中并单击【浏览】选项，如图11-17中④图所示下部画框位置），在弹出的【选取数据源】窗口中，找到第二步创建的 Excel 文件，在弹出的【选择表格】对话框中选择有需要群发工资条的"表"（带有电子邮件的），如图11-18所示。

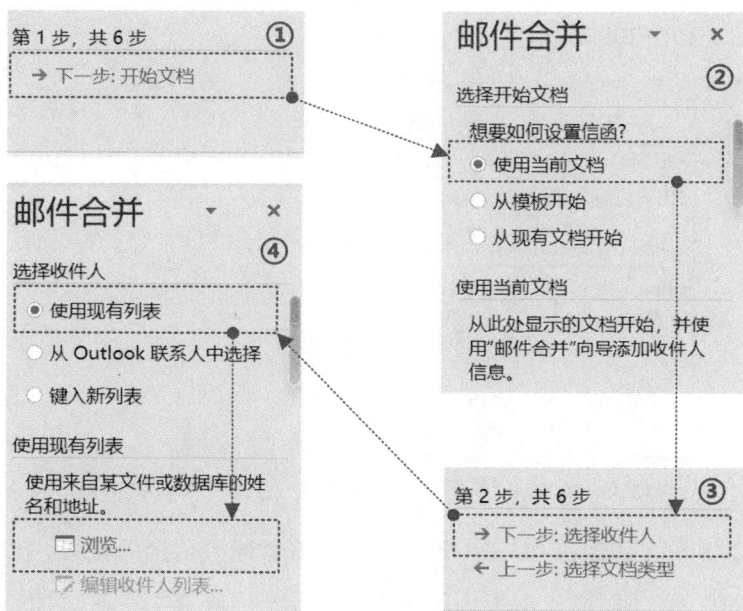

图11-17　在 Word 文档中进行【邮件合并】操作示意图（二）

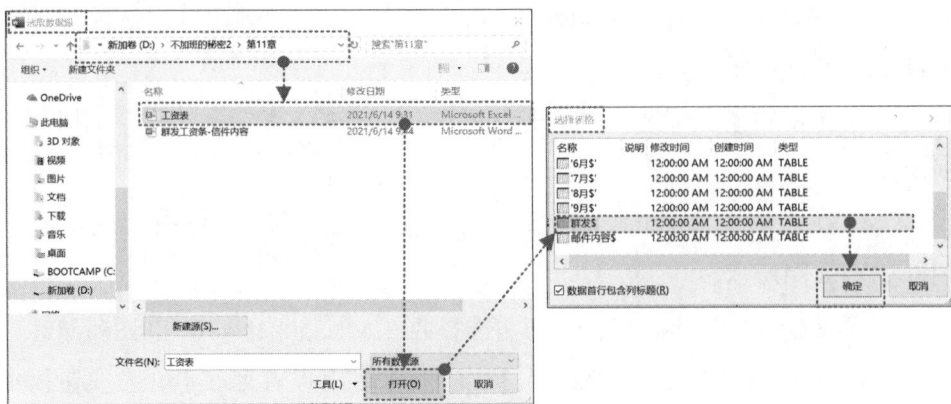

图11-18　在 Word 文档中进行邮件合并操作示意图（三）

（8）在弹出的【邮件合并收件人】窗口，是所有员工的数据，应该与工资表一致。在每行前面复选框中会自动选中并出现"√"，代表给该人发邮件；如果不给某人发送邮件，则单击取消"√"，如图11-19中①图所示。

（9）单击【确定】按钮之后，在右侧下部选择【→下一步：撰写电子邮件】，如图11-19中②图所示。

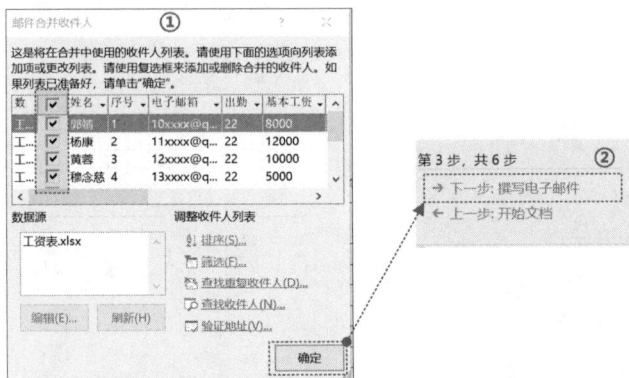

图11-19　在 Word 文档中进行【邮件合并】操作示意图（四）

（10）将光标移动至 Word 文件内容中需要插入信息的位置。比如，需要在"先生/女士"前面插入每个人的姓名，请将光标放在"姓名"的位置；然后在右侧上部【撰写电子邮件】栏选择【其他项目】。在弹出的【插入合并域】窗口选择【姓名】，然后单击【插入】按钮；最后，单击【关闭】按钮。上述操作可以理解为在 Excel 文档与 Word 文档间建立起"链接"关系，如图11-20所示。

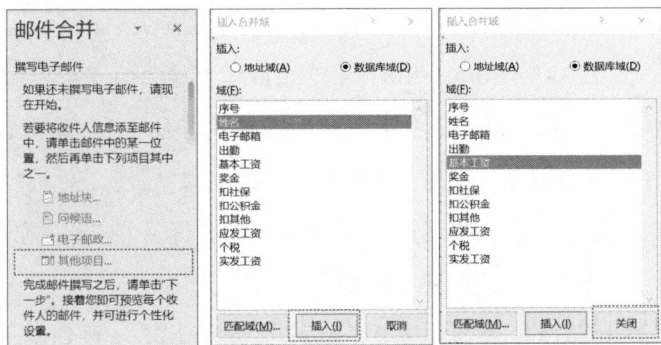

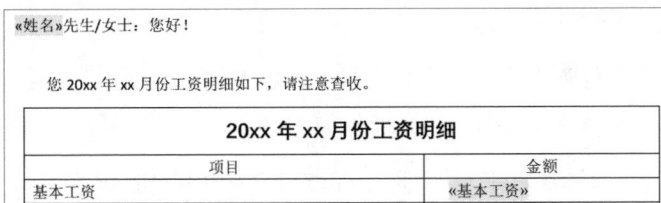

图11-20 在 Word 文档中进行【邮件合并】操作示意图（五）

　　此环节需要反复操作多次，将把 Word 文档中所有需要"合并"（或者叫链接也好）的内容，全部通过【插入】操作，链接了 Excel 表格的内容。切记，每次一个内容【插入】后需要单击【关闭】，然后都要把光标移动至需要【插入】的位置再操作。

　　Word 文档中【插入】相关内容，都会显示带书名号的项目名称。

　　（11）把所有需要【插入】的项目都插入后，在右侧下部选择【→下一步：预览电子邮件】，此时 Word 文件就出现了工资表中第一个人的名字和工资信息（默认）。如果需要查看其他人的情况，可在右侧的上部单击【<】或【>】符号，可以向前或向后查看其他人的内容是否正确，如图11-21所示。

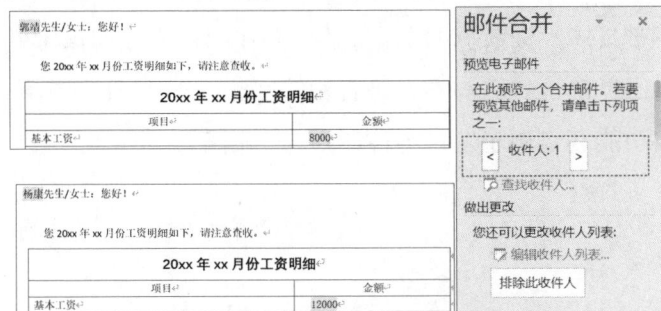

图11-21 在 Word 文档中进行【邮件合并】操作示意图（六）

注意：如果类似于"税后工资"在 Excel 中显示是"12345.78"，但是在 Word 中显示是"12345.7800000001"，请在第二步建立的 Excel 文件中的此列进行设置：右击选中此列，选择【设置单元格格式】选项，在弹出的窗口中选择【货币】，就可解决。保存该文件，重新操作以上步骤。

（12）如果没有问题，继续进行下一步，请选择并单击右侧下部【→下一步：完成合并】，如图11-22中①图所示。

（13）右侧上部选择并单击【电子邮件】，会弹出【合并到电子邮件】对话框，如图11-22中②图所示。

（14）在【收件人】栏单击右侧的下拉按钮，从下拉列表中选择【电子邮箱（也就是 Excel 表格中存储有邮件地址的那一列）】；在【主题行】中手动输入，比如"20××年××月工资明细"，如图11-22中③图所示。

最后，单击【确定】按钮，这时，邮件将陆续发送到收件人的邮箱中。

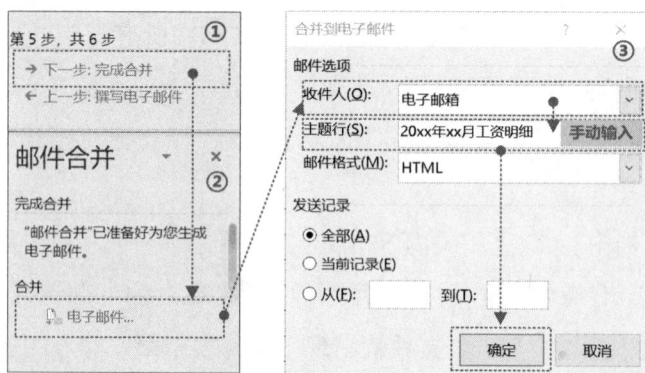

图11-22　在 Word 文档中进行【邮件合并】操作示意图（七）

建议：为了确保邮件正确无误地发送到收件人手中，在第一次使用该功能时，先发送不带具体工资数据的测试邮件，并在邮件中注明该邮件是测试使用的，并请对方回复确认姓名与本人是否相符，避免出现"张冠李戴"的情况。

其实，该功能还可用于发送各种通知、对账函等。

第十二章　利用 Excel 进行货币的时间价值计算

作为财务人员，都学习过货币的时间价值，在实务计算应用中一般都会查找复利终值系数表、复利现值系数表、年金终值系数表、年金现值系数表等。但是，有时手边并无现成的这些表，即使有表，表中利率也是整数可能与实际利率并不一致。其实这一切都可以利用 Excel 解决，并且操作起来比较轻松。

第一节　复利终值系数的计算

一、标准的复利终值系数表制作

所谓复利终值，是指现在特定的资金按照复利计算将来一定时间的价值，或者说是现在的一定本金在将来一定按照复利计算的本金和利息之和。

复利终值的计算数学公式是：$F=P(1+i)^n$。

其中：P——现值或初始值；i——报酬率或利率；F——终值或本利和；$(1+i)^n$——被称为复利终值系数或1元的复利终值。在 Excel 可以自行编制"复利终值系数表"，如图12-1所示。

	B3	▼		f_x	=-FV(B$2,$A3,,1)					
	A	B	C	D	E	F	G	H	I	J	K

复利终值系数表

期数	1%	2%	3%	4%	5%	6%	7%	8%	9%	10%
1	1.0100	1.0200	1.0300	1.0400	1.0500	1.0600	1.0700	1.0800	1.0900	1.1000
2	1.0201	1.0404	1.0609	1.0816	1.1025	1.1236	1.1449	1.1664	1.1881	1.2100
3	1.0303	1.0612	1.0927	1.1249	1.1576	1.1910	1.2250	1.2597	1.2950	1.3310
4	1.0406	1.0824	1.1255	1.1699	1.2155	1.2625	1.3108	1.3605	1.4116	1.4641
5	1.0510	1.1041	1.1593	1.2167	1.2763	1.3382	1.4026	1.4693	1.5386	1.6105
6	1.0615	1.1262	1.1941	1.2653	1.3401	1.4185	1.5007	1.5869	1.6771	1.7716
7	1.0721	1.1487	1.2299	1.3159	1.4071	1.5036	1.6058	1.7138	1.8280	1.9487
8	1.0829	1.1717	1.2668	1.3686	1.4775	1.5938	1.7182	1.8509	1.9926	2.1436
9	1.0937	1.1951	1.3048	1.4233	1.5513	1.6895	1.8385	1.9990	2.1719	2.3579
10	1.1046	1.2190	1.3439	1.4802	1.6289	1.7908	1.9672	2.1589	2.3674	2.5937

图12-1　标准的复利终值系数表示意图

编制步骤如下：

（1）制作一份类似于上图的表格，先输入阴影（黄色）区域的内容。

（2）在单元格B3输入函数公式："=-FV(B$2,$A3,,1)"。

（3）将单元格B3的公式向下和向右进行复制，即可得到上述一份复利终值系数表了。

大家可以动手试试制作一份，然后与财务管理教科书上的系数表比对，看看是否一致。

特别说明：在B3输入函数公式时，要特别注意绝对引用与相对引用的区分，读者可以想想笔者为什么在单元格B2和A3的引用是不同的。

二、复利终值系数计算模型建立

其实，我们前面制作的复利终值系数表在实务中可能并不好用。为什么呢？因为表上的利率是1到10的整数，而实务中利率可能是5.5%、6.3%、7.82%等这样不规则的数字。教科书上也给出过一些解决办法，但是计算烦琐且不准确，其实利用 Excel 建立一个模型就可解决该问题，如图12-2所示。

	B7	▼	f_x	=-FV(B2,B3,B4,B5,B6)

	A	B	C
1	说明事项	数据	备注
2	利率	6.30%	实务中可输入不同利率
3	付款期总数	5	
4	各期应付金额	0	
5	现值	1	
6	各期的支付时间在期初/期末	1	
7	终值	1.3573	

图12-2　复利终值系数计算模型示意图

模型建立步骤如下：

（1）制作如上图的一份表格，除黄色区域和单元格B7外其他区域照样输入。

（2）在B7单元格输入函数公式："=-FV(B2,B3,B4,B5,B6)"。

（3）黄色区域输入实际的利率或付款期总数。

注意：利率和付款期总数应保持一致性。例如，同样是四年期年利率为12%的贷款，如果按月支付，利率应为12%/12，期数应为4×12；如果按年支付，利率应为12%，期数为4。

第二节 复利现值系数的计算

一、标准的复利现值系数表的制作

复利现值是复利终值的对称概念，是指未来一定时间的特定的资金按照复利计算的现值价值，或者说是为取得将来一定本利和现值所需的本金。

通过上一节的公式$F=P(1+i)^n$可以推导出复利现值计算公式：

$$P=F(1+i)^{-n}$$

上式中的$(1+i)^{-n}$是把终值折算为现值的系数，就是复利现值系数，或称作1元的复利现值。在 Excel 中自行制作一份复利现值系数表，如图12-3所示。

B3		f_x	=-PV(B$2,$A3,,1)							
	A	B	C	D	E	F	G	H	I	J	K
1	复利现值系数表										
2	期数	1%	2%	3%	4%	5%	6%	7%	8%	9%	10%
3	1	0.9901	0.9804	0.9709	0.9615	0.9524	0.9434	0.9346	0.9259	0.9174	0.9091
4	2	0.9803	0.9612	0.9426	0.9246	0.9070	0.8900	0.8734	0.8573	0.8417	0.8264
5	3	0.9706	0.9423	0.9151	0.8890	0.8638	0.8396	0.8163	0.7938	0.7722	0.7513
6	4	0.9610	0.9238	0.8885	0.8548	0.8227	0.7921	0.7629	0.7350	0.7084	0.6830
7	5	0.9515	0.9057	0.8626	0.8219	0.7835	0.7473	0.7130	0.6806	0.6499	0.6209
8	6	0.9420	0.8880	0.8375	0.7903	0.7462	0.7050	0.6663	0.6302	0.5963	0.5645
9	7	0.9327	0.8706	0.8131	0.7599	0.7107	0.6651	0.6227	0.5835	0.5470	0.5132
10	8	0.9235	0.8535	0.7894	0.7307	0.6768	0.6274	0.5820	0.5403	0.5019	0.4665
11	9	0.9143	0.8368	0.7664	0.7026	0.6446	0.5919	0.5439	0.5002	0.4604	0.4241
12	10	0.9053	0.8203	0.7441	0.6756	0.6139	0.5584	0.5083	0.4632	0.4224	0.3855

图12-3 标准的复利现值系数表示意图

制作步骤如下：

最简单的办法，就是把上节制作复利终值系数表进行快捷键【Ctrl+A】→【Ctrl+C】→【Ctrl +V】，然后将表头的"复利终值系数表"修改为"复利现值系数"，再使用快捷键【Ctrl +H】，打开【查找与替换】对话框，如图12-4所示。

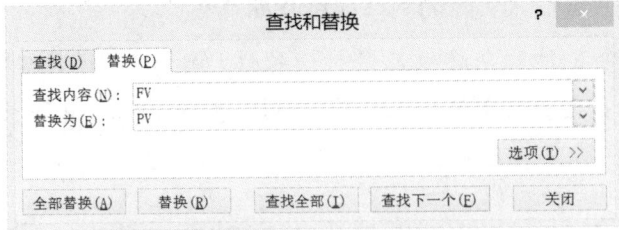

图12-4　将原表的"FV"函数【替换】示意图

在【查找内容】中输入"FV"，在【替换为】输入"PV"，然后单击【全部替换】即可。

如果没有制作"复利终值系数表"，则可以按照笔者上节所介绍的步骤制作，只是单元格B3处输入的公式是"=-PV(B2,$A3,,1)"而已。

二、复利现值系数计算模型建立

建立复利现值系数计算模型，与复利终值系数计算模型方法基本一致，只需把函数FV替换为PV而已，此处不再赘述，有兴趣请参看上一节内容。

差异仅在单元格B7输入的函数公式，该处输入函数公式："=-PV(B2,B3,B4,B5,B6)"（也可以通过对复利终值系数计算模型替换而来），如图12-5所示。

图12-5　复利现值系数计算模型示意图

三、有效年利率（实际利率）的计算

银行等金融机构在为利息报价时，通常会提供一个年利率，并且同时提供每年的复利次数。比如，银行贷款的报价利率是7.68%，但是要求每季度计算一次利率。此处的7.68%就是报价利率或名义利率。如果按照教科书的计算办法，会要求先查表后用插补法，计算烦琐且不准确。利用 Excel 建立一个有效年利率的计算模型，如图12-6所示。

制作步骤如下：

（1）参考上图制作一份表格。

（2）在B4单元格输入函数公式"=EFFECT(B2,B3)"。

然后输入报价利率和计息次数就可得到有效年利率。

假如读者是在金融机构工作，现在知道有效年利率，需要给客户报出一个名义利率，该怎么计算呢？

同样的，也可以制作一个与图12-6类似的表格，只是把函数 EFFECT 替换为 NOMINAL 即可，读者可以试试。

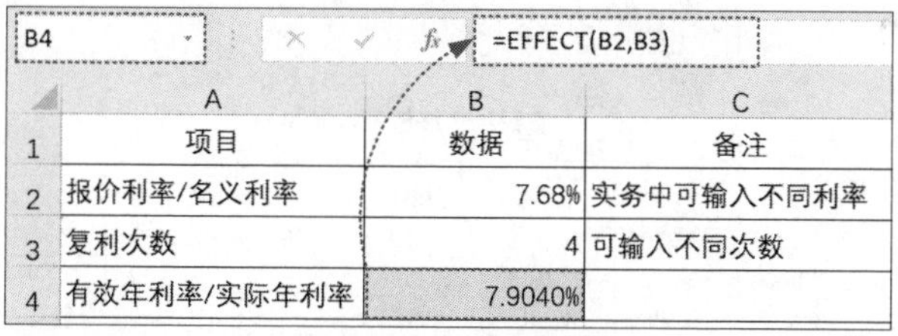

B4	fx =EFFECT(B2,B3)		
	A	B	C
1	项目	数据	备注
2	报价利率/名义利率	7.68%	实务中可输入不同利率
3	复利次数	4	可输入不同次数
4	有效年利率/实际年利率	7.9040%	

图12-6　有效年利率（实际年利率）计算模型示意图

第三节　年金终值和现值系数的计算

年金是指等额、定期的系列收支。比如，分期付款购买商品、按揭贷款、分期发放养老金、分期支付工程款等，都属于年金的收付形式。

普通年金又称作后付年金，是指各期期末收付的年金。普通年金的收付形式如图12-7所示。

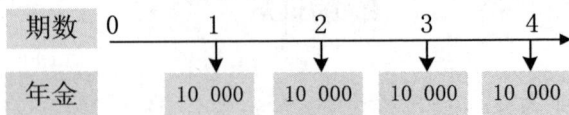

图12-7　普通年金的收付形式示意图

一、普通年金终值系数的计算

普通年金终值计算的数学公式为

$$F=A(1+i)+A(1+i)^2+A(1+i)^3+\cdots+A(1+i)^n$$

通过数学推导可以得出为

$$F=A[(1+i)^n-1]/i$$

式中, F 为年金终值; A 为每年收付金额; i 为利率; n 为期数; $[(1+i)^n-1]/i$ 为年金终值系数。

整个计算过程比较烦琐, 财务管理教材上一般推荐使用年金终值系数表。下面我们通过 Excel 制作一份, 如图12-8所示。

图12-8　普通年金终值系数表示意图

制作步骤与本章第一节制作复利终值系数表相同, 只是在单元格B3输入的函数公式稍有不同, 使用的依然是 FV 函数, 本处普通年金终值系数计算输入的函数公式是: "=-FV(B$2,$A3,1,0)"。

由于复利终值计算只是针对一次性付款额, 以后各期不再发生等额支付, 所以pmt则为0; 而年金则是每期都会发生等额的收支。

二、普通年金终值系数计算模型的建立

为解决利率不在年金终值系数表内的问题，我们也可以建立一个年金终值系数计算模型，如图12-9所示。

B7 =-FV(B2,B3,B4,B5,B6)

	A	B	C
1	说明事项	数据	备注
2	利率	6.30%	实务中可输入不同利率
3	付款总期数	5	
4	各期应付金额	1	
5	现值	0	
6	各期的支付时间在期初/期末	0	0-期末，1-期初
7	终值	5.6710	

图12-9　年金终值系数计算模型示意图

读者可以比较一下该模型与第一节的“复利终值计算模型”的异同。“年金终值系数计算模型”仅在“复利终值系数计算模型”上修改了两个地方。

（1）各期应付金额：年金是各期支付金额相等，系数计算输入0。

（2）现值：年金终值系数计算的普通年金，期初尚未支付，现值为0；复利终值系数计算时，本金在期初支付1次，故是1。

三、普通年金现值系数的计算

普通年金现值，是指每期期末收付相等的款项，现在需要投入的或收取的金额。

对于普通年金现值系数表也可以利用 Excel 进行计算并制作，步骤过程与前面制作其他几个系数基本一致，如图12-10所示。

B3 =-PV(B$2,$A3,1,0)

	A	B	C	D	E	F	G	H	I	J	K
1	普通年金现值系数表										
2	期数	1%	2%	3%	4%	5%	6%	7%	8%	9%	10%
3	1	0.9901	0.9804	0.9709	0.9615	0.9524	0.9434	0.9346	0.9259	0.9174	0.9091
4	2	1.9704	1.9416	1.9135	1.8861	1.8594	1.8334	1.8080	1.7833	1.7591	1.7355
5	3	2.9410	2.8839	2.8286	2.7751	2.7232	2.6730	2.6243	2.5771	2.5313	2.4869
6	4	3.9020	3.8077	3.7171	3.6299	3.5460	3.4651	3.3872	3.3121	3.2397	3.1699
7	5	4.8534	4.7135	4.5797	4.4518	4.3295	4.2124	4.1002	3.9927	3.8897	3.7908
8	6	5.7955	5.6014	5.4172	5.2421	5.0757	4.9173	4.7665	4.6229	4.4859	4.3553
9	7	6.7282	6.4720	6.2303	6.0021	5.7864	5.5824	5.3893	5.2064	5.0330	4.8684
10	8	7.6517	7.3255	7.0197	6.7327	6.4632	6.2098	5.9713	5.7466	5.5348	5.3349
11	9	8.5660	8.1622	7.7861	7.4353	7.1078	6.8017	6.5152	6.2469	5.9952	5.7590
12	10	9.4713	8.9826	8.5302	8.1109	7.7217	7.3601	7.0236	6.7101	6.4177	6.1446

图12-10　普通年金现值系数表示意图

不同之处在于需要在单元格B3处输入函数公式："=-PV(B$2,$A3,1,0)"，然后将B3的函数公式向右和向下复制填充即可，就得到了图12-10所示的"普通年金现值系数表"。当然，也可以通过【替换】功能，在复制的"普通年金终值系数表"的基础上，将函数FV替换为PV也是非常快捷的。

四、年金现值系数计算模型的建立

如同前面章节讲到的系数计算模型一样，只需在 Excel 中建立一个类似的表格，然后输入函数公式，以后需要使用时输入利率、期数等变量即可自动计算，如图12-11所示。

				fx	=-PV(B3,B4,B5,B6,B7)
B8					

	A	B	C
1	年金现值系数计算模型		
2	说明事项	数据	备注
3	利率	6.30%	实务中可输入不同利率
4	付款总期数	5	
5	各期应付金额	1	
6	现值	0	
7	各期的支付时间在期初/期末	0	0-期末，1-期初
8	终值	4.1782	

图12-11　年金现值系数计算模型示意图

细心的读者会发现：该模型与"复利现值系数计算模型"相似度很高，并且连函数公式都完全一样。大家可以对比找异同，思考为什么？

第四节　按揭贷款的计算

现实生活中，最常见的有汽车按揭贷款和房屋按揭贷款，如果在知道贷款金额、期限、利率的情况下，每月的还款额度你会计算吗？非专业人士或许向财务人员请教，作为专业人士该怎么办？当房贷利率下调时，会计算少还多少按揭款吗？

一、按揭贷款每月归还金额的计算

比如，彭怀文按揭购买了一辆汽车，贷款金额30万元、期限3年、利率5.8%。请问：他每月应归还多少按揭贷款（等额本息）？

计算过程，如图12-12所示。

建立如图12-12所示的一个模型，在单元格B6中输入函数公式："=PMT(B3,B4,B5)"，然后把按揭贷款利率、按揭还款的月份数、贷款额等输入表中对应栏，即可得到每月需要归还的按揭贷款额。

B6 =PMT(B3,B4,B5)

	A	B	C
1	按揭等额本息还款计算模型		
2	说明事项	数据	备注
3	利率	0.48%	月利率：年利率/12
4	付款月份数	36	还款的月份数
5	贷款额	300,000.00	
6	按揭还款额（等额本息）	-9,099.42	

图12-12　按揭贷款每月等额本息归还的计算模型示意图

注意：名义利率和支付期限的一致性：如果是年利率，归还按揭贷款却是每月的，就需要将利率输入表中时用年利率除以12得到月利率（不能直接输入结果），支付期限按照月份数计算。

二、按揭还贷模型用于投资的计算

假如贵公司准备采取分期收款的模式销售一台设备，该设备公允价值（市场价）为2000万元（不含税价）。分期付款的条件：首付款500万元，其余款项在3年内分期支付，实际利率不得低于5%。现在公司销售人员正在与采购方谈判，请分别按每年支付一次和每季度支付两种情况，计算一个每期应收款的最低数额（不含税金额），以供销售人员在谈判中作为底线依据使用。

对于该问题，从采购方角度看是融资，以销售方角度就是投资，因此可以继续使用按揭贷款还款的计算模型。因此，对于每年支付一次的情况下，以销售最低收款额（不含税金额）计算，如图12-13所示。

B6 =PMT(B3,B4,B5)

	A	B	C
1	**分期付款销售收款的计算模型**		
2	说明事项	数据	备注
3	利率	5.00%	季度利率：年利率/4
4	付款的期数	3	与利率保持一致
5	融资额	15,000,000.00	
6	分期收款额（等额本息）	¥-5,508,128.47	

图12-13　分期付款销售收款额（按年度）计算示意图

如果要计算每季度支付一次的最低收款额，只需要把利率换算为季度利率（年利率/4）、把支付的期数换算为季度数（年度×4），输入上表即可得到，读者朋友可以试试哦。

另外，还有偿债基金的计算与按揭贷款计算比较类似，只是使用的函数为PPMT 函数，大家可以自行练习，在此不再赘述。

第十三章 利用 Excel 进行投资收益率计算

利用 Excel 计算投资收益率（实际利率）可以化繁为简，实务中在企业投资、筹资以及会计核算中经常会用到。

第一节 债券收益率计算

企业如果进行债券投资，一定会计算债券的实际收益率；同样，如果进行债券筹资也一定计算债券的资金成本，否则实际利率高于市场利率企业会吃亏，低于市场利率可能又不能融资。

一、定息债券到期收益率的计算

【案例13-1】甲公司发行了面值1000元、期限5年的债券，票面利率是7%，分期付息，最后一期本息一期支付，目前市场价为900元发售。请计算该债券的到期收益率。

解析：对于该问题解决，财务管理类教科书一般给出的解决办法是"逐步测试法"或"试误法"求解，过程烦琐，结果不精确。

其实，对于该问题计算，在 Excel 中使用函数公式却是非常简单、快捷，计算过程如图13-1所示。

H2			fx	=IRR(B2:G2)			
	A	B	C	D	E	F	G	H
1	期数	0	1	2	3	4	5	到期收益率
2	现金流	-900	70	70	70	70	1070	9.6119%

图13-1 定息债券到期收益率的计算示意图

工作思路：企业如果投资就必须支付900元，此乃0期的现金流-900元，最后一期收回本金和利息合计1070元，其余各期收回利息70元，然后计算这一系列现金流的内含报酬率，其结果就是该债券的到期收益率。是不是既简单又高效，而且准确呢？一个 IRR 函数就轻松解决：在 Excel 表格中输入这系列的现金流，然后在单元格H2输入函数公式："=IRR(B2:G2)"。

二、一次还本付息债券到期收益率计算

一次还本付息债券是指到期一次性支付并偿还本金。

【案例13-2】A公司发行了面值1000元、期限5年的债券，利率7%，到期一次性支付本息，目前市场价为900元。请计算该债券到期收益率。

解析：对于该问题的计算，也可以采用【案例13-1】的办法。这里的办法是指需要修改各期的现金流：把最后一期的现金流修改为1350元，中间各期现金流修改为0，如图13-2所示。

H2			f_x	=IRR(B2:G2)			
	A	B	C	D	E	F	G	H
1	期数	0	1	2	3	4	5	到期收益率
2	现金流	-900	0	0	0	0	1350	8.4472%

图13-2　一次还本付息债券到期收益率计算示意图

读者可以比较一下，虽然名义利率和期限等一致，只是改变了支付方式，但到期收益率发生了变化。

三、贴现债券的到期收益率计算

贴现债券：发行价低于票面额，到期以票面额兑付。发行价与票面额之间的差额就是贴息。

【案例13-3】乙公司发行了面值1000元、期限5年的债券，利率为0%，到期一次性支付本金，目前市场价为700元。请计算该债券的到期收益率。

解析：对于该问题，办法照旧，如图13-3所示。

H2				fx	=IRR(B2:G2)		
	A	B	C	D	E	F	G	H
1	期数	0	1	2	3	4	5	到期收益率
2	现金流	-700	0	0	0	0	1000	7.3941%

图13-3　贴息债券到期收益率计算示意图

对于债券收益率（成本）的计算，即便债券的付息形式不一样，计算方法却可以一样，都可以使用 IRR 函数。因此，哪怕它千变万化，以不变应万变。比如，债券中还有浮动利率债券、累计利率债券，以及付息周期变化等。如果使用教科书上"逐步测试法"或"试误法"求解，计算难度可想而知。

第二节　新收入准则和新租赁准则中的实际利率快捷计算与应用

销售合同含有重大融资成分的，按照新收入准则的规定，是需要计算融资部分的实际利率（内部收益率、折现率）的。

同样，对于租赁合同，除短期租赁和低价值租赁外，承租人在确认"使用权资产"时，通常也是需要计算实际利率（内部收益率）；对于出租人，如果租赁合同构成融资租赁的，也是需要计算实际利率（内部收益率）。

对于实际利率的计算，经典财务管理教科书（包括CPA考试和会计职称考试指定教材）给出的方法基本上都是"内插法"。"内插法"的核心就是在公式的基础上，不停地试误，非常烦琐，也非常容易计算错误。

下面通过两个实务案例，告诉大家在实务工作中遇到需要计算实际利率（包括内部收益率、折现率等不同叫法），如何借助 Excel 函数公式快速而高效、准确地计算出来。

一、现金流间隔相等情况下的实际利率计算

【案例13-4】甲公司与乙公司签署了一份房租租赁合同，每月租金10万元（不含税），租赁期限为3年（2021年1月1日至2023年12月31日），每季度1号支

付租金，乙公司按照税法规定开具增值税专票。不含税租金合计360万元。

在租赁合同谈判过程中，乙公司还有一个租金支付条款：一次性支付租金，可以打95折，即不含税租金为342万元。但是，甲公司考虑到自己资金流动等因素，最后还是选择了分期支付租金的条款。

甲公司为一般纳税人，进项税额可以抵扣进项税额。乙公司按照简易计税5%征收率开具专票。

问题：甲公司应如何做会计处理？

分析：《企业会计准则第21号——租赁（2018）》第十七条规定："在计算租赁付款额的现值时，承租人应当采用租赁内含利率作为折现率；无法确定租赁内含利率的，应当采用承租人增量借款利率作为折现率。"

存在两种方案做出选择时，分期付款的方案就存在租赁内含利率（实际利率），因此甲公司财务人员在进行会计处理前就需要先把该利率给计算出来。

解答：

（一）租赁内含利率的计算

在 Excel 表格中建立如图13-4所示计算表。

A	B	C	D	E
租赁期间实际利率以及分期确认融资费用计算表				
期间	现金流	分期确认的融资费用	减少的租赁负债	租赁负债余额
A	B	C=上期E×IRR	D=30-C	E=上期E-D
2021/1/1	312.00			312
2021/4/1	-30.00	2.95	27.05	284.95
2021/7/1	-30.00	2.70	27.30	257.65
2021/10/1	-30.00	2.44	27.56	230.09
2022/1/1	-30.00	2.18	27.82	202.27
2022/4/1	-30.00	1.91	28.09	174.18
2022/7/1	-30.00	1.65	28.35	145.83
2022/10/1	-30.00	1.38	28.62	117.21
2023/1/1	-30.00	1.11	28.89	88.32
2023/4/1	-30.00	0.84	29.16	59.16
2023/7/1	-30.00	0.56	29.44	29.72
2023/10/1	-30.00	0.28	29.72	0.00
IRR	0.9467%			
合计		18.00	312.00	

图13-4 租赁合同实际利率与确认融资费用计算示意图

（1）图13-4中涉及函数公式说明。

① IRR 计算。在单元格B16输入函数公式："=IRR(B4:B15)"。

② 分期确认的融资费用的计算。

在单元格C5输入函数公式："=ROUND(E4*$B$16,2)"。

③ 减少的租赁负债。

在单元格D5输入函数公式："=-(B5+C5)"。

④ 租赁负债余额。

在单元格E5输入函数公式："=E4-D5"。

⑤ 批量复制填充。

按住鼠标左键并拖动鼠标同时选中单元格区域C5:E5，然后向下拖动鼠标批量填充至最后一期。

（2）期初现金流的说明。

如果选择一次性支付的情况下，现金流出为342万元；但是，在选择分期支付的情况下，第一期只需支付30万元，相当于期初的融资=342-30=312万元。

（二）会计分录

（1）租赁期开始日：

借：使用权资产342万元

    应交税费——应交增值税（进项税额）   1.5万元

    租赁负债——待确认融资费用   18万元（330-312）

    应交税费——待抵扣进项税额   16.5万元

    贷：租赁负债——租赁付款额（不含税）   330万元（360-30）

        租赁负债——租赁付款额（税额）   16.5万元（330×5%）

        银行存款   31.5万元

（2）租赁期间，比如2021年支付租金的会计分录。

① 确认的融资费用。

借：财务费用   2.95万元

    贷：租赁负债——待确认融资费用   2.95万元

② 支付租金。

借: 租赁负债——租赁付款额 (不含税)　　　　　30万元

　　租赁负债——租赁付款额 (税额)　　　　　1.5万元

　　贷: 银行存款　　　　　　　　　　　　　　　31.5万元

③ 收到发票确认进项税额。

借: 应交税费——应交增值税 (进项税额)　　　1.5万元

　　贷: 应交税费——待抵扣进项税额　　　　　1.5万元

说明: 以后各期的会计分录基本一致,只是每期确认融资费用的金额数字有变化。

二、现金流间隔不相等情况下的实际利率计算

【案例13-5】A公司销售一种机器设备,市场现销价格是1000万元 (不含税价)。B公司由于资金比较紧张,与A公司协商后分期付款,双方签订合同并执行。合同约定: 设备款项不含税总价1100万元,分4次支付,分别是: 2020年12月31日支付20%,2021年12月31日支付25%,2022年6月30日支付25%,2023年12月31日支付30%。A公司在收到货款时,按照约定付款期间的法定税率开具专票。设备由B公司付款后上门自提。

A公司在2020年12月31日收到货款,B公司按照约定自提设备。

A公司为一般纳税人。

问题: A公司应如何做会计处理?

分析:《企业会计准则第14号——收入 (2017)》第十七条规定:"合同中存在重大融资成分的,企业应当按照假定客户在取得商品控制权时,即以现金支付的应付金额确定交易价格。该交易价格与合同对价之间的差额,应当在合同期间内采用实际利率法摊销。"

因此,对于案例中的A公司与B公司的交易,需要计算合同期内的实际利率。

解答:

(一)分期付款内含利率的计算

在 Excel 表格中建立如图13-5所示的计算表。

说明：对于现金流间隔时间不一致的，可以调整为一致，然后再使用 IRR 函数。图13-5表格中的函数公式与图13-4基本一致，不再赘述。

	分期付款实际利率以及分期确认融资收益计算表			
	A	B	C	D	E
期间	现金流	分期确认的融资收益 C=上期E×IRR	减少的分期付款 D=30-C	分期付款余额 E=上期E-D
A	B			
2020/12/31	780.00			780.00
2021/6/30	0.00	25.40	0.00	805.40
2021/12/31	-275.00	26.23	223.37	556.63
2022/6/30	-275.00	18.13	256.87	299.75
2022/12/31	0.00	9.76	0.00	309.51
2023/6/30	0.00	10.08	0.00	319.59
2023/12/31	-330.00	10.41	299.75	0.00
IRR	3.2564%			
合计		100.00	780.00	

图13-5　分期付款实际利率以及分期确认融资收益计算表示意图

（二）会计分录

（1）A公司2020年12月31日销售设备。

借：银行存款	248.6万元（220×113%）
应收账款——B公司	994.4万元（880×113%）
贷：主营业务收入	1000万元
未确认融资收益	100万元
应交税费——应交增值税（销项税额）	28.6万元（220×13%）
应交税费——待转销项税额	114.4万元（880×13%）

（2）A公司2021年12月31日确认融资收益。

借：未确认融资收益	51.63万元（25.4+26.23）
贷：财务费用	51.63万元

（3）A公司2021年12月31日收到货款并开具增值税专票。

借：银行存款	310.75万元（275×113%）
贷：应收账款——B公司	310.75万元（275×113%）

同时，开具专票确认销项税额。

借：应交税费——待转销项税额	35.75万元（275×13%）
贷：应交税费——应交增值税（销项税额）	35.75万元（275×13%）

后续的2022年和2023年的会计分录科目一致，只是融资收益数据金额按照上图计算数据稍加变更，故不再赘述。

第十四章　Excel 在固定资产管理中的应用

固定资产属于企业中比较常见的资产，管理和核算也相对比较烦琐。如果企业使用了 ERP 等软件的"固定资产管理"模块，则就变得相对简单了。如果企业没有使用 ERP 等软件的"固定资产管理"模块，甚至还是手工账，我们也可以用 Excel 来建立一套固定资产管理的表格作为辅助账。

第一节　固定资产台账的建立

固定资产台账，属于基础表格，就是把固定资产管理与核算可能会使用到的信息记录下来，尽可能详细，以备后期核算时使用。

因此，固定资产基础表格（台账）使用清单型的表格，在表格中不能使用合并单元格等。

一、固定资产入账时应该录入的基础信息

表格中的列标题内容应该有序号、资产编码、资产类别、资产名称、规格型号、数量、单位、入账原值、入账日期、预计残值率、折旧年限、折旧方式、使用部门、存放地点、使用人等。

在建立表格时，我们应该充分使用单元格的数据有效性设置，一方面减少输入相同的文字，另一方面防止出现错误。现对相关列的单元格的数据有效性设置说明如下：

资产类别：应该结合企业实际情况和税法规定，对固定资产进行分类，一般可以分为房屋及建筑物、生产设备、检验设备、交通运输设备、电气设备、电子设备、家具用具、其他等。可以利用单元格的数据有效性设置建立下拉菜

单,供录入时选择使用。

资产编码:结合资产类别的划分,企业应建立一套编码规则。可以利用单元格的数据有效性设置对编码的文本长度进行设置。

入账日期:可以利用单元格的数据有效性设置输入的时间范围进行设置。

预计残值率:一般来说,企业应对同一类别的固定资产预计一个残值率,或所有固定资产指定一个残值率。因此,可以利用单元格数据有效性设置下拉菜单供选择,将企业可能涉及残值率作为可供选择的数据。

折旧方式:无论是会计准则还是税法,对折旧方式都有规定。因此,可以利用单元格数据有效性设置下拉菜单供选择,将企业可能涉及折旧方法作为可供选择的对象。

使用部门:企业部门一般都是相对固定的,因此可以利用单元格数据有效性设置下拉菜单供选择,将企业部门作为可供选择的对象。

这些信息应该在固定资产入账时进行详细录入。

二、固定资产变更信息的录入

当固定资产使用到一定时间后,会遇到盘存毁损、变卖、到期等固定资产清理事项,也可能发生固定资产减值,这些信息都应在固定资产台账一一记录。

因此,在固定资产台账表格上应增加:减值时间、减值金额、清理时间、清理原因。

固定资产台账信息内容很多,是后续工作的基础。下面以图展示列标题的内容,如图14-1所示(内容太多,两排显示)。

	A	B	C	D	E	F	G	H	I	J	K
1	序号	入账日期	资产编码	资产类别	资产名称	规格型号	数量	单位	入账原值	残值率	折旧年限
2	1										

K	L	M	N	O	P	Q	R	S
折旧年限	折旧方式	使用部门	存放地点	使用人	减值时间	减值金额	清理时间	清理原因

图14-1　固定资产台账示意图

第二节　固定资产卡片打印模板的建立

根据固定资产管理要求，企业应为每项固定资产建立固定资产卡片。固定资产卡片就是纸质的台账，并且会要求领用固定资产的使用人或责任人签字确认。

在手工记账模式下，企业财务部门一般会购买市面销售的纸质固定资产卡片，然后填写相关内容。我们在本章第一节利用了 Excel 建立固定资产台账，将固定资产的相关信息已经全部录入了电子表格中，必须加以利用，不能再去手工填写相关信息。

一、建立一张固定资产卡片的表格

企业可以根据需要自己设定固定资产卡片格式，也可以参照市面销售的固定资产卡片格式设置。下图是在 Excel 中设置的固定资产卡片样式，供参考和讲解说明，如图14-2所示。

	A	B	C	D	E	F	G	H	I
1			固定资产卡片				输入需要打印固定资产序列号		
2	资产编码		资产类别		卡片编号				
3	资产名称		规格型号		入账时间				
4	计量单位		数量		入账原值				
5	预计残值率		折旧年限（年）		折旧方法				
6	使用部门		存放地点		使用人签字				

图14-2　固定资产卡片打印模板示意图

说明：上图右上角的"输入需要打印固定资产序列号"在打印时将不会被打印，因为左边的"固定资产卡片"内容是设置了打印区域的。

二、设置函数公式

固定资产卡片中的内容在第一节设置的固定资产 Excel 台账表格已经全部都有了，我们只需要使用查找与引用函数将其引用过来，因此专门设置了右上角不需要打印的"输入需要打印固定资产序列号"，当输入序列号发生变化时，固定资产卡片内容全部发生变化。

此处可以使用的函数有 LOOKUP 和 VLOOKUP，下面就以 LOOKUP

为例进行说明。

资产编码：在单元格B2输入函数公式："=LOOKUP(G2,台账!A:A,台账!C:C)"。

其他信息内容设置函数公式类似，不再重复。卡片编号可以使用台账的序列号，"使用人签字"则不需要引用填充内容，留空格给使用人签字使用。

打印后经过签字的固定资产卡片，可以按照固定资产管理制度的要求装订在一起，以供后期固定资产盘点等使用。

第三节　固定资产月度折旧表的建立

固定资产每月都要进行折旧，如果是手工计算折旧，工作量是比较大的且每月都要重复进行。因此，利用 Excel 就是要解决重复而计算量大的工作。

一、了解固定资产折旧的会计知识

我们需要利用 Excel 来计算折旧必须了解固定资产折旧的会计知识，作为使用函数公式的基础。

固定资产折旧的起止时间：当月投入使用的固定资产，次月开始折旧；当月减少的固定资产，次月停止折旧。当固定资产达到预计使用年限后继续使用时，不再计提折旧。

固定资产减值：当固定资产发生减值时，按照减值后净额计算折旧。

双倍余额递减法：我国会计准则规定，最后两年的折旧须转换为直线法。

上述这些固定资产折旧都将在使用 Excel 进行折旧时需要用到，因此必须清楚掌握以便书写函数公式。

二、建立一张固定资产折旧月度折旧明细表

我们希望得到一张如图14-3所示的固定资产折旧月度明细表，只需每月在需要计提折旧时改变表头的时间，就能实现自动计算所有的固定资产折旧。

A	B	C	D	E	F	G	H	I	J	U
					固定资产折旧月度明细表					
					2017年8月					
序号	资产编码	入账时间	资产类别	资产名称	入账原值	残值率	折旧年限（年）	折旧方式	使用部门	本月折旧额
1	A001	2016/6/10	电子设备	电脑	10000	3%	3	双倍余额递减法	财务部	126.39
2	A002	2016/7/10	电子设备	电脑	20000	3%	4	平均年限法	财务部	343.56
3	A003	2016/8/10	电子设备	电脑	30000	3%	5	年限总和法	财务部	808.33

图14-3　固定资产折旧月度明细表示意图

图14-3中我们希望得到的结果是"本月折旧额"，其他的数据都可以通过设置一些简单的公式从固定资产台账的 Excel 表格中自动取得。

计算固定资产折旧，需要考虑因素太多，前面基础知识已经讲到，因此如果直接使用函数公式将会使函数公式变得非常复杂，既不容易理解甚至也不容易实现，计算速度也将会变慢。此时，我们需要利用辅助列来——实现我们的"小目标"。

如果大家仔细看，图14-3是有很多隐藏列的，这些隐藏列就是辅助列，如图14-4所示，下面来——说明其用途及其"本月折旧额"最终实现途径。

K	L	M	N	O	P	Q	R	S	T
资产折旧月度明细表									
减值时间	减值金额	清理时间	减值月数	清理月数	投入使用月数	累计折旧月数	双倍余额递减法	年限总和法	平均年限法
1900/1/0	0	2017年10月	0	0	4	4	555.56	404.17	269.44
2017/9/2	2000	2018年10月	35	0	3	3	833.33	646.67	404.17
1900/1/0	0	2019年10月	0	0	2	2	1000	808.33	485

图14-4　固定资产折旧月度明细表隐藏项示意图

图14-4中的"减值时间""减值金额""清理时间"从固定资产台账的 Excel 表格中自动取得。

（1）减值月数：用来计算发生固定资产减值后尚可使用的预订期限。在发生固定资产减值的当月，固定资产折旧按照减值前的原值进行折旧；在发生减值后的次月起按照固定资产原值减去减值金额进行折旧。因此，可以在单元格 N4 输入函数公式：

=IF(K4=0,0,H4*12-DATEDIF(C4,DATE(YEAR(K4),MONTH(K4)+1,1), "M")-1)

这个数据可作为固定资产发生减值后的尚可使用期限（月）。计提固定资产减值准备是会计谨慎性原值的应用和体现，一般只在使用直线法折旧情况下发生, 因为双倍余额递减法和年限总和法折旧本身就是会计谨慎性原值的应用和体现。

（2）清理月数: 用来计算固定资产发生清理减少时与希望折旧月份时间的间隔月份数。当固定资产发生清理减少的当月, 折旧照样计提, 减少的次月不再计提, 此数据可以用于接下来判断固定资产是否该继续折旧。在单元格O4输入函数公式:

=IF($M4<$F$2,DATEDIF(DATE(YEAR(M4),MONTH(M4),1),$F$2, "M"),0)

（3）投入使用月数: 计算固定资产从入账时间到计提折旧月份的间隔月份数。在单元格P4输入函数公式:

=IF($F$2>C4,DATEDIF(DATE(YEAR(C4),MONTH(C4),1),$F$2, "M"),0)

（4）累计折旧月数: 计算固定资产折旧累计的月份数。当固定资产发生清理减少后累计折旧月份数停止累计, 当固定资产折旧达到预订使用期限仍然使用的停止折旧。因此, 在单元格Q4输入函数公式"=IF(P4>H4*12, H4*12,P4)-O4"。

"投入使用月数"与"累计折旧月数"相等时, 说明该固定资产需要继续折旧, 当二者不等时说明当月应该不计提折旧。这两个数据的比较可作为后面判断是否当月计提折旧的依据。

（5）双倍余额递减法: 由于一个企业可能会使用多个折旧方法, 如果将所有折旧方法都写在一个函数公式中将显得非常复杂, 因此此处将各种方法的折旧公式单独写出。本案例以最常见的双倍余额递减法、年限总和法和平均年限法为例。

在单元格R4输入双倍余额递减法的函数公式如下:

=ROUND(IF(P4<>Q4,0,IF((H4-ROUNDUP(Q4/12,0))>=2,DDB(F4,F4* G4,H4,ROUNDUP(Q4/12,0),2),VDB(F4,F4*G4,H4,H4-2,H4)/2))/12,2)

（6）年限总和法: 是指在不考虑固定资产预计残值的情况下, 将每期固定资产的期初账面净值乘以一个固定不变的百分率, 计算折旧额的一种加速折旧的方法。在单元格S4输入函数公式如下：

=ROUND(IF(P4<>Q4,0,SYD(F4,F4*G4,H4,ROUNDUP(Q4/12,0)))/12,2)

（7）平均年限法：又称直线法，是指固定资产的使用年限平均地提折旧的方法。按此计算方法所计算的每年的折旧额是相同的。因此，在各年使用资产情况相同时，采用直线法比较恰当。在单元格T4输入函数公式如下：

=ROUND(IF(P4<>Q4,0,IF(N4=0,SLN(F4,F4*G4,H4*12),SLN(F4-L4-SLN(F4,F4*G4,H4*12)*(H4*12-N4),F4*G4,N4))),2)

（8）本月折旧额：这个是整个月度折旧明细表的目标，经过前面辅助列的铺垫，该处函数公式变得简单。在单元格U4输入函数公式：

=IF(I4="双倍余额递减法",R4,IF(I4="年限总和法",S4,IF(I4="平均年限法",T4)))

上述函数公式设置好以后，可以批量复制填充。当我们需要计提折旧时，只需输入折旧月份，便自动计算出结果。当需要打印时，隐藏辅助列。

第四节　固定资产月度折旧汇总表的建立

当我们按照第三节的办法建立了自动计算折旧的明细表后，还需要建立固定资产折旧的汇总表。

根据需要，可以分别按照使用部门、固定资产类别等进行汇总。比如按照部门汇总设置如图14-5所示。

下图表中相关函数或公式说明如下：

折旧时间：直接取自"折旧月度明细表"，直接使用公式即可，当"折旧月度明细表"上的折旧月份时间发生变化，此处时间自动变化。

各部门的汇总金额，利用条件求和函数，直接从"折旧月度明细表"计算而来。在单元格B5输入函数公式如下：

=SUMIF(折旧月度明细!$J$4:$J$100,A5,折旧月度明细!$U$4:$U$100)

然后向下批量复制填充至每个部门即可。

	A	B	C
1	固定资产折旧月度汇总表		
2	折旧时间	2017年8月	
3	按使用部门汇总		
4	部门	汇总金额	备注
5	行政部		
6	财务部		
7	人力部		
8	销售部		
9	采购部		
10	生产部		
11	一车间		
12	二车间		
13	合计		

图14-5 固定资产折旧月度汇总表（按使用部门汇总）示意图

同样方式，我们也可以按照固定资产类别进行汇总月度折旧金额，如图14-6所示。

	A	B	C
15	按固定资产类别汇总		
16	类别	汇总金额	备注
17	房屋与建筑		
18	房屋及建筑物		
19	生产设备		
20	检验设备		
21	交通运输设备		
22	电气设备		
23	电子设备		
24	家具用具		
25	其他		

图14-6 固定资产折旧月度汇总表（按固定资产类别汇总）示意图

同样在单元格B17输入函数公式：

=SUMIF(折旧月度明细!$D$4:$D$100,A17,折旧月度明细!$U$4:$U$100)

第十五章　Excel 在应收账款管理中的应用

企业的日常业务中必定会涉及往来款项的管理。当然,如果企业本身已有完善的系统来支撑整个模块的话,财务人员会省去很多麻烦的步骤。如果没有,也不用着急,可以运用 Excel 来进行管理。

第一节　基础资料表格的建立

根据本书前面所述,任何管理系统的建立,首先都要建立基础资料表格。在应收账款管理中,我们需要建立客户资料和应收账款流水明细账。

一、客户基础资料

客户基础资料原则上按照双方签署合同内容建立,根据管理需要内容可简可繁,如图15-1所示。

	A	B	C	D	E	F
1	序号	客户名称	简称	地址	联系人	账期
2	1					
3	2					
4	3					
5	4					

图15-1　客户基础资料清单示意图

表格内容填写说明。

(1)简称:为了减少后期的文字输入,对客户进行统一规范简称。

(2)地址、联系人:如果需要邮寄对账函,可以方便后期设置信封打印模板取数。

（3）账期：根据合同约定，客户应在多少天付款的时间。

上述内容根据合同内容填写，当有新合同新客户及时增加或更新。

二、应收账款流水明细账

当有应收账款业务发生时，财务人员以时间顺序逐笔登记应收账款流水明细账。表格式样如图15-2所示。

	A	B	C	D	E	F	G	H	I
1	序号	客户简称	账期	开票时间	开票金额	应收时间	实收时间	实收金额	欠款金额
2	1								
3	2								
4	3								
5	4								

图15-2 应收账款流水明细账示意图

表格内容填写说明。

（1）客户简称：录入规范的客户简称。

（2）账期：不用手工录入，使用函数 VLOOKUP 从"客户资料"表自动取得。单元格C2输入函数公式"=VLOOKUP(B2,客户资料!\$C:\$F,4,0)"，然后向下批量复制。

（3）开票时间：按照开票时间或开始计算账期的时间准确录入。

（4）开票金额：按照应收金额录入。

（5）应收时间：不用手工录入，使用"账期+开票时间"自动计算而得。

（6）实收时间：按照实际收款的时间准确录入。

（7）实收金额：按照实际收款的金额准确录入。

（8）欠款金额：不用手工录入，使用"开票金额-实收金额"自动计算得到。

备注：如果针对同一客户，同一时间开票多张，应合并录入；如果同一客户付款包含不同时间的应收账款，应以时间顺序从前往后依次填写"实收时间"和"实收金额"。

第二节　账龄分析等目标表格的建立

应收账款管理目的在于及时掌握账龄以便催账，必要时与客户进行对账，同时根据客户的回款情况等对客户信用等级进行评分。

一、账龄分析表的建立

首先建立如图15-3所示的"账龄分析表"。

	A	B	C	D	E	F	G	H
1				账龄分析表				
2			截止时间：	2016年6月30日				
3	序号	客户简称	欠款合计	1月以内	1-3个月	3-6个月	6-12个月	1年以上
4	1							
5	2							
6	3							

图15-3　应收账款账龄分析表示意图

表格内容填表说明。

（1）截止时间：根据需要填写。比如我们需要截止时间是2016年6月30日的账龄分析，就填上该时间。

（2）客户简称：不需要手工填入，直接从"客户资料"表格引入。在单元格B2填入公式"=客户资料!C2"，然后向下批量复制填充。

（3）欠款合计：不需要手工填入，需要使用多条件求和从"应收账款明细"表格中计算取数。在单元格C4输入函数公式：

=SUMIFS(应收账款明细!E:E,应收账款明细!D:D,"<="&$D$2,应收账款明细!B:B,B4)-SUMIFS(应收账款明细!H:H,应收账款明细!G:G,"<="&$D$2,应收账款明细!B:B,B4)

公式含义解释：用满足条件（"开票时间"小于等于账龄分析"截止时间"）的"开票金额"之和减去满足条件（"实收时间"小于等于账龄分析"截止时间"）的"实收金额"之和。

然后向下批量复制填充。

（4）1月之内：此处的"1月之内"是指截止账龄分析时间一月之内尚未收回的欠款金额，以下的"1~3个月""3~6个月"等含义相同。

此处不需要手工录入，使用函数公式从"应收账款明细"表格中取数计算而得，在单元格D4输入函数公式（假设每月的时间为30天）：

=SUMIFS(应收账款明细!E:E,应收账款明细!D:D,"<="&$D$2,应收账款明细!D:D,">="&$D$2-30,应收账款明细!B:B,B4)-SUMIFS(应收账款明细!H:H,应收账款明细!G:G,"<="&$D$2,应收账款明细!D:D,">="&$D$2-30,应收账款明细!B:B,B4)

（5）1~3个月：同样还是使用多条件求和计算而得，在单元格E4输入函数公式：

=SUMIFS(应收账款明细!E:E,应收账款明细!D:D,"<"&$D$2-30,应收账款明细!D:D,">="&$D$2-90,应收账款明细!B:B,B4)-SUMIFS(应收账款明细!H:H,应收账款明细!G:G,"<="&$D$2,应收账款明细!D:D,"<"&$D$2-30,应收账款明细!D:D,">="&$D$2-90,应收账款明细!B:B,B4)

（6）3~6个月：同样还是使用多条件求和计算而得，在单元格F4输入函数公式：

=SUMIFS(应收账款明细!E:E,应收账款明细!D:D,"<"&$D$2-90,应收账款明细!D:D,">="&$D$2-180,应收账款明细!B:B,B4)-SUMIFS(应收账款明细!H:H,应收账款明细!G:G,"<="&$D$2,应收账款明细!D:D,"<"&$D$2-90,应收账款明细!D:D,">="&$D$2-180,应收账款明细!B:B,B4)

6~12个月和1年以上还是使用多条件求和而得，公式类似，只是改变函数公式中时间条件而已，不再赘述。

经过上述函数公式设置后，选中单元格B4:H4，然后向下批量复制填充。

函数公式设置好以后，以后需要进行账龄分析时，只需要在"截止时间"的单元格D2处输入时间（年月日）即可，改变该时间账龄分析自动改变。

二、信用管理评分表格的建立

按照企业内部控制要求，企业应当对赊销客户建立信用等级，其中客户以往的应收账款回款率和逾期率可以作为评定的依据之一, 如图15-4所示。

	A	B	C	D	E
1			**客户信用评分表**		
2		截止时间:	2016年12月31日		
3	序号	客户简称	回款率	逾期率	评分
4	1	怀文	73.68%	75.00%	-1.32

图15-4 信用管理评分表示意图

表格内容填表说明。

(1)截止时间: 根据需要手工填写。比如我们需要截止时间是2016年12月31日的"客户信用评分", 就填上该时间。

(2)客户简称: 不需要手工填入, 直接从"客户资料"表格引入。在单元格B4填入公式"=客户资料!C2", 然后向下批量复制填充。

(3)回款率: 不需要填入, 通过函数公式从"应收账款明细"表取数计算而得。在单元格C4输入函数公式:

=SUMIFS(应收账款明细!H:H,应收账款明细!G:G,"<="&$C$2,应收账款明细!B:B,B4)/SUMIFS(应收账款明细!E:E,应收账款明细!F:F,"<="&$C$2,应收账款明细!B:B,B4)

函数公式解释: 回款率="应收时间"小于等于"截止时间"的"开票金额"之和除以"实际收款"小于等于"截止时间"的"实收金额"之和。

(4)逾期率: 是指客户未在双方约定的账期内按时付款次数占到期应付款次数的比例。

由于此处需要判断"应收时间"与"实收时间"的大小, 如果在"客户信用表"中使用函数公式, 将会使公式变得非常复杂, 因此我们可以在"应收账款明细"表上增加一个辅助列J并命名为"预期计数", 然后在单元格J2输入函数公式"=IF(G2>F2,1,0)", 然后向下复制批量填充。

因此, 我们在"客户信用评分表"中的单元格D4输入函数公式:

=COUNTIFS(应收账款明细!B:B,B4,应收账款明细!D:D,"<="&$C$2,应收账款明细!J:J,1)/COUNTIFS(应收账款明细!B:B,B4,应收账款明细!F:F,"<="&$C$2)

(5)评分: 按照企业的评分规则填写适当的函数公式即可。

最后，选中单元格B4:E4向下批量复制填充。

三、对账函模板的建立

对应收账款，按照企业内控制度的要求应定期进行对账，或者双方签署的合同约定有定期对账的条款，因此财务人员应该考虑建立一个对账函的模板以供使用。下面我们设计了一个简单的对账函模板，如图15-5所示。

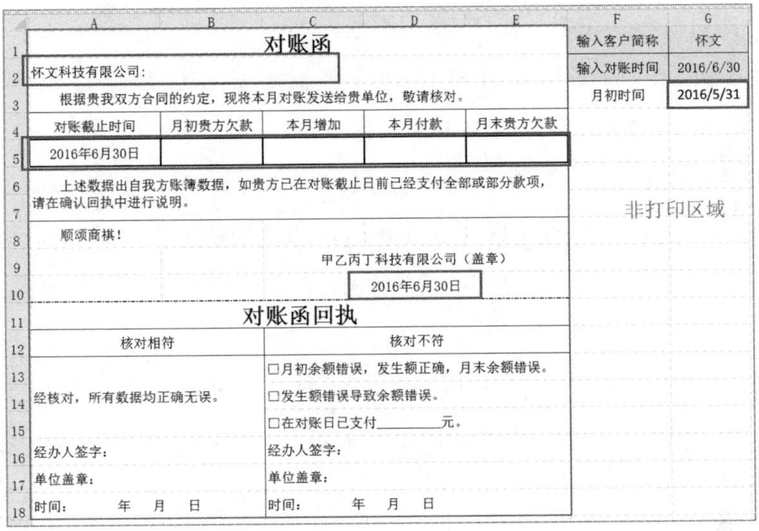

图15-5　对账函模板示意图

图15-5中左边部分为对账函的打印区域，通过【页面布局】进行设置。左边和右边红色方框以内的内容全部通过设置函数公式自动获取，不需要手工输入。右边是非打印区域，只需要在黄色区域输入需要打印的客户简称及对账时间，整个对账函就自动生成。

下面讲解红色框中函数公式的设置。

（1）月初时间。在单元格G3输入函数公式"=DATE(YEAR(G2),MONTH(G2),0)"。

（2）客户全称。在单元格A2输入函数公式"=VLOOKUP(G1,IF({1,0},客户资料!C:C,客户资料!B:B),2,0)&":""。

（3）对账截止时间。在单元格A5输入公式"=G2"。

（4）月初贵方欠款。在单元格B5输入函数公式如下：

=SUMIFS(应收账款明细!E:E,应收账款明细!D:D,"<="&G3,应收账款明细!B:B,G1)-SUMIFS(应收账款明细!H:H,应收账款明细!G:G,"<="&G3,应收账款明细!B:B,G1)

（5）本月增加。在单元格C5输入函数公式：

=SUMIFS(应收账款明细!E:E,应收账款明细!D:D,">"&G3,应收账款明细!D:D,"<="&G2,应收账款明细!B:B,G1)

（6）本月付款。在单元格D3输入函数公式：

=SUMIFS(应收账款明细!H:H,应收账款明细!G:G,">"&G3,应收账款明细!G:G,"<="&G2,应收账款明细!B:B,G1)

（7）月末贵方欠款。在单元格E5输入公式"=B5+C5-D5"。

如果需要给客户邮寄对账函，对上述打印区域进行适当美化设置后即可打印；当我们需要打印不同客户对账函时，只需要输入客户简称即可，对账时间一般一月更改一次。

如果不需要打印出纸质的对账函，只需要发送电子版的对账函，可以利用【另存】功能保存为 PDF 格式的电子版对账函。在"另存"为 PDF 格式时，将文件名称按照客户名称或简称命名。保存为 PDF 格式时，只会保存并显示打印区域。

读 者 意 见 反 馈 表

亲爱的读者：

感谢您对中国铁道出版社有限公司的支持，您的建议是我们不断改进工作的信息来源，您的需求是我们不断开拓创新的基础。为了更好地服务读者，出版更多的精品图书，希望您能在百忙之中抽出时间填写这份意见反馈表发给我们。随书纸制表格请在填好后剪下寄到：北京市西城区右安门西街8号中国铁道出版社有限公司大众出版中心 王佩 收（邮编：100054）。此外，读者也可以直接通过电子邮件把意见反馈给我们，E-mail地址是：505733396@qq.com。我们将选出意见中肯的热心读者，赠送本社的其他图书作为奖励。同时，我们将充分考虑您的意见和建议，并尽可能地给您满意的答复。谢谢！

- -

所购书名：_____

个人资料：

姓名：_____ 性别：_____ 年龄：_____ 文化程度：_____

职业：_____ 电话：_____ E-mail：_____

通信地址：_____ 邮编：_____

- -

您是如何得知本书的：

□书店宣传 □网络宣传 □展会促销 □出版社图书目录 □老师指定 □杂志、报纸等的介绍 □别人推荐 □其他（请指明）_____

您从何处得到本书的：

□书店 □邮购 □商场、超市等卖场 □图书销售的网站 □培训学校 □其他

影响您购买本书的因素（可多选）：

□内容实用 □价格合理 □装帧设计精美 □带多媒体教学光盘 □优惠促销 □书评广告 □出版社知名度 □作者名气 □工作、生活和学习的需要 □其他

您对本书封面设计的满意程度：

□很满意 □比较满意 □一般 □不满意 □改进建议

您对本书的总体满意程度：

从文字的角度 □很满意 □比较满意 □一般 □不满意

从技术的角度 □很满意 □比较满意 □一般 □不满意

您希望书中图的比例是多少：

□少量的图片辅以大量的文字 □图文比例相当 □大量的图片辅以少量的文字

您希望本书的定价是多少：

本书最令您满意的是：

1.

2.

您在使用本书时遇到哪些困难：

1.

2.

您希望本书在哪些方面进行改进：

1.

2.

您需要购买哪些方面的图书？对我社现有图书有什么好的建议？

您更喜欢阅读哪些类型和层次的书籍（可多选）？

□入门类 □精通类 □综合类 □问答类 □图解类 □查询手册类

您在学习计算机的过程中有什么困难？

您的其他要求：